ENTERRADO VIVO

FUNDAÇÃO EDITORA DA UNESP

Presidente do Conselho Curador
José Carlos Souza Trindade

Diretor-Presidente
José Castilho Marques Neto

Editor Executivo
Jézio Hernani Bomfim Gutierre

Conselho Editorial Acadêmico
Alberto Ikeda
Alfredo Pereira Junior
Antonio Carlos Carrera de Souza
Elizabeth Berwerth Stucchi
Kester Carrara
Lourdes A. M. dos Santos Pinto
Maria Heloísa Martins Dias
Paulo José Brando Santilli
Ruben Aldrovandi
Tania Regina de Luca

NÉCIO TURRA NETO

Enterrado vivo

Identidade *punk* e território em Londrina

© 2003 Editora UNESP

Direitos de publicação reservados à:

Fundação Editora da UNESP (FEU)
Praça da Sé, 108
01001-900 – São Paulo – SP
Tel.: (0xx11) 3242-7171
Fax: (0xx11) 3242-7172
www.editoraunesp.com.br
feu@editora.unesp.br

CIP-Brasil. Catalogação na fonte
Sindicato Nacional dos Editores de Livros, RJ.

T862e
Turra Neto, Nécio, 1974-
 Enterrado vivo: identidade *punk* e teritório em Londrina / Nécio Turra Neto. – São Paulo: Editora UNESP, 2004.

Inclui bibliografia
ISBN 85-7139-536-5

1. *Punks* - Londrina (PR). 2. Contracultura. 3. Movimento da juventude – Londrina (PR). I. Título.

04-1366.   CDD 305.230981622
                    CDU 316.346.32-053.6(816.22)

Este livro é publicado pelo projeto *Edição de Textos de Docentes e Pós-Graduados da UNESP* – Pró-Reitoria de Pós-Graduação e Pesquisa da UNESP (PROPP) / Fundação Editora da UNESP (FEU)

Editora afiliada:

Asociación de Editoriales Universitárias de América Latina y el Caribe

Associação Brasileira das Editoras Universitárias

Dedico este trabalho à minha família, que esteve ao meu lado o tempo todo, dando o apoio e o amor de que eu precisava.

Agradecimentos

Em primeiro lugar, agradeço a todos os *punks* e a todas as *punks* que estiveram comigo no período da pesquisa e que contribuíram de tal forma que podem ser considerados/as co-autores/as deste trabalho.

A Maria Encarnação Beltrão Spósito, pela orientação sob medida para que o trabalho saísse com a cara que saiu; ao Armando Corrêa da Silva (*in memorian*), pelas dicas preciosas e pela inspiração constante; ao amigo Guilherme Reichwald, pelas conversas e sugestões bibliográficas; a Camila, pela amizade e pelas fotos deste trabalho; à amiga Gisa, pela força com o mapa; aos professores e professoras do Departamento de Geografia da Universidade Estadual de Londrina, pela contribuição que deram para minha formação; aos professores e professoras da UNESP, por também terem dado sua cota de contribuição; aos amigos e amigas de todas as horas, pelo enorme carinho; e, por fim, ao CNPq, pela bolsa concedida, sem a qual, certamente, este trabalho não teria sido possível.

SUMÁRIO

Prefácio   11

Nota de advertência   13

Carta introdutória   17

Carta I
Sobre metodologia   27

Carta II
Os movimentos de juventude e o *punk*   47

Carta III
O surgimento do *punk* e sua aterrissagem em Londrina   61

Carta IV
O campo   97

Carta V
Malote: "material subversivo!"   141

10 NÉCIO TURRA NETO

Carta VI
Interpretando o indefinido:
identidade e territorialidade *punk* em Londrina   195

Referências bibliográficas   233

Anexo   241

PREFÁCIO

Caro leitor e leitora, o que ora se apresenta aqui é resultado de uma pesquisa desenvolvida entre os anos de 1999 e 2001 sobre o universo *punk* de Londrina, realizada no programa de pós-graduação da UNESP – Câmpus de Presidente Prudente. Refere-se à minha dissertação de mestrado...

No processo de produção da pesquisa, que é ao mesmo tempo um processo histórico dentro do movimento *punk* e dentro da geografia, penso que foi fundamental as interlocuções com algumas pessoas. Dentre elas quero destacar: a preciosa contribuição de Maria Encarnação Beltrão Spósito, minha orientadora no mestrado e a grande responsável pela concretização deste livro; e a contribuição de Armando Corrêa da Silva, cuja leitura e diálogo apontaram sempre para a complexidade que era e é discutir cultura em sua articulação com a geografia. Suas orientações, ao mesmo tempo em que não apresentavam respostas, tudo diziam. Armando Corrêa da Silva tem grande influência sobre o formato que essa dissertação, que agora é livro, tomou na sua versão final.

Por tudo isso, não poderia deixar de dividir o mérito desta produção com essas duas pessoas. A elas, o meu muitíssimo obrigado.

Falando mais especificamente da dissertação que virou livro, quero apresentar uma opção e sua justificativa: como a pesquisa que realizei, a forma que esta pesquisa tomou e as conclusões a que cheguei são fruto de uma conjuntura de tempo, espaço e vivência, ou seja, foram imensamente marcadas por um momento histórico meu e do *punk*, optei por não fazer nenhuma revisão no texto original. Assim, a dissertação que virou livro permanece inalterada, tal como veio ao mundo, ainda que hoje algumas falas soem para mim demasiadamente ingênuas e até românticas.

Espero que este livro possa conduzir o leitor/a pelo universo *punk* e inspirá-lo/a a pensar sobre uma possível "geografia da juventude", mesmo que esta lhe pareça estranha.

Nota de Advertência

Esta poderia ser a apresentação deste livro, mas como ele não é um livro como a maior parte dos livros, nem melhor, nem pior, apenas inusitadamente diferente, ele não tem uma apresentação, mas uma nota de advertência, não com uma, mas com várias advertências...

A primeira delas refere-se ao tema que, como, você leitor, já deve ter observado na capa, não é um tema tradicionalmente geográfico, ainda que seu autor seja um geógrafo. Por isso, o que se procurou foi buscar interfaces entre a geografia e outros campos disciplinares, para se fazer uma leitura e não a leitura do *punk* em Londrina...

A segunda advertência diz respeito à metodologia, que foi um pouco espelhada na bibliografia, mas muito mais construída no processo e por isso, ao mesmo tempo que contém a possibilidade da inovação, nela lateja o perigo que acompanha o desafio – a dúvida entre o que pode se realizar e o que não chegará ou não chegou a ser...

Sobre a teoria, o leitor também tem que ser advertido... A bibliografia que apoiou o caminhar que conduziu o diálogo entre o teórico e o empírico não é o que se poderia chamar de absolutamente ortodoxo e, em relação a esse aspecto, também se optou por enfrentar o desafio...

Sem dúvida, o que pode ser considerado o mais inusitado é o texto, e para isso é preciso estar advertido. Se o leitor espera um texto acadêmico, poderá se frustrar, o que não significa que encontrará aqui o senso comum. Não é muito fácil produzir um texto que resulte da procura do meio e do bom termo entre o que não é superficial ou banal, mas pode ser entendido por muitos, inclusive, e, sobretudo, pelos *punks*. Assumir a sugestão de Armando Corrêa da Silva de escrever a dissertação, cujos resultados agora se apresentam neste livro, por meio de cartas aos *punks*, não foi apenas uma solução, mas também uma aposta...

Aliás, muitas coisas na dissertação, que agora se apresenta como livro, resultam de uma aposta...

A aposta do orientando na orientadora, que, afinal, está longe de ser *expert* no tema...

A aposta da orientadora no orientando, mesmo quando ele, no meio do caminho, teve dúvidas se valia a pena defender um mestrado...

A aposta na possibilidade de se trabalhar, também, com o imponderável...

A aposta em outras pesquisas que virão depois...

Na busca das respostas às questões que ficaram no ar e não puderam ser respondidas agora...

A aposta na banca de qualificação que contribuiu com sua leitura cuidadosa...

Na outra banca, a da defesa, cuja crítica enriqueceu o debate...

A aposta nos *punks*, como expressão da diversidade num mundo em que se quer plantar a homogeneidade...

A aposta na universidade pública como espaço que, ainda, nos permite fazer apostas...

Por fim, o leitor precisa ser advertido de uma última coisa....

Ao contrário das "apresentações" de dissertações e teses, esta não está sendo escrita pelo seu autor, de quem é o mérito das apostas e dos caminhos percorridos, mas pela orientadora que, apenas, decidiu que poderia acreditar nas apostas e nos caminhos trilhados...

Maria Encarnação Beltrão Sposito

CARTA INTRODUTÓRIA

Manhã quente de inverno, julho de 2001.

> toda teoria é provisória, acidental, depende de um estado de desenvolvimento da pesquisa que aceita seus limites, seu inacabado, sua parcialidade, formulando conceitos que clarificam os dados ... mas que em seguida, são revistos, reformulados, substituídos a partir de novo material trabalhado.
>
> (Machado apud Foucault, 1985)

Caro amigo,

O relógio marca nove horas e quarenta e cinco minutos. O sol já está alto no céu, e o dia, que mal nasceu, garante que a vida acontece lá fora. Gostaria de estar tomando este sol agora, mas preciso lhe escrever esta carta, que é a última. Última e primeira ao mesmo tempo, pois, sendo a última a ser escrita, é a que está aqui, na frente de todas as outras abrindo este conjunto de cartas que resultam da pesquisa que realizei.

Algumas palavras sobre o tema, para início de conversa... Identidade *punk* e territorialidade... em Londrina... no ano 2000.

A identidade *punk* e sua territorialidade são tecidas na articulação entre juventude, "rebeldia", diversão e cidade. Têm relação com a constituição de identidades individuais e coletivas, por meio da formação de grupos de sociabilidade, na forma de rede, na e pela circulação no espaço urbano. Ao circular e permanecer nos lugares, o *punk* vai acontecendo como identidade possível, ao mesmo tempo que tece sua territorialidade.

Em Londrina... no ano 2000... indica que trato aqui de um tempo e um espaço bem definidos. Portanto, não faço grandes generalizações, limito-me mesmo a essa particularidade de lugar e de presente. Assim, não espere encontrar um discurso que procura estabelecer a verdade sobre o que é o *punk*. Não tenho essa pretensão. O que aparece aqui é uma leitura particular, de uma vivência particular num tempo e num espaço particulares. Contingente, passageira, conjuntural... foi essa construção que a metodologia da observação participante me permitiu fazer.

Digo isso para cumprir um acordo...

Depois de escrever algumas cartas (da I à IV), fiz que elas circulassem entre os/as *punks*... todos/as leram, e, por fim, para fechar o trabalho no campo, fizemos uma reunião que teve as cartas como pauta.

Uma grande preocupação de alguns deles/as era que o conteúdo das cartas, sobretudo a do campo, na qual descrevo várias visões de *punk*, grande parte das quais não é consenso, poderia conduzir o leitor a uma imagem deturpada do que é o "*punk* de verdade". Argumentar que o trabalho, como um todo, não tem a intenção de definir o que é o *punk* não pareceu suficiente, era preciso deixar a idéia explícita e aqui estou fazendo este relato.

Tal preocupação não significa, contudo, uma incompreensão da proposta por parte deles/as, mas um receio de uma não-compreensão por parte daquele/as que tomarem contato com o trabalho. Um trecho do diálogo travado nessa reunião, que foi gravada, ilustra bem isso:

> Paulo – No trabalho do Nécio, o lance é o seguinte, eu vejo assim, que realmente não é essa preocupação mesmo de tá querendo dizer o que é ou o que não é o *punk*, porque ali ele mostra várias visões também, né?

São interpretações que tem para este movimento. Ali tem pessoas que acabaram participando até que não se dizem *punk* também, mas que, pô, fazem um trabalho também junto ali, e interpreta diferente uma coisa ou outra. Se alguém for tirar dali alguma opinião sobre o que é ser *punk*, acho complicado, porque não é essa a proposta também, e daí apresenta visões de pessoas que tão mais dentro assim do movimento, pessoas que não estão tão lá, no fundo, assim, do assunto, assim, mas sabe? Formas diferentes de se ver assim, e não é a única forma também. Eu vejo isso no trabalho dele... pô, muita coisa vai fazer diferença... pô, a época que ele pesquisou dificilmente volta, assim, muita coisa...

Beatriz – Já tá completamente diferente...

Paulo – As pessoas são outras... de uma certa forma, assim, também. Acho que é isso, não é preocupação de tá passando uma verdade assim...

Nécio – Pra fechar esse assunto, assim... essa preocupação da Beatriz eu acho bem pertinente, porque quem vai pegar este trabalho vai construir uma imagem na cabeça. Quem nunca soube o que era *punk*, vai pegar, ler este trabalho, vai dizer: Ah! *Punk* então é isso! Isso pode acontecer, com certeza. Então, pra evitar isso, posso deixar no texto explícito isso que eu falei aqui: que não tem preocupação em dizer o que é o *punk*.

Beatriz – ...que varia de pessoa pra pessoa...

Nécio – ...que varia de lugar pra lugar, de pessoa pra pessoa, de momento...

Maurício – Foi uma época, né? Um momento que você passou. Aquele momento foi daquela forma...

Beatriz – É um olhar daquilo, entendeu, não é uma coisa geral...

André – Foi uma fase que você pegou...

Maurício – Uma opinião daquela fase.

Beatriz – Uma opinião, você que interpretou, foi seu olhar.

Nécio – ...deixar isso claro no texto.

Ainda nessa reunião, que foi muito produtiva para todo mundo, ouvi o relato sobre a importância do trabalho para o grupo. Segundo as pessoas, foi importante rever os principais fatos vivenciados no período e relembrar como cada um estava, como se posicionou diante dos fatos e perceber qual sua parcela de contribuição para que a história do *punk* no período acontecesse da forma como aconteceu. "Como a gente cresceu com isso, tá ligado?" Ouvir isso foi o prêmio final... e, com certeza, não foram somente os/as *punks* que cresceram com este trabalho.

Enfim, qual é o conteúdo dessas cartas, como elas estão estruturadas e como está organizado o conjunto do trabalho?

Bem, como trabalhei com a observação participante, o contato com o grupo foi intenso, numa convivência quase diária. Foi a partir dessa convivência que fui desvendando o *punk* e sua territorialidade e construindo a reflexão que apresento nas cartas... Na Carta I, desenvolvo a argumentação sobre essa metodologia, que foi importantíssima para o trabalho.

Por causa dessa metodologia, no início do trabalho houve uma negociação para que o grupo permitisse a presença constante de um pesquisador no seu meio. Nessa negociação, estabeleci o seguinte acordo com os/as *punks*: apresentar minha pesquisa para apreciação deles/as, antes de entregá-la.

A reunião que acabo de relatar foi o fechamento desse acordo.

Esse compromisso conduziu-me a preocupações quanto à forma e à linguagem, para que eles/as pudessem entender o texto da dissertação. Era preciso escrever um texto que fosse próximo, como a pesquisa o foi. Por isso, resolvi que a dissertação teria a forma e a linguagem de carta (aceitando uma sugestão do Armando Corrêa da Silva). As cartas deste livro são, na verdade, a dissertação, que foi lida, discutida e aprovada por aquelas pessoas que foram o alvo dela e que, de certa forma, participaram ativamente da sua construção.

Todo esse contato com o grupo *punk*, a história da pesquisa e do *punk* em Londrina no ano de 2000 estão relatados na Carta IV. É lá que indico como as questões foram aparecendo conforme eu ia vivendo com o grupo, conversando com ele e observando-o.

Antes, porém, estão as cartas II e III. A primeira contém uma história dos movimentos de juventude desde o início do século XX até os anos 70. Seu objetivo é situar o *punk* num contexto histórico

ENTERRADO VIVO **21**

e geográfico de geração. Cada geração articulou as respostas às questões que lhes afligiam em cada contexto, e o *punk* não foi diferente. Na Carta III, falo da história do *punk* mais particularmente, do seu surgimento na Inglaterra nos anos 70 do século passado, da sua explosão para o mundo e da sua aterrissagem em São Paulo, nos anos 80. Nesse período, o movimento foi se organizando e se transformando. Nos anos 80, o *punk* chega também a Londrina, e aí, na carta, tento articular sua história por aqui com os lugares que foi ocupando, até chegar aos anos de 1998-1999 quando comecei a tomar contato com o *punk*, fazendo as primeiras visitas ao campo. Essa carta é importante, pois dá uma idéia das transformações por que passou este contexto cultural que é o *punk*, que, surgido na velocidade urbana, tem mudanças também muito rápidas.

Na Carta V, saio de cena e deixo-o apenas com os/as *punks*, que se manifestam na forma de fanzines, panfletos, poesias e letras de música. Também estão presentes dois exemplos de visões da imprensa sobre o *punk*, uma mais geral e outra mais particular de Londrina.

Por fim, na Carta VI, "Interpretando o indefinido: identidade e territorialidade *punk* em Londrina", faço a articulação de tudo: das cartas anteriores, da história do *punk* em Londrina, da teoria e da vivência sobre *punk*, território e identidade.

Em cada carta, para não quebrar o tom de narrativa, a questão era: o que fazer com a discussão teórica e/ou com explicações mais detalhadas sobre determinados pontos? A solução encontrada foi colocá-las em caixas, que estão disponíveis no Anexo. Chamo esses "complementos teóricos do texto" de caixas com a intenção de indicar que podem ser abertas ou permanecer fechadas, tudo depende do que você julgar necessário ou pertinente. Sugiro que sejam lidas antes ou depois de ler a carta, para que não se perca entre folhas e idéias, e que a narrativa não seja cortada por elas.

Um parêntese sobre a questão teórica deste trabalho... Fazer uma pesquisa sobre identidade *punk* e território, tendo a observação participante como metodologia de campo, conduziu-me a diferentes áreas do conhecimento, dando ao trabalho um caráter multidisciplinar. A antropologia me fornece a metodologia; a história indica caminhos possíveis para a reconstrução da trajetória do *punk* da Inglaterra até Londrina no ano 2000; a sociologia e a psicologia da juventude permitem uma aproximação em relação aos problemas e às alegrias de ser jovem, tanto como "tempo privilegiado de experimentação e erro" quanto como categoria social distinta no interior da sociedade; a geografia, por sua vez, forneceu as bases para discutir a cidade contemporânea (meio e condição de manifestação do *punk*), a constituição de territórios na cidade e a articulação entre identidade e território. Outros trabalhos também foram importantes, como os da área dos estudos culturais, sobre identidade cultural em tempos de globalização e trabalhos sobre o *punk* e outros movimentos de juventude. Também fui atrás da filosofia em busca de um método que permitisse uma certa coerência na articulação de todos esses referenciais vindos dos mais variados campos, e foi aí que me perdi... não dei conta de encontrar esse método. Por isso, o trabalho contém um certo ecletismo... que não deve ser lido como nocivo às análises desenvolvidas aqui, mas sim como reflexo mesmo de um trabalho inacabado...

Quanto à seqüência das cartas, é preciso dizer que elas estão de acordo com a ordem cronológica em que foram escritas. Apenas a Carta V foi inserida fora dessa ordem. Contudo, essa seqüência não precisa ser, necessariamente, seguida. Outras possibilidades são: ler as cartas II e III primeiro, depois a Carta I e terminar com as cartas IV, V e VI. Ou ler primeiro a Carta V, depois a II e III e, por fim, as outras... mas sugiro que não se leia a Carta VI antes da Carta IV, nem a Carta IV antes da Carta I, por isso, uma seqüência possível seria: Carta I, IV e VI. Mas, enfim, você escolhe.

Sobre as perguntas que cada carta pode responder, indico-lhes a seguir os caminhos.

A questão de como a identidade *punk*, surgida na Inglaterra, se desloca de lá e chega aqui, territorializando-se na cidade e colocando-se como uma opção de identidade para os/as jovens, pode ser respondida por meio da leitura das cartas II e III, já que a discussão teórica sobre esse processo e sua análise está na Carta VI.

ENTERRADO VIVO **23**

Outras questões que podem ser respondidas na leitura das cartas VI e IV são: Como é o processo de identificação que conduz trajetórias individuais à identidade coletiva do *punk?* Por quais vias se dá essa identificação? Quem toma a identidade *punk* para si? Como é a relação entre as diferenças individuais dentro da identidade coletiva *punk?* Quais são os conflitos e alegrias dessa relação? Como, nesse processo de constituição de identidades individuais e coletivas, espaços na cidade vão sendo eleitos? Quais são os critérios de eleição? Como esses espaços são tornados territórios no sentido de constituição de uma alteridade bem marcada que informa seus limites àqueles que são os outros? Que tipo de territórios são esses, delimitados, difusos, permanentes, temporários?

Perguntas do tipo "como foi a pesquisa, por que meios aconteceu, como foi a relação entre pesquisador e o grupo?" são respondidas nas cartas I e IV.

A Carta V traz respostas para questões do tipo: Como os/as *punks* se expressam? Como articulam anarquia e rebeldia juvenil? Qual a atmosfera predominante no universo *punk?* Qual o estado de espírito mais peculiar dos/as *punks?* Como a sociedade vê o *punk?* E como o *punk* vê a sociedade?

E, por fim, respostas para as questões como "O que é ser *punk?*" ou "O que é o *punk?*" não podem ser encontradas em nenhuma carta... apenas para reforçar.

Creio que, a partir disso, situei você diante do trabalho, resta-me agora desejar-lhe boa leitura.

Espero que goste.

P.S.: O texto em epígrafe reflete a idéia que orienta este trabalho. No correr das cartas, você vai entender o porquê.

CARTA I
SOBRE METODOLOGIA

Londrina, agosto de 2000.

Caro amigo,

A vida passa e as coisas acontecem, certamente, nem sempre como o planejado, mas há como planejar a vida? Ou ela é cotidianamente inesperada, sem avisar vai se desenrolando e nos arrasta? Citando versos do Toquinho:

E o futuro é uma astronave
Que tentamos pilotar
Não tem tempo nem piedade
Nem tem hora de chegar
Sem pedir licença
Muda nossa vida
E depois convida a rir ou chorar
O fim dela ninguém sabe
Bem ao certo onde vai dar
Vamos todos numa linda passarela
De uma aquarela que um dia enfim
Descolorirá.

É isso... as coisas acontecem e o mestrado também. A dissertação aconteceu e o que você irá ler é prova disso. Depois de cerca de sete meses no campo, intensamente envolvido com o universo *punk* daqui, posso, em certo sentido, tomar a distância necessária exigida pelo processo de reflexão; e, assim, contar o que se passou nesse período e tirar as conclusões dessa vivência e da leitura que fiz sobre a identidade *punk* e o território em Londrina. Uma leitura construída no percurso da vivência, informada por ela, ouvida, vista, experimentada e teorizada.

O que vai nesta carta é a metodologia que me colocou em contato com os/as *punks* daqui, e que tanto mereceu a admiração e o respeito do grupo que adentrei: a observação participante. Escrevo sobre a metodologia, pois considero-a fundamental na minha pesquisa. Foi por meio dela que pude ter o contato que tive, chegar às conclusões que cheguei e escrever da forma como escrevo. Além disso, acredito que ela oferece enormes possibilidades para novos estudos no campo da geografia preocupado com a cultura. Esta carta também tem o objetivo de demonstrar que minha pesquisa, apesar da fruição existencial que a caracteriza, segue uma proposta metodológica que a justifica e a valida diante das exigências científicas.

Ouvi muitas vezes, por parte dos *punks* e das *punks*, que era legal eu fazer uma pesquisa sobre o movimento a partir de dentro, convivendo com o grupo, sabendo o que acontecia na real, e não apenas chegando com caneta, papel e gravador, fazendo entrevistas, virando as costas e indo embora. Um tipo de pesquisa que os/as *punks* daqui já conhecem bem e que não lhes agrada. Senti-me estimulado...

Ouvi também coisas do tipo: "E aí, pesquisador, veio visitar seus ratinhos de laboratório hoje?"; ou "Sua pesquisa não serve de nada para o movimento, é inútil. Por que você insiste em fazê-la?". Senti-me arrasado...

Respondendo a essas últimas questões, quero dizer que elas me deixaram desconcertado... nunca os/as vi como ratinhos de laboratório, que deveriam ser observados em seu comportamento, dentro de uma gaiola; ao contrário, sempre procurei deixá-los/as livres, e a única coisa que pedia era para estar ali, com eles/as,

ENTERRADO VIVO **29**

conversando, bebendo, rindo, chorando... participando de sua vida. Também nunca alimentei ilusões quanto à utilidade da pesquisa, e talvez ela seja inútil mesmo: não tenho nenhuma finalidade. Contudo, é preciso dizer que, falando da minha pesquisa para outras pessoas, consegui derrubar alguns estereótipos fáceis, com os quais a sociedade, de forma geral, lê e rotula o *punk*. E também, como bem lembrou o Beto, quando fizemos uma entrevista, talvez a pesquisa sirva, no futuro, para que pessoas interessadas no *punk* saibam como era o movimento em Londrina no ano de 2000.

Mas enfim que metodologia é essa?

Trata-se de uma metodologia desenvolvida pela antropologia. Na verdade, creio que essa metodologia nasceu com a própria ciência antropológica e foi desenvolvida, primeiramente, por meio do estudo de tribos indígenas, quando os antropólogos passavam anos vivendo nas tribos para decifrar seu universo simbólico. A partir da década de 1960, quando os antropólogos e as antropólogas se voltaram para o estudo de grupos urbanos, essa metodologia também foi utilizada.[1]

Sempre a achei fascinante, pois significava, para mim, mais que colher depoimentos e depois tabulá-los, participar da vida das pessoas, interagir na dimensão humana e fazer um trabalho que acredito mais profundo (dê uma conferida na definição de observação participante na Caixa A).

Participar, interagir... viver junto e, no processo, conhecer novas possibilidades de ser, aceitá-las ou negá-las, identificar-me e diferenciar-me, amadurecer humana e intelectualmente e, a partir disso, construir minha dissertação. Essa era a idéia: colocar-me aberto no campo para trocar... e da troca retirar os elementos necessários para argumentar sobre a relação entre identidade *punk* e território.

---

1 Há toda uma discussão entre eles/as sobre como manter uma metodologia positivista de campo, como é o caso da observação participante, e aliá-la a uma interpretação da realidade com base em outras bases epistemológicas, como o materialismo histórico, por exemplo (Durham, 1986; Cardoso, 1986).

Foi com essa idéia que comecei a conhecer as pessoas, a ir aos lugares onde elas estavam, a trocar telefones.

Sinto isso muito presente na minha pesquisa. Participei do cotidiano dos *punks* e das *punks*, convivendo com eles/as na sua rotina e, sobretudo, "modificando e sendo modificado por esse contexto". Contudo, sempre estava alerta para a consideração que faz Cicourel (1980) a respeito do grau de envolvimento com o grupo. Segundo ele, não se pode se tornar muito ativo no grupo, pois há o risco de se transformar em um deles. Essa consideração me perseguiu o tempo todo da pesquisa e foi um dos elos que me puxavam, pela lembrança, para o que eu era ali: um pesquisador em campo.

É preciso mencionar que essa metodologia não oferece um conjunto de regras fixas que possa orientar os/as pesquisadores/as no campo. O que se apresenta, nos/as autores/as que a discutem, são sugestões e relatos, a partir de experiências já realizadas, de como cada um/a foi deparando com os problemas e resolvendo-os. Segui algumas das sugestões, sobretudo as que indicavam a interação no nível humano, a despreocupação com a atitude científica no campo, aquela que permite a entrada da emoção e dos sentimentos... e desconsiderei outras: aquelas que pediam mais sistematicidade e rigor.

Vou apontar algumas dessas sugestões... A primeira diz respeito ao processo de entrada e aceitação no grupo. Boa parte dos/as autores/as lidos falam de um processo de negociação da pesquisa, ou seja, as pessoas com as quais o pesquisador irá trabalhar sabem que não são obrigadas a colaborar com um trabalho científico, e, por isso, o pesquisador deve demonstrar que não representa nenhum perigo ao grupo e que está disposto, inclusive, a colaborar, a participar de suas atividades (ver na Caixa B como esse processo de entrada no grupo é encarado por alguns estudiosos).

Esta é a primeira fase da pesquisa: o estabelecimento dos contatos e a conquista da confiança das pessoas, a permissão e aceitação da convivência. No que se refere à minha pesquisa, deparei com pessoas que, além de quererem saber se poderiam confiar em mim, queriam saber também as bases lógicas da pesquisa: o que eu buscava, o que eu perguntava, como estava andando minha pesquisa, como eu via o *punk* etc. Além disso, houve toda uma preocupação, por parte delas, em diferenciar minha pesquisa de pesquisas precedentes, que deturparam muito do que os/as *punks* haviam dito. Então expus meus argumentos, falei do que eu buscava, da teoria que eu estava trabalhando, expliquei sobre a metodologia que adotava... enfim, sempre estive aberto a dialogar sobre a pesquisa. Colocava-os/as a par das análises preliminares, das hipóteses e das teorias que lia. Não sei se era claro, mas procurava sê-lo; também não sei que efeitos tal atitude pode ter causado sobre os contatos posteriores... fui respondendo ao que me perguntavam, não omitia, nem mentia.

Acompanhando esses primeiros contatos, houve uma preocupação da minha parte em consolidar uma relação mais íntima com os/as *punks*. Ficava pensando na forma como eles/as encarariam minha pesquisa, como agiriam com minha presença constante no grupo e como eu deveria me comportar para ser mais bem-aceito. Foi, então, que percebi que a interação no nível humano era a mais recomendada para eu poder ter acesso à confiança, ao respeito e à permissão de permanecer no grupo, ou seja, deveria me colocar no campo como pessoa, destituído de um olhar inquiridor sobre todos/as e de uma atitude científica. Deveria me mostrar como eu era, somente assim os/as *punks* também se mostrariam como são... para além do *punk*. Tal postura me permitiu adentrar na dimensão existencial das pessoas, ao mesmo tempo que lançava uma espessa nuvem de fumaça sobre o *punk*.

No começo, eu mais ouvia do que falava, estava ainda percebendo as pessoas. Às vezes, sentia-me profundamente irritado com isso, pois não conseguia formular perguntas que pudessem ser pertinentes para a pesquisa, e assim direcionar o diálogo. Deixava-os/as livres para dizer o que queriam, aproximavam-se de mim e começavam a falar sobre o *punk*, quem era *punk*, quem não era. Falavam de assuntos que eu não dominava, pois ainda não conhecia o universo *punk*, e de pessoas que eu também não conhecia. Ficava na roda apenas ouvindo, prestando atenção, sem interagir. Hoje percebo que, ao adentrar no universo cultural *punk*, os primeiros momentos da pesquisa foram, como não poderia deixar de ser, dedicados a tomar contato com os elementos desse universo, para depois poder interagir.

Como não reconhecia esse processo e tinha apenas como referência a vivência imediata, preocupei-me, no início, muito com a objetividade. Queria estar atento a tudo. Procurava guardar bem os diálogos que tínhamos e depois transcrevê-los. Contudo, percebia que falavam sobre vários assuntos e que nem tudo era importante: deveria fazer seleções. Então, resolvi começar a planejar o que iria questionar no campo, a quem iria perguntar, como... coisas assim. Mas, no campo, deparava sempre com algo que fugia ao meu controle; não encontrava brechas para jogar minhas questões e também percebia que não tinha razão de ser eu barrar um diálogo e falar: agora me responde isso, fale-me daquilo – pois não seria mais um diálogo espontâneo. Assim, parei de planejar e comecei a apenas experimentar o que era experimentado no momento em que se experimentava. Deixei-me levar pela fluidez dos acontecimentos e das falas. Foi aí que percebi que era preciso destituir-me de atitude científica no campo. Mantive, contudo, como "atitude científica", o hábito de anotar tudo no meu diário de campo: o que fizemos, o que conversamos, os acontecimentos... e, assim, fiz todo o trabalho de campo!

A partir daí fui incorporando os elementos da cultura *punk* que me permitiriam a interação... o estranhamento inicial foi se desvanecendo... o que era exótico se tornava familiar.[2] Nesse momento, pude estabelecer uma relação mais intersubjetiva e participar, como alguém próximo, desse universo simbólico que é o *punk*. Nesse momento também, acredito que os/as *punks* começaram a me ver

---

2 Estranhamento, para alguns autores de metodologia de trabalho de campo, é condição fundamental para a descrição etnográfica. O olhar o outro a partir do que ele tem de diferente e curioso, essa é a postura que se deve ter no campo. Da Matta (1978, p.28), por exemplo, afirma que: "só se tem Antropologia Social quando se tem de algum modo o exótico ... estranhamento".

ENTERRADO VIVO **33**

com outros olhos: como alguém que não estava ali apenas querendo observá-los com lupa, mas disposto a interagir com eles/as, dialogar sobre os problemas do mundo e sobre os conflitos de cada um. Foi dessa forma que pude reconhecer as respostas e as crises que o *punk*, como uma identidade cultural, oferece para as pessoas que o assumem.

Tal atitude foi remodelando, conseqüentemente, os objetivos iniciais, pois, a partir dos momentos de diversão, eu poderia construir um relato sobre o universo *punk* de Londrina, mesmo porque, pelas leituras que havia feito, acreditava que estes são os momentos privilegiados de troca dialógica e de constituição da identidade *punk*. Assim, havia estabelecido que, aos finais de semana, faria campo e, durante a semana, leria os referenciais teóricos, leria as anotações, enfim, faria mais uma produção de gabinete; enquanto nos momentos de diversão, aos finais de semana, estaria no campo não como pesquisador, mas como pessoa numa interação humana. Acreditava que do diálogo desses dois momentos, num texto científico, poderia sair uma visão do movimento em Londrina.

O estreitamento dos laços, a freqüentação constante durante o dia e à noite, indo às casas, comendo juntos, colocou-me em contato também com o cotidiano *punk*, abrindo novas questões para análise: como a identidade *punk* é vivenciada no dia-a-dia? Como pessoas vindas das mais variadas procedências foram se tornando *punks*?

Vários autores da metodologia da observação participante dão respaldo para essa minha atitude.

Da Matta (1978), por exemplo, fala desse processo de interação do pesquisador com o grupo no campo, e sua análise me fez ver que me deixar levar pelo contato sensível era mesmo o melhor caminho. Ele divide a pesquisa etnográfica em três momentos: o momento de leitura (teórico-intelectual), o momento de preparação para o campo (período prático) e o período do campo (existencial). Quando o li, já estava no terceiro período, o existencial, no qual o que deve contar são as "lições que devo extrair do meu próprio caso" (Da Matta, 1978, p.25).

No campo, ainda segundo Da Matta, emergem sentimentos,

emoções e sensações que podem causar estranhamento ao pesquisador, mas que fazem parte de qualquer interação humana. Como na observação participante a interação humana é condição para sua realização, a subjetividade do pesquisador e a troca intersubjetiva têm um peso enorme na vivência e, inclusive, na análise. E isso é tanto mais assustador, quanto maior for a preocupação do pesquisador com a objetividade científica.

Outro texto importante para justificar minha prática no campo foi o de Cicourel (1980, p.87):

> Os pesquisadores em ciências sociais defrontam-se com um problema metodológico singular: as próprias condições de pesquisa constituem variável complexa e importante para o que se considera como os resultados de suas investigações.

Assim, a forma como obtive o contato, o modo como me aproximei e convivi com o grupo, que papéis desempenhei, tudo isso se constitui, além de instrumento de análise, material para ser considerado como produtor de determinados tipos de dados, de depoimentos e de deciframento mútuo.

O autor define uma classificação de tipos de observador de campo, que variam com o grau de participação do observador no grupo: participante total, participante como observador, observador como participante e observador total. Eu buscava uma participação como "observador como participante", observar e participar, observar na participação. Estaria a campo mais para observar do que para participar. Mas acabei passando desse papel para o de "participante como observador", no qual o observador vai construindo relações com seus informantes lentamente e pode usar mais energia na participação do que na observação. De vez em quando observa informalmente (ibidem, p.92-3). Mais adiante, Cicourel (1980, p.112) argumenta que nessa categoria de observador participante: "Parte importante do trabalho de campo tem a ver com os problemas de identificar, obter e sustentar contatos que o pesquisador de campo precisa fazer".

Assim, comecei a me colocar no campo para participar, interagir;

ENTERRADO VIVO **35**

a observação era uma conseqüência necessária dessa participação...
E foi fascinante essa experiência de pesquisa!

O autor também alerta para o fato de que há riscos nesse tipo de
participação, sobretudo o risco de, por participar ativamente, ado-
tar o ponto de vista do grupo e tornar-se cego para questões relevantes cientificamente. Talvez isso tenha acontecido, não consigo
discernir muito claramente agora. Mas, como o relato é produto
direto das condições em que a experiência foi vivenciada, é isso que
temos aqui, para o bem e para o mal, imperfeito, inconcluso, limitado...

É também Cicourel que argumenta que, na participação intensiva, há o problema do intervalo de tempo entre a observação e o
seu registro. Assim, trata-se de uma "observação retrospectiva", na
qual o pesquisador recria na sua imaginação toda a cena, os diálogos e seus sentimentos, além de tentar colocar-se no lugar das pessoas que participaram daquela cena e decifrar seus sentimentos.

Como já foi dito, isso foi feito a todo momento na minha pesquisa. A cada ida a campo, mesmo sem a intenção preestabelecida,
nunca levei caderno e caneta. Minha convivência com o grupo foi
totalmente informal: conversávamos sobre vários assuntos, e de
vez em quando eu fazia perguntas mais dirigidas sobre a vida deles,
sobre o movimento *punk* e como participavam dele. Mas não ano-
tava nada. Chegava em casa, abria meu diário de campo e registrava
o que conseguia lembrar dos diálogos. Sempre que possível, procurava descrever as falas, tal como aconteciam. Procurava também
colocar meus sentimentos e minhas interpretações sobre os sentimentos das pessoas. Procurava fazer um relato descritivo o mais
fiel possível do que era vivenciado.

Às vezes, chegava já dia claro em casa, depois de rodarmos por
vários bares, e ainda encontrava disposição para registrar o que foi
vivenciado na noite, no diário de campo. Algumas vezes, deixei
para o dia seguinte, e neste já acordava com o telefonema de al-
gum/a *punk* convidando-me para outra atividade, então saia e deixava a anotação para outro momento. Assim, fiz algumas anota-

ções com alguns dias de distância entre o vivido e o registrado. Perderam-se muitas coisas nesse meio tempo, mas o que julgava mais relevante permaneceu na memória e foi registrado. Mas a memória nos prega peças... e, segundo Cicourel, essas peças são mais freqüentes quanto maior o envolvimento com o grupo. Sim, porque questões relevantes para a pesquisa podem ter passado como banalidades, mas agora é impossível voltar atrás. Hoje, disponho de noventa páginas de relatos de experiências no meio *punk* de Londrina. É minha vida e a vida das pessoas com as quais convivi... uma história, construída conjuntamente... a base para a construção deste trabalho.

Há muitas outras sugestões desses autores que acabaram por ser desconsideradas, por ter me prendido muito na participação. A falta de algumas delas pode representar deficiências neste trabalho, como: a análise seqüencial dos dados coletados, direcionando as observações subseqüentes; a ausência de uma teoria explícita sobre o *punk*, que direcionasse a descrição dos eventos; o não-direcionamento dos diálogos (em certas propostas, isso é significativo) etc. Contudo, fui construindo também uma metodologia particular, que consiste em acompanhar a fruição existencial característica do modo como percebi que os/as *punks* levam sua vida... fui vivendo com eles/as minha vida também em completa fluidez, deixando-me levar. Sempre em conversas informais, as informações apareciam; às vezes, apenas tempos depois, percebia que o que foi falado em tal dia era uma informação importante. Por sorte, ou por cuidado, tudo estava anotado no diário de campo.

Acredito que, sabendo que eu fazia uma pesquisa sobre o movimento, sempre que surgia algum assunto que julgavam poder me interessar, eles/as comentavam. E os assuntos surgiam espontaneamente, na maioria das vezes, por estarmos passando por algum lugar que os/as fazia lembrar-se de quando se encontravam ali, ou ao escutarmos uma música que os/as conduzia a falar sobre o que é *punk* de verdade, ou vermos uma foto... qualquer coisa podia desencadear narrativas sobre fatos, pessoas, idéias e lugares.

ENTERRADO VIVO **37**

Nas conversas que tínhamos sobre o movimento *punk*, quando eu já possuía condições de trocar simbolicamente (receber e dar opiniões sobre o que eu estava vendo e observando... a partir de uma linguagem que era comum), falava e ouvia, perguntava e também era questionado. Muitas análises ricas para o meu trabalho surgiram em conversas assim.

Foote-Whyte (1980, p.80) também contou com colaboração analítica de seu informante-chave: "Algumas observações que fiz são mais dele do que minhas, ainda que agora seja difícil distingui-las".

Segundo esse autor, seu informante foi se tornando, aos poucos, um verdadeiro colaborador da pesquisa, para discutir com ele os objetivos, as observações e sugerir elementos novos para a observação. Isso esteve presente na minha pesquisa também, pois estava a todo momento discutindo com o pessoal sobre o movimento *punk* de Londrina. Tínhamos uma troca de idéias muito grande, a ponto de receber deles/as análises de conjuntura que foram muito importantes para eu poder me situar no momento em que me encontrava no grupo.

Também houve momentos em que me pegava dando opiniões, falando da minha visão de mundo que, muitas vezes, era diferente da visão dos/das *punks*. Então, perguntava-me: será que não estou interferindo muito no grupo? Será que não estou influenciando a maneira de as pessoas verem e se posicionarem diante dos fatos acontecidos? Foote-Whyte (1980, p.81) dissipou essas preocupações com seu argumento de que "discorrer sobre certos assuntos fazia parte do padrão social e que dificilmente alguém poderia participar de um debate sem se envolver".

Diante desse relato, fiquei mais tranqüilo. E, com o passar do tempo, acredito que os/as *punks* foram percebendo que eu já dispunha de uma certa bagagem sobre o movimento de Londrina e, então, perguntavam-me sobre o modo como eu via o movimento na atual conjuntura, e, assim, expressava minhas opiniões, dava sugestões, enfim, mostrava-me preocupado com a situação e deixava claro que gostaria que fosse diferente e que poderia ser diferente. Entretanto, sempre frisava que o movimento *punk* deve ser

38 NÉCIO TURRA NETO

feito por *punks*, e por isso eram eles/elas que deveriam se agilizar para que os projetos caminhassem; eu poderia colaborar, mas não tomar iniciativas.

Outras sugestões importantes que serviram de base para a minha prática e minha análise vieram de Becker (1999). A primeira delas refere-se ao que o autor chama de "ciência artesanal", na qual cada pesquisador é livre para produzir suas próprias teorias e métodos, certamente mais relevantes para o caso que estuda.

> Esta maneira de trabalhar sacrifica, é claro, as supostas vantagens da especialização. Mas tem suas próprias vantagens alternativas. Em vez de tentar colocar suas observações sobre o mundo numa camisa-de-força de idéias desenvolvidas em outro lugar, há muitos anos atrás, para explicar fenômenos peculiares a este tempo e a este lugar, os sociólogos podem desenvolver as idéias mais relevantes para os fenômenos que eles próprios revelaram. Isso não significa que ... possam ignorar o pensamento e as idéias gerais que seus predecessores e seus colegas contemporâneos tenham criado. Porém, eles não precisam interpretar o que interpretam somente em termos do que lhes foi deixado por outros. (p.12)

Tal afirmação me permitiu trabalhar mais livremente no campo, sem a preocupação de estar seguindo religiosamente as sugestões feitas pelos/as autores/as de metodologia, e não me contentar com qualquer discurso sobre a realidade. Nesse processo, inclusive, fiquei teoricamente perdido por algum tempo, pois lia as teorias e não acreditava que elas pudessem me fornecer uma explicação global sobre o universo *punk* de Londrina. Alguns elementos que essas teorias ofereciam até poderiam ser úteis, mas muita coisa não se encaixava. Caminhei assim por um bom tempo... contrapondo teorias à realidade e descobrindo que esta última não se deixa captar completamente pela primeira. Fui então construindo uma leitura própria desse universo que, para mim, será sempre indecifrável.

Outra sugestão incorporada de Becker diz respeito à hipótese. Para o autor, esta deve ser construída no percurso do trabalho, ainda que admita a possibilidade de se partir de uma hipótese

ENTERRADO VIVO **39**

para o campo. No caso desta pesquisa, a hipótese foi construída durante o campo. Assim, desenvolvi duas hipóteses correlatas, a partir do confronto com a realidade.

A primeira hipótese diz respeito às relações entre o universo *punk* e a passagem da infância à adolescência. Nesta, desenvolvo a seguinte idéia: a passagem da infância para a adolescência é também a passagem de uma sociabilidade (rede de relações objetivas e subjetivas) restrita à família, à escola e ao bairro, para uma sociabilidade ampliada a partir da circulação por outros espaços da cidade, sobretudo o centro urbano. Aliado a isso, está a busca de "quem sou eu?", muito característica dessa etapa da vida (Erikson, 1972). Assim, na circulação pela cidade e pelo centro urbano especificamente (no caso do *punk*, o papel do centro da cidade é significativo), a/o jovem depara com várias possibilidades de ser, desde o homem/mulher engravatados até "rebeldes urbanos": aqueles que se vestem de uma forma diferente, que estão fora dos padrões, que exercem uma influência maior na juventude pela representação de ruptura que carregam. O *punk* está na paisagem social também, colocando-se como possibilidade de ser, e os/as jovens identificam-se com ele, pois encontram no *punk* algumas das respostas às questões que os/as afligem.

Não sei ao certo como essa idéia chegou até mim, mas foi depois de uma conversa com a Cristina, na qual ela relata como conheceu o Marco e o *punk* de um modo geral, que essa hipótese tornou-se mais pertinente. Viu um *punk* na escola, achou seu visual contestador, identificou-se, depois começou a cruzar *punks* no calçadão, parar, conversar e assimilar alguns de seus códigos. Certo dia, estava na Biblioteca Municipal, quando um amigo de Cristina chega com o Marco, que trazia um estojo estampado com uma suástica nazista, que foi deixado sobre a mesa em que ela estava. Ela começou a riscar a suástica, já ciente do que aquele símbolo significava. Depois percebeu que a suástica já estava riscada.[3]

---

3 No começo do movimento *punk*, eram usadas suásticas nazistas como forma de chocar a sociedade, pelo horror que esse símbolo provocava, era uma agressão,

Então começou a ver Marco com outros olhos, a trocar idéias com ele. Nesse período, Marco ainda não se assumia *punk*, mas a Cristina já o percebia como uma figura contestadora.

Esse relato me conduziu à idéia de que circulando pela cidade, o *punk*, com seu visual, coloca símbolos para a decifração e reconhecimento. Algumas pessoas cientes do que esses símbolos significam aproximam-se ou distanciam-se, identificam-se ou se diferenciam. Com base nessa idéia, decidi utilizar também como metodologia, nas entrevistas, os depoimentos pessoais, nos quais buscaria relatos da história de vida de cada um/a. Buscava o processo de identificação com o *punk*, justamente para confirmar ou negar essa hipótese. Assim, nas entrevistas, perguntava sobre a infância, a adolescência, quando viu o primeiro/a *punk*, como conheceu melhor o *punk*, que lugares freqüentava antes de ser *punk* e depois de assumir-se *punk*, o que mudou na sua vida etc. (a discussão teórica que fundamenta tal hipótese está na Caixa C).

A segunda hipótese surgiu-me, mais recentemente, pela leitura da teoria de Geertz (1978) sobre cultura. Segundo a concepção desse autor, cultura é um sistema semiótico de signos entrelaçados e interpretáveis: "a cultura não é um poder, algo ao qual podem ser atribuídos os acontecimentos sociais, os comportamentos, as instituições ou os processos; ela é um contexto, algo dentro do qual eles podem ser descritos de forma inteligível..." (p.24).

A isso, articulo o que argumenta Magnani (1986), em sua análise dos discursos, sobre a relação entre discurso e comportamento. Segundo esse autor, não dá para ater-se unicamente às falas das pessoas, mesmo porque a diversidade dos atores coloca-nos diante de uma série de opiniões fragmentadas e, por vezes, contraditórias, apesar de estarem referidas a um mesmo ideário. É preciso contrastar esses discursos com as práticas não como coisas opostas (a prática

---

uma irreverência. Atualmente, no meio anarco-*punk*, a suástica não é mais usada, a não ser quando riscada, ou quando traz a inscrição "fora nazistas", ou coisas do tipo. O uso não é mais irreverente, pois aos símbolos foi incorporado seu peso ideológico.

ENTERRADO VIVO **41**

negando o discurso), mas como "pistas diferentes e complementares para a compreensão do significado" (Magnani, 1986, p.140).

Apesar de hoje ter ciência de que a teoria cultural de Geertz (1978) não é a central para o meu trabalho, sobretudo por não estar em busca de significados profundos a serem desvendados – que me permitiriam interpretar certos fatos e falas –, ela tem seu papel no entendimento do *punk* como um universo cultural particular, dentro de uma gama enorme de outros universos culturais disponíveis à identificação no meio urbano. E esta é a segunda hipótese: o *punk* é um contexto cultural. Contudo, diferentemente daqueles analisados por Geertz, não se trata de um contexto étnico ou nacional, em que as pessoas nascem, crescem, vivem e morrem dentro dele, mas sim de um contexto mais micro, construído no turbilhão da urbanidade e ao qual se escolhe pertencer em um determinado momento da vida. Não se nasce *punk*. Nasce-se dentro de outro contexto cultural, de família, de religião, de autoridade, de escola. Ao se assumir *punk*, é feita uma opção por viver diferente do que se tem como referência. Cai-se dentro de um novo contexto cultural, ainda que mais dinâmico e em constante construção. Acontece que os laços com o contexto cultural anterior não se dissolvem no ar. Os elementos do contexto anterior permanecem, numa luta interna com os elementos do novo contexto, e precisam ser cotidianamente destruídos. Por isso, o/a *punk* trava uma grande luta dentro de si...

Assim, se discurso e prática se distanciaram em determinados momentos, eu os li como processo de construção de si, como um conflito interno de desconstrução e reconstrução permanente de um ser diferente... crises. Um comportamento que somente poderia ser entendido dentro desse contexto cultural dinâmico e incerto que é o *punk*.

Com isso na cabeça, a questão que elaborei para as entrevistas sobre o que mudou na sua vida depois que se assumiu *punk*, tornou-se muito importante para averiguar essa hipótese, e as repostas que recebi pareceram validá-la.

42 NÉCIO TURRA NETO

Quanto aos depoimentos,[4] segui outra recomendação importante de Becker (1999, p.164-5): perguntar sempre "como?" e nunca "por quê?". Segundo o autor, perguntar "por que as pessoas fazem o que fazem" é pedir a elas uma justificativa, uma análise dos fatos, o que deveria ser função do pesquisador, além de cair numa ideologização dos discursos, na qual as pessoas argumentam para ligar seus atos aos discursos preestabelecidos do grupo (uma resposta ideológica e não-pessoal). Ao contrário, perguntar "como algo aconteceu" é permitir que o discurso entre numa seqüência narrativa, na qual se conta a história de um processo, e as ideologias fiquem mais esquecidas; nesse caso, não se pede uma explicação ou justificativa, mas sim os passos que conduziram a determinado acontecimento. Na minha pesquisa, preocupei-me muito com isso, sempre perguntava "como"... mas também perguntava "por quê", para ver como os discursos ideológicos eram construídos e as ações justificadas. Foi importante esse toque, pois sabia o que queria quando perguntava "como" e "por quê"...

Para finalizar, deixo uma definição de observação participante que certa vez fiz para Patrícia: uma metodologia, na qual o pesquisador se coloca no campo como uma antena de rádio, captando de

---

4 Seguindo a classificação de Queiróz (1991, p.5-7), a técnica que utilizei para coleta de relatos foi a de depoimento, que é diferente de história de vida e de entrevista. Para a autora, "a diferença entre história de vida e depoimento está na forma específica de agir do pesquisador ao utilizar cada uma destas técnicas, durante o diálogo com o informante. Ao colher um depoimento, o colóquio é dirigido diretamente pelo pesquisador; pode fazê-lo com maior ou menor sutileza, mas na verdade tem nas mãos o fio da meada e conduz a entrevista. Da 'vida' de seu informante só lhe interessam os acontecimentos que venham inserir-se diretamente no trabalho, e a escolha é unicamente efetuada por este critério. Se o narrador se afasta em digressões, o pesquisdor as corta para trazê-lo de novo ao seu assunto. Conhecendo o problema, busca obter do narrador o essencial, fugindo do que lhe parece supérfluo e desnecessário". Ao contrário, na história de vida, embora o colóquio seja dirigido pelo pesquisador, quem decide o que vai relatar é o narrador, e o pesquisador permanece a maior parte do tempo mudo, interferindo o menos possível no desenrolar do relato. Tudo que o narrador fala, seus silêncios, seus esquecimentos são importantes para a interpretação.

forma sensível os elementos que interessam para sua proposta, interagindo com o grupo, vivendo com ele e influenciando e sendo influenciado. Uma relação humana, na qual a empatia é importante, mas o confronto, quando exigido, também o é, já que se torna o pressuposto para relações baseadas na autenticidade pessoal e não na representação de papéis.

Sempre procurei agir eticamente com o grupo, marcando e cumprindo, sendo coerente com o que dizia. Essa atitude permitiu que se estabelecesse entre nós uma relação de confiança e respeito.

Se, nos primeiros contatos, a relação de estranhamento esteve presente, procurava respeitar as diferenças e não julgar nunca apressadamente. Os estereótipos fáceis não me convenceram e fui em busca do que há por detrás da couraça *punk* em cada um. Acabei descobrindo pessoas incríveis, pessoas perdidas, pessoas piradas e boas... encantei-me!

Foi superimportante poder ter vivido essa experiência! E acredito que ela só foi possível por ter adotado a observação participante como metodologia de campo. Ela foi a porta de entrada no universo *punk* e, por tudo que representou para o trabalho, é também a melhor porta de entrada para nossa discussão.

Seguem-se agora mais cartas, e, à medida que forem lidas, você vai entender o que quero dizer... O *punk*, no percurso das cartas, também lhe será mais próximo... e mais distante ao mesmo tempo. Até breve.

CARTA II
OS MOVIMENTOS DE JUVENTUDE E O *PUNK*

Londrina, setembro de 2000.

A primeira geração de marginalizados, pedia.
A segunda, tomava.
A terceira, pede, toma e bate.
A quarta geração...
Eu tenho medo, muito medo.
(*Material Subversivo*, nº 3, ano II)

Caro amigo,

Hoje percebi o quanto é preciso exercitar a tolerância. Convivemos, a todo momento, com pessoas de outro astral e com outras idéias. Dizer a elas que gostaríamos que seguissem o que acreditamos ser o melhor é insignificante para elas, sem contar que é demasiado autoritário. E, "como narciso acha feio o que não é espelho", a tendência é para o rompimento, o afastamento... é o mais instintivo. Mas, falando em bom senso, em ponderação, em convivência pacífica, é preciso deixar algo de si para aceitar o outro, e este deve fazer o mesmo, só assim teríamos paz.

Como colocar isso em prática é que é o grande desafio...

Mas, enfim, não vou ficar aqui divagando sobre como seria o mundo ideal. O motivo que me faz lhe escrever esta carta é outro.

48 NÉCIO TURRA NETO

Estou aqui, desta vez, para cumprir a seguinte missão: escrever sobre a história dos movimentos de juventude até chegar ao movimento *punk*. Faço isso com a intenção de dar a idéia de que o *punk* não surge do nada. Há várias gerações de jovens que se rebelaram contra o sistema, e é preciso mencioná-las. Talvez com essa história esteja filiando o movimento *punk* a uma tradição rebelde que o precedeu. Contudo, é preciso dizer que não existe uma seqüência lógica e progressiva dos movimentos de juventude. E, além do mais, é complicado falar de tradição de movimentos juvenis... Talvez os movimentos de revolta juvenil estejam mais ligados à idéia de vanguarda moderna: o rompimento constante com o que é imediatamente anterior, chocando o presente com o impacto do extremamente novo e original. Mas também essa idéia é complicada num mundo "pós-moderno", no qual, como diz Arantes (1998, p.19-40), o novo já não tem o impacto do choque e do rompimento, mas é desejado, exigido, vendido e proclamado como condição mesma da reprodução do sistema. Enfim, há vários caminhos pelos quais se podem ler as informações desta carta, deixo-o livre para achar o seu...

A maioria dos trabalhos sobre história do *punk* atribui como ponto de partida o grupo Sex Pistols, na Inglaterra de 1976-1977; uma exceção é o livro *Mate-me por favor: uma história sem censura do* punk, para o qual esse movimento começa bem antes, em Nova York, tendo como precursor o grupo Velvet Underground e seu vocalista Lou Reed (McNeill & McGain, 1997). Bem, na verdade, o local de surgimento do *punk* não importa muito para os objetivos que tenho. Se surgiu aqui ou acolá, tanto faz. O que interessa é que se tornou um fenômeno mundial em pouco tempo.

Para a exposição do tema, contudo, tomo a idéia de que o *punk*, como um fenômeno comportamental e juvenil – seguindo uma reversão musical – que explode para o mundo, surge na segunda metade da década de 1970, na Inglaterra. A partir daí, formulo as seguintes perguntas: Como estava a década de 1970, e o cenário juvenil lá? O que foi o *punk* quando surgiu, qual sua atitude, sua característica e sua proposta? O que representou para a música e para o comportamento juvenil?

ENTERRADO VIVO **49**

Para responder a essas perguntas, preciso voltar um pouco mais no tempo... talvez logo depois do fim da Segunda Guerra Mundial. Por que tão longe para entender um fenômeno que tem pouco mais de vinte anos? Bem, porque vou entrar no universo *punk* pela via da formação de grupos de sociabilidade, grupos que, pela convivência de seus membros, criam uma relação na qual é bom estar junto, todos compartilham o mesmo gosto musical, vestem-se num mesmo estilo, discutem sobre o mundo, têm idéias parecidas sobre a sociedade em que vivem e, assim, criam uma identidade própria que os diferencia de outros grupos que formam a sociedade. E, além do mais, como grupo de sociabilidade, o *punk* se caracteriza por ser predominantemente um grupo juvenil – é como tal que surge e se desenvolve –; por isso, devo discutir a sociabilidade juvenil. Acontece que a sociabilidade juvenil mudou muito na sociedade moderna, e, a partir da década de 1950, ocorre uma grande mudança: os grupos juvenis passam a se formar não mais no espaço da escola ou da universidade, como antes, mas sobretudo nos espaços do lazer e da diversão, articulando tempo livre, rebeldia e indústria cultural.

Mas como apareceram os grupos juvenis? E antes dos anos 50, como era a sua sociabilidade?

Para responder a essas questões, devo voltar um pouco mais no tempo... e assim vou indo para alguns séculos atrás... Então, recapitulando a viagem no tempo para poder situar o *punk*, temos: na década de 1970, o surgimento do *punk*; nos anos 50, uma nova forma de sociabilidade juvenil se instalou, aquela a partir da qual o *punk* se organiza; e foi, há alguns séculos antes disso, que a juventude apareceu como uma categoria social destacada no interior da sociedade, ganhando visibilidade sobretudo a partir de seus grupos de sociabilidade e de seus movimentos de contestação (sobre o entendimento de juventude como categoria histórica, ver a Caixa D).

Volto, assim, ao século XVII, a partir do qual Abramo (1994, p.3-8) reconhece a separação da juventude, como grupo de idade, do restante da sociedade. Fala a autora que, nas sociedades medievais, a passagem da infância para a vida adulta se dava sem grandes rupturas, e a socialização da criança era feita no espaço coletivo da comunidade, onde, desde cedo, ela já se misturava aos adultos, e todos, de certa forma, eram responsáveis por sua educação e preparação para o exercício das funções na coletividade. A partir do século XVII, a família se retrai para a esfera do privado, e a socialização da criança deixa de ser feita no espaço coletivo para restringir-se ao espaço da família, que separa a criança da sociedade. Outro fenômeno que ocorre no período é a expansão da instituição escolar.

A escola substitui a educação informal e separa definitivamente a criança do meio adulto, o que acontecerá também com a juventude. A juventude, como categoria apartada, aparece nesse tempo como aquela juventude que freqüentava a escola e, portanto, não se referia a todo contingente populacional dessa faixa etária, mas apenas aos filhos dos burgueses, que eram aqueles que mandavam seus filhos para a escola. Com a ampliação do sistema escolar, amplia-se também a categoria juventude (como separada do mundo adulto) para outras camadas sociais. Esse processo vai atingir as camadas de baixa renda apenas no século XX.

Assim, a juventude, numa espécie de incubação, aparece como grupo homogeneamente etário, separada do mundo adulto, para, num momento posterior, exercer funções na sociedade, pois era para isso que estava sendo preparada. Uma preparação voltada para um momento posterior... um período de espera, no qual o jovem deveria adquirir maturidade social para entrar na sociedade. Mas havia necessidades na adolescência: com a emergência da maturidade sexual e fisiológica; necessidades de reconhecimento como uma personalidade autônoma, como indivíduo único e especial... Essas necessidades, que a escola não levava em consideração, vão ser respondidas pela formação de grupos no interior do universo escolar – os quais serão responsáveis pela formação de identidades individuais e coletivas e pelo estabelecimento de laços de solidariedade. Esses grupos de sociabilidade formados no espaço da escola poderiam desenvolver uma rejeição aos mecanismos de socialização a que deveriam estar submetidos, colocando-se contra a sociedade e/ou desenvolvendo outros modos de vida.

ENTERRADO VIVO 51

Além desses grupos formados no espaço da escola, há também outros grupos juvenis, formados nos setores de baixa renda, que desenvolvem uma atitude de negação mais violenta da sociedade, por perceberem-se excluídos dela. Há vários exemplos de grupos juvenis com essas características, e a sociologia da primeira metade do século XX classificou-os como delinqüentes.

Tanto os grupos formados no espaço da escola – e que se rebelam – quanto aqueles constituídos a partir da recusa em se reproduzir seguindo o exemplo dos seus pais enquadram-se na perspectiva que via a juventude, assim organizada, como um problema para a sociedade moderna, uma falha no processo de integração (Abramo, 1994, p.15-6; Cohen 1968; Matza, 1968, p.89-92). Contudo, pouco se reconhece que a juventude, como grupo de idade separada do mundo adulto e em encubação (sendo preparada para um momento posterior... apesar da maturidade física e sexual), é uma criação da própria sociedade moderna...

Há que se perguntar também se esse processo de construção da juventude como uma categoria social separada, vivendo em grupos de sociabilidade próprios, não seria mais antigo, e/ou se essa separação não desempenhou um papel importante no processo de ruptura com as tradições, característico da modernidade. Enfim, são questões que ficam por aí, sem respostas...

Voltando, no entanto, à nossa história... é nos anos 50 do século XX que se começa a falar de uma ampla cultura juvenil, de escala internacional, ligada ao lazer e à indústria cultural. É o momento também de expansão dos meios de comunicação de massa e de construção de um mercado de consumo especificamente juvenil (som, roupas, espaços de diversão etc.). O maior símbolo dessa cultura juvenil internacional é o *rock'n'roll* (Abramo, 1994, p.27-30).

Tal fenômeno, contudo, é mais forte em países como a Inglaterra e os Estados Unidos, e por aqui vai aparecer muito pontualmente, nos grandes centros urbanos – mais próximos do que acontecia no restante do mundo –, visto que a consolidação de um mercado de bens culturais, impulsionado pela indústria cultural, somente vai acontecer mesmo entre nós na década de 1970 (Ortiz, 1995, p.16).

52 NÉCIO TURRA NETO

Costa (1993, p.20-1) argumenta que a década de 1950 marca a proliferação de gangues juvenis na Inglaterra e alia isso à emergência de um mercado de consumo juvenil. Segundo a autora, a consolidação de um "consumo de massas", ligada à

> maior autonomia do jovem perante a sociedade e ao grupo familiar, e à sua relativa independência financeira ... lhe permite consumir e diferenciar-se através de uma série de bens e da busca de espaços próprios para seus encontros e lazer. (p.21)

Para a autora, a criação de um mercado de consumo juvenil foi precondição para a emergência de uma "cultura jovem".

É preciso, entretanto, fazer uma ressalva, pois, de acordo com Abramo (1994), essa "nova cultura juvenil", ligada à diversão e ao *rock'n'roll*, refere-se mais à adolescência, visto que também nesse período surgem movimentos juvenis ligados ao meio universitário e com características mais políticas, como os existencialistas franceses – anos 40 – e os *beatniks* norte-americanos – anos 50 –, não interessados em *rock*, mas em *jazz*. Esses movimentos caracterizam-se pela busca da experiência da liberdade pessoal, pela experimentação nos campos estéticos, pela busca da originalidade e pela identificação com os setores marginalizados da sociedade. São considerados os herdeiros dos movimentos românticos do século XIX e os precursores dos movimentos *hippie* e *punk* (Abramo, 1994, p.31; Bivar, 1982, p.6-16), apesar de o *punk* não ser um movimento surgido no meio universitário, mas nos espaços de diversão.

Assim, esse processo de constituição dos grupos juvenis a partir desse período não se dá somente no espaço da escola e da universidade, mas, sobretudo, no espaço da rua, nos locais de diversão, embalados pelo *rock'n'roll* e investindo em trajes e atitudes para marcar diferenças num meio urbano cada vez mais complexo. Encontram-se nos espaços de lazer e identificam-se por curtirem o mesmo som, terem idéias parecidas e gostarem da proposta dos grupos.

Vale dizer que se trata de grupos com uma clara filiação de classe: a classe operária (esses jovens dos anos 50 formam grupos na

ENTERRADO VIVO   53

cidade). São jovens de baixa renda, buscando firmar-se numa sociedade cada vez mais industrial e burocrática, negociando espaços de
diversão num meio urbano pobre em opções, sobretudo para quem
tem pouco dinheiro. São jovens que trabalham e têm algum poder
de consumo – de som, de roupas e de meios de transporte (Abramo,
1994, p.35-7). Alguns grupos ingleses se destacam na década de
1950: *teddy-boys*, *mods*, *rockers* e, na década de 1960, *skinheads*. Segundo Costa (1993, p.24), tais grupos se caracterizavam pelo
"niilismo, revolta, agressividade e desprezo pelos padrões sociais
aceitos. O *rock'n'roll* embalava todos eles, também o *reagge* jamai-
cano era ouvido pelos *skinheads*, e cada grupo possuía um estilo de
roupa que o diferenciava".

E, assim, estamos nos aproximando do *punk*, tenha calma...
Antes, contudo, é preciso falar da revolucionária década de 1960,
do movimento *hippie* e dos rumos que tomou o *rock'n'roll*.

Os anos 60 introduziram uma série de novidades, como lembra
Bivar (1982, p.18-24). As mais significativas para a análise são: o
Maio de 1968 na França; a expansão e circulação do uso de drogas e
alucinógenos; o *boom* da geração *hippie*; a descoberta do anticon-
cepcional; e a liberação sexual.

A geração *hippie*, adotando o *rock'n'roll* como música e o LSD
como experiência de expansão da percepção, mostrou uma dura
recusa em adentrar no mundo normatizado, industrial e burocráti-
co, sem atrativos e que se colocava como única opção válida para a
juventude. Buscou construir um modo de vida alternativo, baseado na paz, no amor e na crença de que as flores poderiam derrotar
os canhões. Proclamou a alegria de viver e tomou o colorido como
estilo de se vestir.

Houve, no entanto, outros movimentos juvenis nos anos 60.
Alguns, inclusive, reacionários, como os *skinheads*. Houve movimentos estudantis também muito fortes como os que ocorreram
na França e de lá ganharam o mundo. Movimentos musicais aqui
no Brasil, e também estudantis, contra a repressão da ditadura militar. Assim, os anos 60 são marcados por vários acontecimentos
envolvendo a juventude e com uma amplitude internacional, fa-

zendo a juventude aparecer como foco de contestação e luta contra a ordem política, econômica, cultural e moral, reivindicando mudanças na sociedade (Abramo, 1994, p.39; Bivar, 1982, p.18-24).

Ainda sobre a década de 1960, Abramo (1994, p.39) fala da representação construída a respeito da juventude, com base na observação dos movimentos juvenis do período.

A juventude aparece como um tempo privilegiado: um tempo de permissividade, de diversão sem reservas, de busca de intensidade, prazer e liberdade, de irreverência em relação às instituições e valores do mundo adulto.

Vários autores formulam a idéia de que, nesse contexto, formou-se uma geração de jovens menos disposta a adaptar-se à servidão da civilização industrial tecnocrática e burocrática, uma vez que os novos hábitos de consumo e liberdade favorecem uma atitude de crítica à disciplina produtiva...

Os movimentos juvenis dos anos 60 têm um grande investimento utópico, acreditando-se capazes de transformações radicais da sociedade. Apesar de o mundo nunca mais se esquecer deles, por suas conquistas, o seu fracasso foi evidente: "O sonho acabou!".

Os anos 70, diante do quadro de derrota da geração anterior e da crise que assolou o mundo, não tiveram grandes acontecimentos envolvendo a juventude como portadora de transformações. A idéia de uma "revolução juvenil" desaparece, e o cenário juvenil é marcado por uma grande fragmentação em tribos, e o *punk* foi a primeira delas (Abramo, 1994, p.42-3; Diógenes, 1998, p.97-9).

Há um componente espacial interessante na distinção entre *hippies* e *punk* que merece ser destacado... Caiafa (1989, p.37-8), afirma que:

O cabelo curto do *punk* é a higiene das cidades contra a intransigência votiva do hippismo, contra a fuga para os acampamentos. Ficar na cidade e usá-la até o extremo. Habitantes da velocidade urbana, os *punks* produziram um corpo que imprime o mínimo de retardo possível à agilidade dos movimentos. Assim como a roupa de couro protege o corpo (e os pinos, os pregos e as correntes), com o cabelo curtíssimo o inimigo não tem o que agarrar, e é mais fácil desvencilhar-se dele. O *punk* está pronto a escapar eficientemente e a atacar se for necessário.

Nesse sentido, o *punk* não acredita na filosofia da paz e do amor – as flores vencendo canhões –, mas desenvolve a imagem do ódio e da guerra.

Abramo (1994, p.53) considera que o *punk* surge numa conjuntura de "crise econômica" e "crise utópica", na qual o desejo de mudar o mundo e de construir novas formas de vida encontra-se limitado. A tematização da "crise do futuro" é central nas manifestações *punks* (ibidem, p.83) e é convertida em "elementos de encenação" (p.146) nos espaços de diversão e na circulação pela cidade. Uma evocação do apocalipse... E "isso não deve ser interpretado como uma afirmação de desespero, mas como uma afirmação de uma contemporaneidade, de presença realista no mundo..." (p.45).

Dessa forma, o *punk* não estaria propondo a construção de um modo de vida alternativo no campo, mas sim no centro urbano, abandonado à noite, elegendo-o como palco para encenação da sua descrença no futuro.

E o grande impulsionador da juventude: o *rock 'n' roll*? Como andava no período?

Segundo Abramo (1994, p.96-8), o *rock* nasce umbilicalmente ligado à indústria cultural, mas também como estranhamento aos padrões culturais vigentes. Por ser resultado da fusão das culturas negra e branca norte-americanas, ele é um fenômeno estrangeiro em qualquer parte. E como o *rock* se caracteriza pela repetição da base musical e dos gestos corporais, pode ser facilmente reconhecido e reproduzido. Essas características do *rock* permitem que ele seja incorporado e acrescido de novas linguagens onde quer que seja, sem deixar de ser *rock*; por isso, pôde ser adotado como linguagem internacional da juventude.

Assim, a identificação por grupos de um país com a criação de grupos de outros países não seria imitação, mas reconhecimento de experiências similares.

Caiafa (1989, p.11) também salienta esse caráter de estrangeirismo do *rock*, definindo-o como uma "gíria universal", articulada pela juventude que, por meio dele, poderia se entender. Contudo, a comercialização e a capitalização do *rock* reduziram essa sua potência política de instrumento de intervenção. Essa comercialização do *rock* e sua capitalização tornaram-no algo que somente alguns privilegiados poderiam fazer, algo superproduzido, com um som superelaborado, que exigia dinheiro e muito conhecimento de música. O *rock* afastou-se, assim, dos movimentos que o impulsionaram e se tornou espetáculo. Como diz Bivar (1982, p.33):

> Tudo que antes dera a impressão de espontâneo, tribalista – uma festa da qual todos participavam, todos faziam parte – agora, na primeira metade da década [de 1970], era superproduzido, caro, bombástico e presunçoso ... A tudo isso somava-se a mais recente das maravilhas: o raio laser. Sem falar no instrumento musical mais avançado na época, o sintetizador.

Era o "*rock* progressivo", um

> termo que, a partir de 69, serve para identificar um tipo de *rock* mais elaborado e cerebral, capaz de forjar amálgamas até então impensadas com o *jazz*, o *folk* e a música clássica. Trocando em miúdos, ganhou notoriedade pelas demonstrações de virtuosismo técnico (solo a rodo, intrincadas mudanças de andamento, improvisos intermináveis), pelo tratamento épico dispensado aos temas e pela eclosão dos famigerados álbuns conceituais que giram em torno de um único e grande motivo... (Dolabela et al., 1994, apud Silva, 1995, p.37)

De acordo com Bivar (1982, p.35):

> o problema era que sem o expansor de consciência (o produto químico, LSD) essa música era chatérrima. A paciência chegava ao seu limite. A próxima coisa teria que ser exatamente o oposto dessa abundância oca. A próxima coisa teria que ser um retorno ao básico. A próxima coisa teria que ser *punk*. E foi.

ENTERRADO VIVO **57**

O *punk* é classificado, no campo musical, como uma reação ao *rock* progressivo, o retorno ao básico dos três acordes do *rock*. É, portanto, colocado como uma revolução musical, e o *punk* surge, inicialmente como música, o que não significa que não havia um público pronto esperando esse tipo de som e identificando-se com ele. Como pode ser percebido no livro *Mate-me por favor: uma história sem censura do* punk, havia toda uma cena alternativa ao *rock* progressivo em Nova York da década de 1970, na qual se fizeram várias experiências de retorno a um *rock* mais básico e contestador. Essa cena atinge também a Inglaterra, onde o *punk* se transforma no que o mundo passou a conhecer pela mídia: um grupo de jovens sujos, com roupas rasgadas e cabelos espetados, uma atitude agressiva e fazendo um som que os ouvidos não estavam habituados. Era o *punk-rock*... e foi logo notícia (McNeill & McGain, 1997).

O *punk*, afinal! Mas, antes de prosseguir, vamos recapitular algumas coisas, para que não se perca o essencial dos objetivos que tenho ao escrever esta carta. É importante reter a questão da sociabilidade juvenil nos momentos de diversão, tempo e espaço privilegiado de constituição de identidades entre os jovens. A sociabilidade juvenil nem sempre foi assim, antes era especialmente no espaço da escola que os grupos se formavam. Somente quando entra em cena a indústria cultural, o consumo de massa, o *rock'n'roll* e quando a condição juvenil amplia-se até atingir jovens de todos os setores sociais, é que se pode falar de grupos juvenis formados no espaço do lazer. Cada período teve sua característica marcante e seu grupo privilegiado: os românticos do século XIX, existencialistas e *beats*, as gangues inglesas, os movimentos estudantis, os *hippies* e os *punks*.

Assim, entendo o *punk* como um movimento de juventude formado no espaço do lazer, nos momentos de diversão, desenvolvendo uma sociabilidade cujos elementos de identificação começaram com o som e o visual... e não sou o único... (ver Abramo, 1994; Caiafa, 1989; Bivar, 1982; Costa, 1993). Somente por existir um grupo de jovens interessados em fazer sua própria música, marcar uma diferença em relação ao gosto predominante da época, um grupo que estando próximo podia ser ao mesmo tempo músico e platéia, é que o *punk* foi possível. Como lembra Caiafa (1989, p.17 e 76), antes de existir uma atitude *punk*, houve uma música *punk* que sustentou tanto a música quanto a atitude, um bando *punk*. Por isso, falar de bandas *punks* é falar de público *punk*, movimento *punk*, *punks* reunidos...

E, assim, termino esta carta... situou o *punk* na história? Espero que sim...

A partir desse período de surgimento do *punk*, o mundo foi se tornando mais complexo, mais próximo e mais distante... o distante próximo e o próximo distante. Fissuras, fragmentações... identidades deslocadas. O *punk* surgiu e se desenvolveu, assim, nesse contexto de fragmentação das identidades urbanas e de circulação mundial de identidades construídas nos espaços de diversão de outros países, em outros contextos... no turbilhão da cidade grande, no movimento da música e da vida de jovens em busca de diversão, identificação, sentido – busca que os conduziu ao encontro do caos. Afirmaram-se *punks*, queriam o fim. A história do movimento foi acontecendo, o *punk* da mídia/mundo foi se localizando e se particularizando, transformando-se no mundo e no lugar... também ele se fragmentando.

Enfim, ganhou uma complexidade que nem mesmo um mergulho profundo nele – no *punk* – pode decifrar. No meu mergulho superficial nessa história – construída por um não-historiador –, sinto que preciso ainda falar mais detida e exclusivamente do *punk*, que já tem cerca de 25 anos de vida. Mas isso fica para outra carta... no intervalo de um virar de página. Até...

CARTA III
O SURGIMENTO DO *PUNK* E SUA ATERRISSAGEM EM LONDRINA

Londrina, setembro de 2000.

Sobre os escombros de nós

Ei! Ei você! Me diz por favor / O que é que nós vamos fazer agora? / As bombas do último instante / Explodiram o último sentimento de esperança, / Que resistia em nossos corações. / Estou com medo! / Agora que meus olhos não conseguem ver mais nada, / Agora no escuro, eu não sou nada./ Não posso dar um passo, / Pois será o passo errado. / ... / O que é que nós vamos fazer agora? / As luzes daqui se apagaram / E não há claridade lá fora. Aqui / Os lábios se calaram / Os ouvidos nada ouvem / Os olhos nada vêem / Os sentidos se emudeceram / Agora não somos mais nada / Além de um sopro, um vento / Perdido entre os escombros / De corações dilacerados de um ser / Que um dia foi humano... / ... Sejamos todos. / Bem-vindos ao caos!!!

(Ari Soares [Bocca], *Vômitos, orgasmos, gritos e essências...*)

62 NÉCIO TURRA NETO

Caro amigo,

Como já lhe escrevi, não sou historiador, e, certamente, minha reconstituição do movimento *punk*, desde seu surgimento até hoje, em Londrina, está fora dos padrões do que se considera uma "boa história". Portanto, não me cobre o rigor que seria exigido de um "historiador de verdade". Enfim... são questões de multidisciplinaridade das quais, como se pode perceber, não dei conta... "Tempo e espaço navegando todos os sentidos..." Talvez geografia e história devessem estar mais próximas...

Mas vamos lá... Começo esta carta afirmando que esta história do *punk* tem uma "função" específica dentro do meu trabalho: situar o *punk* no tempo e tentar (re)construir uma trajetória de rupturas e transformações, que possibilitaram que ele chegasse ao presente da forma como chegou. Em outras palavras, falo desta história para dar uma idéia de como esse novo contexto cultural emergiu e foi se construindo até o momento presente e se particularizando em Londrina – lembra-se da segunda hipótese?

Na viagem de volta no tempo, parto para as décadas de 1970 e 1980, quando o cenário juvenil começa a se fragmentar em tribos, conforme descreve Abramo (1994). Depois das frustrações: niilismo e hedonismo... Essas tribos dos anos 70 e 80, diferentes daquelas que existiram nos anos 50, são mais numerosas, diversificadas e têm uma amplitude internacional, além de serem mais exageradas (ibidem, p.43). Diferentes também dos movimentos da década de 1960, essas tribos não têm propostas de transformação, querem diversão e preocupam-se, sobretudo, com o presente; no caso do *punk*, não há futuro, o fim do mundo é desejado e reconhecido como realidade próxima ou contextual – entende agora a poesia que abre esta carta?

A música era uma reação ao *rock* progressivo dos anos 70 e buscava o retorno ao "simples e rudimentar"; estava ligada ao cotidiano das ruas e à experiência que tinha delas os jovens e as jovens. O lema é *do it yourself*, o faça você mesmo: faça sua música, sua roupa; tenha suas idéias. O visual que se constrói em torno da música

ENTERRADO VIVO **63**

segue os mesmos princípios e procura articular o "lixo urbano e industrial" num estilo que, pela cacofonia de referências, causa choque e confusão: "O estilo compõe uma aparência estranha e agressiva, de jovens 'pobres' e 'mal-intencionados'" (p.44).

O representante mais citado dessa deflagração do *punk* é o grupo Sex Pistols, a partir do qual novas bandas se formaram. Em torno das bandas, organizou-se todo um público para curtir o som e elaborar o visual, que se tornaria a nova moda da rua, conforme nos conta Bivar (1982, p.47-63).

E quem eram os *punks*?

É Abramo (1994, p.45) quem responde a essa pergunta:

> Os *punks* são principalmente garotos das classes trabalhadoras dos subúrbios, vivendo nesse momento uma situação de desesperança: crise econômica e os índices de desemprego atingem duramente os jovens proletários que, ao saírem do ciclo básico não encontram emprego e, além disso, vêem boa parte dos serviços públicos antes existentes ser encerrada pela política de desestatização de Thatcher. Sem dinheiro, sem nada para fazer, e com uma sensação de estagnação e exílio social, esses jovens acabam por procurar atividade e diversão, "explodindo sua fúria e desencanto" na criação de atitudes provocantes, desafiadoras, "deflagradoras de desordens", em todos os sentidos: da desordem semântica à desordem comportamental...

Como dizia o Sex Pistols: "eu sou um anticristo/ eu sou um anarquista/ não sei o que eu quero/ mas sei o que eu tenho/ eu quero destruir quem passa por mim/ porque eu quero ser anarquista..." (*Anarchy in the UK* apud Borges & Covre, 1998, p.30). Tal atitude que expressa uma revolta sem direção, contra tudo e todos, ganha admiração de uma parcela da juventude que, desiludida, também não sabia para onde e de que forma expressar sua fúria. Em cada lugar do mundo, jovens descontentes tornam-se a porta de entrada do *punk* universal da mídia, a qual o territorializa e particulariza. *Punks*, movimentos, cenas... diversifica-se o *punk*, ao mesmo tempo que se mundializa. Mundializa-se e (re)localiza-se,

64 NÉCIO TURRA NETO

diversificando-se. A partir daí, o *punk* passa a ser um movimento multifacetado, disperso... adquirindo as cores de cada lugar em que se territorializou.

Para ter uma idéia de como uma imagem construída pela mídia é assimilada diferentemente em vários lugares, a partir de identificações com elementos diferentes daquele todo que é mostrado na tela, alguns depoimentos do livro *Mate-me por favor: uma história sem censura do* punk são interessantes. Trata-se de testemunhos de pessoas que viveram intensamente aquele período de origem do *punk* e que, apesar de representarem a visão do movimento a partir de Nova York – considerado por eles o verdadeiro berço do *punk* –, falam de uma percepção do *punk* inglês como realmente diferente, mais selvagem e furioso. Vou reproduzir os depoimentos todos na seqüência; o período que eles analisam refere-se a 1976 e 1977:

Bob Gruen, fotógrafo, cineasta e escritor, dirigiu o vídeo *Looking for a Kiss*, do New York Dolls:

> Na primeira vez que eu fui para a Inglaterra, o único número de telefone que eu tinha era o de Malcom McLarem. Eu o conhecera em Nova York quando ele estava andando com os New York Dolls. Então liguei para ele, e ele me levou ao Club Louise.
>
> Havia todos aqueles garotos lá, usando roupas esquisitas e começando a cortar o cabelo daquele jeito espetado esquisito. Uma banda tinha se formado naquela cena, os Sex Pistols. Eles entraram no clube e ficaram fazendo pose, ridículos – como se fossem grandes estrelas. Todos os garotos ficaram parados por lá tipo: "Ooh, são eles, eles são o máximo".
>
> Os Sex Pistols eram o centro total das atenções..." (McNeill & McGain, 1997, p.261)

Mary Harron, escritora, repórter e ex-escritora de matérias especiais para a revista *Punk*, freqüentou a cena em Nova York, foi apresentadora de TV e dirigiu um filme. Fala também sobre sua visita à Inglaterra:

ENTERRADO VIVO **65**

Dava pra sentir o mundo realmente se movendo e balançando naquele outono de 1976 em Londres. Senti que o que a gente tinha feito como piada em Nova York, fora levado a sério na Inglaterra por uma platéia mais jovem e mais violenta. E que, de alguma forma, na tradução, aquilo tinha mudado, tinha acendido a alguma coisa diferente.

O que para mim tinha sido uma cultura *rock* muito mais adulta, intelectual e boêmia em Nova York, se tornara essa coisa louca adolescente na Inglaterra. Lembro de ter ido ver o Damnede [banda *punk* da primeira geração], que achei realmente terrível, tocar naquele verão, eu estava usando minha camiseta da revista *Punk* e fui cercada. Quer dizer, eu não tenho como descrever a recepção que tive. Tudo mundo ficou muito empolgado por eu estar usando uma camiseta que dizia *"Punk"*.

Fiquei sem palavras.

Lá estava eu no *backstage*, e havia milhares de garotinhos, como monstros de pesadelo, sabe como é, pequenos espíritos malignos com os cabelos pintados de vermelho cintilante e rostos brancos. Todos estavam usando correntes e suásticas e coisas fincadas na cabeça, e fiquei pensando: "O meu Deus, o que a gente fez? O que a gente criou?".

Era como se a gente tivesse feito uma coisa – e de repente ela virasse outra que a gente não pretendia ou esperava. Acho que o *punk* inglês era muito mais volátil e mordaz – e mais perigoso. (ibidem, p.262)

Mary Harron novamente:

Tive discussões terríveis com as pessoas durante todo aquele tempo que fiquei na Inglaterra, com todos os meus velhos amigos. No começo do *punk* todo mundo pensou – sem dúvida quando o *punk* inglês começou, e até mesmo o *punk* americano –, todo mundo pensou que fosse uma coisa horrível de direita nazi – violenta, racista e contra todas as boas coisas da vida.

Eu era a favor do *punk* instintivamente, mas tive que me guiar pelo meu gosto instintivo, por causa dos símbolos.

Levei um tempo para elaborar isto, porque agora é banal que as pessoas usem símbolos de maneira irônica. Mas na época *hippie*, modos de vestir ou símbolos não eram usados ironicamente. Era tipo: "Isso é o que você é; você tem cabelo comprido; você veste isso; você é uma pessoa de paz". Por isso, se você usa suástica, você era um nazi.

E de repente, sem nenhuma transição, sem ninguém dizer nada, surge um movimento, e estão usando suásticas e não têm a ver com aquilo; *é uma roupa e é uma agressão*. Tem a ver com alguma coisa completamente diferente – tem a ver com *encenação e tática de choque*. Meio que percebi isto instintivamente, mas não tive como articular por muito tempo ... Mas é isto que tornava a coisa tão interessante, você não conseguia escrever uma análise, você não sabia que porra estava acontecendo, estava acontecendo muito rápido. (p.266 – grifos do autor)

Legs McNeill, co-autor do livro *Mate-me por favor: uma história sem censura do* punk, acompanhou toda a cena de Nova York e entrevistou várias personalidades para a revista *Punk*.

Glitter rock tinha a ver com decadência: sapatos de plataforma e garotos com os olhos maquiados. David Bowie e androginia. *Rock stars* ricos vivendo como em *Berlin Stories*, de Chistopher Isherwood, sabe como é, Sally Bowles andando com *drag queens*, bebendo champanhe no café da manhã e fazendo *ménages à trois*, enquanto os nazis lentamente tomam o poder.

Decadência parece muito tolo, porque decadência sugere que ainda há algum tempo, e não havia mais tempo algum. As coisas tinham entrado em colapso. A gente tinha perdido a guerra do Vietnã pra um bando de caras com bastões e pijamas pretos. O vice-presidente Spiro Agnew teve que renunciar porque foi pego aceitando subornos na Casa Branca. E Richard Nixon teve os ladrões de Watergate arrombando a sede nacional dos democratas porque era paranóico demais. Quer dizer, o porra do Nixon tinha ganho a eleição com a maior vitória da história. Ele era simplesmente demente. E daí teve que renunciar. E então o presidente Gerald Ford disse pra cidade de Nova York se danar quando ela foi à falência. Quer dizer, Nova York declarada falida!

Comparado com o que estava acontecendo no mundo real, decadência parecia muito antiquado. Assim, o punk não tinha a ver com decadência, o punk *tinha a ver com o apocalipse. Punk* tinha a ver com aniquilação. Nada deu certo, então vamos direto pro Armagedon. *Sabe como é, se você descobrisse que os mísseis estavam a caminho, provavelmente iria começar a dizer o que sempre quis* ... e foi assim que a gente se comportou. (p.274 – grifos do autor)

Eliot Kidd, ex-vocalista e guitarrista dos Demons (p.434), fala sobre o som *punk rock*...

> Vê só, o *punk rock* basicamente era *rock & roll*. A gente não estava fazendo nada de novo em música. O que um monte de gente teria que entender é que nós estávamos fazendo o que tínhamos escutado no rádio enquanto estávamos crescendo: Buddy Holly, Everly Brothers, Little Richard e Chuck Berry. Portanto, não é que a música fosse nova, era uma volta às canções de três minutos.
>
> ...
>
> A única coisa que fazia a música diferente é que a gente estava levando as letras aonde elas nunca tinham chegado antes. A coisa que faz a arte interessante é quando um artista tem uma dor incrível ou uma fúria incrível. As bandas de Nova York estavam muito mais na dor, enquanto as bandas inglesas estavam muito mais na fúria. (p.279)

Logo que explodiu na Inglaterra, causando um enorme mal-estar entre os súditos da rainha, os Sex Pistols foram fazer uma turnê nos Estados Unidos. Sobre essa turnê, há alguns comentários interessantes que dão a dimensão do que representou esse fenômeno de massificação do *punk*. A imprensa caiu em cima, e havia milhares de pessoas vestindo-se como os *punks* ingleses e se comportando como eles, e isso assustou quem fazia parte da cena nos EUA e acabou tornando o *punk* moda.

Novamente Bob Gruen, viajando com os Sex Pistols na sua turnê:

> Havia um verdadeiro contraste entre viajar com a banda e apenas assistir aos concertos. Os *shows* deles eram o caos total, mas o ônibus era de fato harmonioso. Basicamente a gente bebia cerveja, passava baseados e ouvia *reagge*.

Mas daí o ônibus encostava, as portas se abriam, e havia três câmeras de televisão apontando pra escada. Os fãs estavam agrupados em volta, e a loucura começava. Numa parada, Johnny Rotten abriu uma janela de trás e se pendurou pra fora. Os fãs vieram correndo, e um garoto alcançou um álbum e implorou: "Autografa pra mim?".

Johnny se inclinou e cuspiu no álbum.

O garoto disse: "Uau, cara, obrigado! Nem posso acreditar! Muito obrigado!".

Foi quando comecei a pensar: "Tem alguma coisa errada aqui. Isso não é normal.".

Não era só a banda que era maluca – as pessoas que estavam em volta eram piores. *Os Sex Pistols não eram pessoas violentas, mas ao proclamar seu tédio e fúria contra tudo, atraíam as mais bizarras reações de todos os lados.* (p.346 – grifos do autor)

Legs McNeill novamente...

Depois de quatro anos fazendo a revista *Punk*, e sendo basicamente motivo de deboche, de repente tudo era *"PUNK!"*.

Quando os Sex Pistols aterrissaram em Atlanta, eu estava em Los Angeles ... Foi muito bizarro, porque, *à medida que os Pistols seguiam sua viagem pela América e a histeria era transmitida pelos telejornais toda as noites, garotos de Los Angeles, e imagino que no resto do país, estavam subitamente se transformando, com alfinetes de segurança, cortes de cabelo espetados e feiúra.*

Fiquei tipo: "Hey, espera aí! Isso não é *punk* – um corte de cabelo espetado e um alfinete de segurança? Que merda é essa?".

Quer dizer, no fim das contas nós éramos a revista *Punk*. Tínhamos aparecido com o nome e definido o *punk* como aquela cultura americana *underground* de *rock & roll* que tinha existido por quase quinze anos com Velvet Underground, Stoogs, MC5 etc., etc.

Por isso foi tipo: "Hey, se você está a fim de começar o seu movimento jovem tudo bem, mas esse aqui já tem dono".

Mas a resposta pra isso foi: "Oh, você não entenderia. O *punk* começou na Inglaterra. Sabe, todo mundo está no seguro-desemprego lá, eles têm realmente do que reclamar. *Punk* é sobre luta de classes e economia, blah, blah, blah".

...

ENTERRADO VIVO **69**

não dava para competir com aquelas imagens de alfinetes de segurança e cabelo espetado. (p.347-8 – grifo do autor)

Duncan Hannah, "pintor. Ator. Fã de *rock & roll*. Ex-presidente do fã-clube do Television..." (p.432), fala de como ficou a cena *punk* em Nova York depois da passagem dos Sex Pistols pelos EUA e de todo estardalhaço da imprensa:

> *Então a cena foi poluída pela imprensa.* De repente, pessoas de Uptown estavam vindo pra Downton, a cidade alta indo pra cidade baixa, e pra mim foi de fato uma lástima. De repente o CBGB's [um dos clubes preferenciais da cena do *rock underground* de Nova York] estava lotado. *E quanto mais pessoas, mais clones, certo?*
>
> Assim, o que antes era único, como James Chance, Anya Phillips e Richard Hell – subitamente havia vinte e cinco versões de cada um circulando por lá. Lembro que o *punk* saiu na *Vogue*, e quando aquela edição foi lançada ... todos aqueles turistas, certo? Visitando a favela... (p.355 – grifos do autor)

Depois dessa bateria de depoimentos, alguns comentários para tentar resumir o que há de mais significativo neles...

O *punk* inglês surge de uma influência do que acontecia no cenário do *rock underground* de Nova York, só que em Londres ele era mais violento, formado por adolescentes pobres, em busca de diversão fora do circuito comercial. Estes aceitaram as influências sonoras de Nova York e montaram um visual para agredir a sociedade, causar pânico e confusão. Contudo, seu representante começou a aparecer na mídia lá, ficando conhecido e, a partir daí, passou a ser consumido como moda...[1]

Nos Estados Unidos não foi diferente. Acompanhando a onda da imprensa sensacionalista britânica, a imprensa norte-americana

---

1 Bivar (1982, p.56-7) fala de um programa de TV em que os Sex Pistols aparecem e causam o maior estardalhaço ao proferirem palavrões no ar. Ficam muito conhecidos, e seu disco passa para a parada dos dez mais vendidos...

dá grande atenção à presença dos Sex Pistols no país e leva muitos a se identificarem com aquela atitude *punk* e aquele visual. E deu no que deu: comercialização do som e do visual *punk*... "de repente tudo era *punk*"... virou moda. O centro do *punk* nos EUA foi invadido por turistas... cópias. Criou-se um estilo *punk* de ser... um estereótipo de como o *punk* deveria se vestir e se comportar, o que acabou esfriando o impulso original do *punk* como contestação. A atitude Sex Pistols do "foda-se tudo", ou "não estamos interessados em música, estamos interessados em caos" (como disse Johnny Rotten – vocalista da banda), foi a que ficou conhecida como a atitude *punk* a seguir... o estereótipo copiado e praticado...

A partir daí se anuncia a morte do *punk*...

De acordo com Bivar (1982, p.75-7):

> Desde os últimos meses de 77, quando o *punk* se torna sinônimo de má reputação e vandalismo, a imprensa musical – até então apaixonadamente favorável ao movimento –, recebe uma ducha de água fria e passa a tratar a coisa como *new wave* ... Tudo que é novo ou tem a cara de espírito de época passa a ser chamado de *New Wave*. Muitas bandas *punks* originais aceitam o jogo e se vendem às gravadoras ... são consideradas traidoras do movimento. Os *punks* não querem mais saber delas ... Por outro lado, aqueles grupos que vinham tentando um lugar ao sol que brilhava para o *punk* ... todos se encaixam na *New Wave*. Tudo, de 78 em diante, que tivesse o frescor do novo e do absolutamente moderno ... era *New Wave*.
>
> Surgiram vários grupos com este rótulo, cada qual fazendo um tipo de som, misturando elementos, resgatando antigos estilos e criando novos movimentos. Estas bandas estão situadas em movimentos de estilos específicos, e há várias correntes, vários estilos. Em Londres, neste período, se fala em "guerra dos estilos" e no "poder do estilo".

Talvez seja por isso que Abramo (1994), refletindo sobre os acontecimentos que marcaram a juventude dos anos 70 e 80, refira-se à fragmentação em diversos grupos de estilo espetacular, cada qual ligado a um tipo de som e a um modo de vestir particulares, aliando

ENTERRADO VIVO **71**

diversão, som, roupa e indústria cultural. O *punk*, que foi o deflagrador desse processo, passa a ser visto como mais um estilo dentre os muitos que surgem: vendável, portanto sem força de contestação nenhuma.[2]

Depois da falação da mídia e do consumo do *punk*, houve, contudo, um período de silêncio sobre ele. Foi o período em que se julgava que o *punk* havia morrido. Tal silêncio deu liberdade para o *punk* se reprocessar nos subúrbios e voltar à cena de forma mais contundente. O lema que representou o segundo surgimento do *punk* foi "*Punk's not dead*", capitaneado principalmente pela banda escocesa Exploied. Várias bandas surgem em todo o mundo e o som agora é ainda mais rápido e pesado, é o *hardcore*. Isso acontece em 1981. O movimento volta mudado... O som das primeiras bandas *punks* é considerado ultrapassado, e a postura "foda-se tudo" também. As novas bandas não estão interessadas, como muitas da primeira geração, em assinar contrato com grandes gravadoras e fazer sucesso. Preferem tocar para seu público, constituído também de *punks*. Falam de problemas sociais, e o grande tema é a questão da guerra (ou das várias guerras). Falam de desemprego, da pobreza, da fome etc. Procuram firmar-se num circuito verdadeiramente alternativo. Fazem *shows* beneficentes e defendem causas como o desarmamento nuclear, o fim do racismo e de outras formas de preconceito, questões ecológicas etc. É um movimento maduro que não quer mais o caos pelo caos, mas acabar com o sistema, com tudo o que oprime as liberdades individuais (Bivar, 1982; Caiafa, 1989; Costa, 1993).

---

2 Costa (1993), baseando-se em Morin, fala que existe uma tensão entre a cultura produzida pela juventude e a indústria cultural, um processo dialético de apropriação e reapropriação constante. A autora afirma que, apesar de o *punk* ter sido uma criação espontânea sem influência da mídia, o movimento acabou servindo aos interesses desta, e isso é compreensível no quadro da cultura de massa, pois a cultura jovem é produzida por jovens e reproduzida pelo sistema, o que gera contradições e ambiguidades. Afinal, nascida no contexto da cultura de massa, a cultura jovem segue as leis do mercado.

Esse ressurgimento do *punk* é interpretado por Caiafa (1989, p.10) como uma "potência sua de renovar inesperadamente o desafio", como uma "máquina-de-guerra mutante": toda vez que o inimigo julga tê-la capturado, ela desaparece, transforma-se e volta ao ataque (p.120-6).

E como o *punk*, vindo da Inglaterra e EUA, chega ao Brasil e por que meios?

Capaz de se desenvolver também no contexto tropical do Brasil, o *punk* demonstra que não tem nada a ver com um estado de espírito provocado pela luminosidade do lugar. São outros os elementos que acionam sua movimentação. O *punk* se desenvolve na e a partir da mundialidade do urbano. Portanto, é perfeitamente compreensível que na terra da jaca, da manga, do abacaxi e da banana, o *punk* possa encontrar espaço para também dar seus frutos.

O *punk* chega ao Brasil – São Paulo – praticamente ao mesmo tempo que acontecia nos EUA e na Inglaterra. Datam de 1978 as primeiras informações de *punks* por aqui (Bivar, 1982; Abramo, 1994; Costa, 1993).

No final da década de 1970, já estavam consolidados no Brasil uma indústria cultural e um mercado de consumo especificamente adolescente. O período do "milagre brasileiro" permitiu que muitos jovens das classes de baixa renda nas grandes cidades estivessem empregados e dispusessem de uma renda, constituindo um mercado consumidor jovem. Na verdade, desde a década de 1950, pelos subúrbios de São Paulo, já havia grupos juvenis interessados em som e que consumiam o que chegava de novidade do exterior. Nessa conjuntura, uma parcela da juventude nacional pôde tomar conhecimento do *punk* e se interessar por seu som e sua proposta (Costa, 1993; Spósito, 1993; Abramo, 1994; Ortiz, 1995).

Quando as esparsas informações sobre o *punk* começaram a chegar aqui, esses grupos de jovens paulistanos desenvolveram canais de pesquisa sobre ele e, aos poucos, foram se identificando. Como o *punk* por aqui teve pouca divulgação, pode-se dizer que o interesse dos/as jovens brasileiros/as aconteceu de forma independente e ao largo da mídia, mas não sem ela. O sentimento de insatisfação foi o

ENTERRADO VIVO **73**

principal fator de identificação com o *punk*, uma identificação mais ideológica, portanto fruto de uma "conjuntura geracional semelhante": "A mesma situação de desemprego, pobreza e violência; a mesma insatisfação com a complexidade e a distância do *rock* de então; a falta de locais de diversão..." (Abramo, 1994, p.93-4). Como argumenta Costa (1993, p.50):

> É importante assinalar que ... quando o *punk* e principalmente o Sex Pistols começaram a ser divulgados no Brasil, o comportamento violento e agressivo contra os padrões burgueses e o fato de não serem bem vistos pelo sistema, pela sociedade e pela mídia em geral, foram fatores que exerceram grande poder de atração...
>
> Nesses jovens, que viviam em um contexto social de carências, de violência, de ausência de perspectivas, o *punk* encontrou um terreno fecundo.

Bivar (1982, p.65-6) afirma que a imagem agressiva que a imprensa passava do *punk* dava uma idéia de "banditismo mirim", uma imagem incorporada e praticada ao vivo e em cores pelas ruas da cidade.

O movimento *punk* de São Paulo começava, então, a aparecer também na imprensa e era divulgado como aquele que "assusta e agride", uma imagem associada a "violência, brigas, drogas, enfatizando o caráter suburbano" (Costa, 1993, p.49-50).

De acordo com Abramo (1994, p.93), os/as jovens paulistanos encontraram no ideário *punk* "uma maneira de atuar, algo em torno do qual estruturar uma diversão genuína, intensa, que fornecesse ao mesmo tempo uma identidade singular e uma forma de expressar insatisfação".

Foi esta a imagem do *punk* que chegou ao Brasil: um niilismo profundo e desmedido, cujo *slogan* era "foda-se tudo". A violência fazia parte da vivência dos primeiros grupos *punks* de São Paulo, cuja organização em forma de gangues fazia brotar as rivalidades entre bairros. Ainda não estava entre nós a discussão da morte do *punk*, da *new wave*, ou do *Punk's not dead*. Somente um tempo depois, conforme recebia informações sobre o que se passava com o

74 NÉCIO TURRA NETO

punk em outros países, é que a juventude *punk* daqui começou a perceber que as coisas já não eram como antes, que era preciso mudar. O movimento *punk* no mundo estava mais sério e com uma consciência cada vez mais à esquerda, qualificando melhor o termo anarquia, que aparecia como caos total nos Sex Pistols (Costa, 1993, p.43-72).

O processo de transformação do *punk* paulistano e a tentativa de organizar um movimento mais sério, com propostas políticas mais consistentes, são acompanhados por Costa (1993, p.43-72).

Os *punks* nesse período circulavam em gangues, havia gangues na cidade de São Paulo e nas cidades do ABC. Gangues rivais entre si. Havia também muitos conflitos entre elas, quebradeiras nos locais de *shows* etc. O *punk* era malvisto pela sociedade e não conseguia mais lugares para se apresentar. Enquanto isso, na Europa, acontecia o movimento *Punk's not dead*.

> Em 1982, algumas lideranças que atuavam na região metropolitana de São Paulo, através de fanzines, bandas, debates com a imprensa, tentaram congregar os *punks* em torno do que eles chamaram *movimento punk*. Naturalmente, esse movimento *punk*, que eles buscavam construir, tornou-se incompatível com um niilismo anárquico e violento, a agressão, o uso da suástica nazista etc. Logicamente que a normatização de formas de comportamento e de adequação valorativa que passaram a servir de lastro para este movimento *punk* estava de certa forma interligada com contradições e alterações que ... o *punk* vinha sofrendo no exterior. Todavia, isso gerou conflitos sérios entre os *punks* que circulavam na cidade (*punks* da *city*) e os *punks* dos subúrbios (ABC e Zona Leste de São Paulo). (Costa, 1993, p.51 – grifo do autor)

E mais adiante:

> gradativamente, começou a se firmar a idéia da formação de um movimento, tendo por base a anarquia e adquirindo uma "linguagem definida, coerente, que pudesse explicar sua postura frente ao sistema, ou melhor, dando razões explícitas para sua rebeldia e objetivando como inimigo o sistema. Essa postura foi se consolidando

ENTERRADO VIVO **75**

e tornando-se dominante em São Paulo", tendo as bandas *punks* existentes na época se destacado como suas precursoras, com o abandono do aspecto mais "violento" e com a absorção de algumas idéias do *new punk* inglês.

Assim, as principais idéias que alguns grupos, bandas e fanzines passaram a disseminar foram: o *punk* não está morto (*"Punk's not dead"*); a anarquia não era sinônimo de bagunça, destruição, desordem, e sim atitude política consciente, que visaria uma participação através do movimento *punk* – a violência do *punk* está no "visual" ... na música e não na agressão física ... o visual sofre mudanças, trocando-se o símbolo da suástica nazista pelo "A" de anarquia; a adoção de uma linguagem "teórica" e "objetiva" e o incentivo a leituras de textos anarquistas. (ibidem, p.66)

Assim, os/as *punks* começaram a se organizar não mais em gangues, mas em torno de bandas e na realização de *shows*. A união para formar um movimento provocou uma certa "homogeneização" dos ideais entre os *punks* da cidade. Os/as *punks* do ABC, contudo, mantinham-se presos à postura original e tinham atritos com grupos da cidade.[3] Com a união dos/das *punks* da cidade, as tretas[4] não foram mais entre gangues, mas entre regiões. Enquanto o pessoal da *city* estava preocupado com a construção de um movimento não mais baseado na violência, os *punks* do subúrbio e da zona leste acusavam-nos de *new waves* e se diziam os verdadeiros *punks*, autodenominando-se Carecas do Subúrbio e constituindo, posteriormente, um movimento autônomo do *punk*, que viria a assumir a ideologia de extrema direita dos *skinheads* ingleses (p.66-7).

Há, no entanto, também um grupo que, continuando *punks*, preferiram não se assumir anarquistas. Mantiveram a postura ori-

---

3 *Punks* da cidade ou da *city* e *punks* do subúrbio e ABC são as divisões com as quais se identificavam os/as *punks* que moravam e freqüentavam a área mais central da cidade de São Paulo e os que moravam e freqüentavam a periferia da metrópole, sobretudo zona leste, e as cidades do ABC, respectivamente.

4 Treta: palavra usada para definir brigas, desavenças.

76 NÉCIO TURRA NETO

ginal de uma rebeldia sem direção, preocupados/as apenas com som, diversão, visual, sem compromisso com nada, pois "nada valia a pena". Esses/as são conhecidos como *punk 77*.[5]

De acordo com um entrevistado, o *punk*, ao longo de sua história, foi se transformando e se diversificando, até chegar aos anos 90 com várias "facções": há os *straight edge* (cuja preocupação maior é com a defesa dos animais e do planeta, não fumam, não bebem, não comem carne...), o *hardcore* (que é o anarco-*punk*, identificado pelo som), o *punk rock* (mais relacionado ao *punk 77*, também aqui identificado pelo som) etc. O visual de algumas tendências ficou menos agressivo.

As tendências que surgiram em cada período foram permanecendo, mesclando-se umas com as outras e, hoje, acontecem ao mesmo tempo nos mesmos lugares. Há entre elas conflitos de ideais e uma separação visível, o que pode ser facilmente identificado nas festas.

Bem... entremos em Londrina, enfim! E vejamos como essa história do *punk* aconteceu nessa cidade, nem tanto para entender o presente, mas para ter uma idéia de uma dinâmica diferente da atual. Tradição e memória coletiva são noções apenas parcialmente aplicáveis ao *punk*. *Punk* é muito aqui e agora... fugaz...

Tudo indica que os/as primeiros/as *punks* vistos circulando por essa cidade do norte do Paraná, de terra vermelha e crescimento urbano intenso, apareceram no ano de 1984. Chegaram primeiro os sons das bandas paulistas e as notícias pela imprensa, o que detonou uma onda de buscar mais conhecimentos sobre o *punk* por parte dos jovens (havia poucas meninas no movimento no início).

De acordo com Avancini & Ito (1994, p.39), no início do movimento em Londrina, os *punks* tinham aquela postura mais niilista, com a idéia de fim do mundo e de destruição total, o que foi confirmado no depoimento de Beto:[6] no começo, o *punk* de Londrina

---

5 *Punk 77* (lê-se *punk* sete-sete) faz referência aos *punks* que se identificam com a postura, atitude, som, característicos do primeiro aparecimento do *punk* em 1977.

6 Beto é o *punk* mais antigo do grupo com que convivi. Fez parte do início do movimento *punk* de Londrina e está na ativa até hoje. Muitas vezes suas idéias são estranhas

ENTERRADO VIVO **77**

era só som, visual e bebedeira, não tinha uma consciência política, o lance era agredir... Uma imagem talvez mais ligada ao estereótipo Sex Pistols...

Como o movimento *punk* em Londrina chegou pelo som, algumas lojas de disco alternativas assumiram papel importante tanto na difusão de bandas *punks* de São Paulo quanto como ponto de encontro de adeptos/as do movimento. Uma dessas lojas é a famosa Footloose Discos (Avancini & Ito, 1994; Souza, 1998).

Nesse período, havia, em Londrina, uma segregação nos espaços de diversão da juventude, e os/as *punks* não tinham lugares que se adequassem às suas necessidades: "[eles] rodavam pelos bares, pela noite, faziam reuniões, com regularidade ou não, organizavam seus *shows*, iam em festas, feitas especialmente para eles ou não, além de se reunirem às vezes nas lojas de discos mais *undergrounds...*" (Silva, 1993, p.22, apud Souza, 1998, p.24).

De acordo com Beto, entre um dos principais pontos de encontro dos/das *punks* no começo, estava a Boca Maldita, no calçadão, atrás do restaurante Grill. Os/as *punks* se encontravam ali, bebiam, conversavam e, quando havia algum *show* ou festa para ir, andavam em bando e a pé. Na época eram cerca de sessenta/setenta *punks* em Londrina: "lembro que quando a gente andava nas ruas, a gente conseguia fechar a rua de um lado a outro".[7]

Começou a se desenvolver um circuito de bares em Londrina, "mais alternativos", como se gosta de dizer no meio, que agregava a moçada que curtia som. Havia várias tendências musicais na "guer-

---

para as pessoas da nova geração (cerca de dez anos de diferença). Sobre a história do movimento *punk* de Londrina, ele foi o único informante, mesmo porque os/as demais, apesar de terem conhecimento da história geral do *punk* (Inglaterra, São Paulo), desconhecem a história mais local: como chegou, quem eram os primeiros *punks*, as bandas, os primeiros locais de encontro.

7 Aqui, nesse relato do Beto, a idéia de bando *punk*, tal como apresenta Caiafa (1989), para falar dos/as *punks* do Rio de Janeiro, no começo da década de 1980, parece bastante próxima. A idéia de que no caminhar vai se formando também o *point*, como encontro e diversão...

ra dos estilos", de que nos fala Bivar (1982), que marca o início dos anos 80: skatistas, metaleiros e *headbangers, punks* etc.

Desse circuito de bares, a Adega parece ter sido o primeiro ponto de referência para o *underground* londrinense, apesar de não exclusivo, pois no bar "dava de tudo"; o Rock Point foi, de acordo com Beto, "o primeiro bar alternativo mesmo de Londrina". Ficava na Rua Paranaguá. Outros bares foram o Recanto do Aperitivo (próximo ao bar Valentino, na Avenida Bandeirantes), o La Araucana (na Rua Pernambuco), o Bar Brasil (na Rua Prof. Hugo Cabral, ao lado do Diretório Central dos Estudantes (DCE) – local onde aconteceram vários *shows punks*), além de outros bares, e, mais recentemente, já na década de 1990, o Gran Mausoléu e o Potiguá, o Nômade e o Chapadão, estes dois últimos já a partir de 1997 (ver a Planta 1 do centro de Londrina e as fotos que a acompanham).

Essa circulação dos/as *punks* pelos bares – a permanência em alguns, a passagem para outro depois do fechamento do que freqüentavam anteriormente – denota uma "negociação por espaços de diversão", conforme argumenta Abramo (1994).

De acordo com Avancini & Ito (1994, p.42-3), os/as *punks* "saíam de casa separadamente com uma fita cassete gravada com som *punk* no bolso, se encontravam (*sic*) no bar, bebiam e ficavam insistindo para que o dono do estabelecimento tocasse sua música".

Essa idéia de negociar espaços de diversão é atestada também, não nesses termos, no depoimento de Beto. Veja como os bares eram eleitos, quais os critérios que permitiam a permanência e o que fazia os/as *punks* deixarem um bar e irem para outro.

> O primeiro bar que pode se dizer que a gente foi, foi o Dank's, na Paranaguá, aí a gente freqüentava lá, rolava uns showzinhos no RU [antigo Restaurante Universitário, que ficava nas proximidades... na Avenida JK], e a gente ficava circulando entre os dois lados. Depois do RU (nessa mesma época) tinha um outro bar que tinha sinuca, que eu não lembro o nome, a gente ia lá também.
>
> Aí primeiro fechou o Dank's, e depois fechou o bar, e depois o RU, aí abriu um bar de *skate* que eu não tenho certeza não, mas eu

ENTERRADO VIVO **79**

acredito que o nome era Noventa Graus mesmo. *A gente ficava colando lá porque tinha rolado uma treta com um skatista ... começamos a ir pra lá meio de pirraça*; a gente ficou amigo tal e ficava bebendo no mesmo canto. Aí na época surgiu esse bar do Difrango, que *era um barzinho de playboy*; *algumas pessoas iam lá pra encher o saco*. Aí nisso fechou o Noventa Graus (o barzinho de *skate*) e abriu aquele bar de Israel lá que eu falei, que eu não lembro o nome, tá? Abriu esse bar, a gente ia pra lá, rolava vídeo que também *era uma casa grande, tinha vários quartos assim com TV, rolava vídeo ... um bar superlegal, o cara supergente fina!* Aí o cara foi viajar, o cara voltou para Israel.

Aí depois a gente começou, nesse meio tempo antes de fechar, sem deixar de ir na Adega, que tinha me esquecido disso; a gente começou a ir no Recanto. No Recanto, a gente ficou muito tempo lá, acredito que uns três anos indo lá, né! Era o Carioca que era o *dono do bar, que era um cara muito gente fina, atendia a gente superbem e pode-se dizer que a gente tomava conta mesmo do bar, assim, sabe?*

Era do lado do Valentino, né? Onde tá tudo fechado ali, a parte do fundo assim, tinha umas quatro mesas de sinuca, a gente praticamente ficava tudo ali atrás, jogando sinuca, bebendo ... se divertindo, né?

Aí antes de fechar, surgiu o Araucana. O Araucana, no primeiro dia que surgiu, já surgiu com a proposta de ser um *bar cultural*...

Daí eu fui, várias pessoas foram, tal. Aí depois a gente começou a mudar, freqüentava os dois bares, aí fechou o Recanto, a gente foi pro Araucana, do Araucana, passado um tempo a gente foi pro Rock Point, né? O Rock Point durou pouco tempo, acho que uns seis meses no máximo.

O Rock Point era na Paranaguá, esquina com a Goiás, a maioria dos bares era na Paranaguá, né? E ali a gente ficou por pouco tempo, rolava vídeo lá, como eu falei. E o último dia rolou um *show* lá que fechou o bar. Aí a gente ficou meio sem canto pra ir, freqüentava a Adega, alguns se dispersaram tal, aí nisso abriu o Mausoléu, né? ... Até eu trabalhei no Mausoléu durante todo o tempo, né? Um ano e pouco e lá sempre rolava vários *shows* [segundo o próprio Beto, em outro momento, foi o Mausoléu que colocou Londrina no circuito nacional de *shows punks*], aí do Mausoléu eu parei de sair, entre aspas, né? Porque sempre tava ali no bar trabalhando, num sei direito pra onde as pessoas iam muito, mas a grande maioria ia pra lá, só que nessa época do Mausoléu já não existia um contingente *punk*, sabe, com atitudes, com bebedeira, sabe, com nada.

Existia um indivíduo ou outro, existia um grupo de reunião, tinha um grupo mínimo de reunião que faziam algumas atitudes, mas ainda era pouca coisa. Aí depois o Mausoléu fechou... (grifos do autor)

Antes de o Mausoléu fechar, já existia, desde 1992, o Potiguá. Segundo o proprietário do Potiguá, quando abriu o bar, nem sabia o que era *punk*, mas nunca estranhou ver seu estabelecimento sendo freqüentado por *punks*, pois tratava-se de fregueses como qualquer outro: bebem e pagam. Acredita que seu bar começou a ser freqüentado por *punks* porque ficava na frente do Mausoléu. Os/ as *punks*, desde o começo, levavam suas fitas para ouvir no bar.

De acordo com Beto, depois que o Mausoléu fechou, os/as *punks* ficaram "por muito tempo ... sem local", o único que rolava era o Potiguá. Havia também o Tattoo Bar, na Avenida Juscelino Kubitschek, mas era bem menos expressivo. E "o povo era um pouco separado, aí fechou o Tattoo, o bar do Potiguá ainda rolava tal ... hoje pode-se dizer que é só o Potiguá".

Percebo nesse relato várias coisas interessantes para a análise: os/as *punks* freqüentavam bares para marcar presença ante um grupo rival (skatistas, *playboys*). Mas é uma regra? Não, foram dois casos específicos na história do *punk* que aconteceram de forma explícita, de acordo com o relato do Beto. Outro ponto importante é: "o dono do bar era supergente fina, atendia a gente superbem" – uma condição importante para a permanência do *punk* num bar. Quanto ao lado de lá do balcão, o exemplo do dono do Potiguá é ilustrativo: não sabia nem o que era *punk* quando abriu o bar. Mas, por ironia ou sorte do destino, próximo ao Potiguá, havia um bar *punk*, que também era local de *shows* – o Gran Mausoléu, que recebeu os *punks* como fregueses e permitiu que ouvissem seu som... conquistou a simpatia do grupo e é hoje um ponto de referência para o movimento em Londrina.

ENTERRADO VIVO **81**

Nesse período, já havia se processado no *punk* de Londrina uma outra mudança que não apenas de lugar na cidade, mas de posição política: a adoção do anarquismo como filosofia e modo de vida, acompanhando o que acontecia com o movimento em São Paulo e em outros cantos do mundo.

De acordo com alguns fanzines do movimento anarco-*punk*, este tem origem na revolta da juventude proletária ante a falta de perspectivas que o sistema capitalista lhe impõe. É resultado direto da politização do movimento *punk*, aliado a uma revitalização do anarquismo no Brasil. Surgido no final da década de 1980, o movimento anarco-*punk* tem sua base em dois eixos principais: o cultural (*punk*) e o político (anarquismo). A preocupação cultural é uma constante no movimento, e sua principal proposta é manter-se à margem do que os/as *punks* chamam de "cultura burguesa" e cultura de massa. A marginalidade do movimento *punk* é uma opção consciente ante a cultura oficial, considerada podre e decadente. Estes são os termos em que são formulados o discurso *punk*, sobretudo no seu principal meio de informação e difusão de idéias: o fanzine.

De acordo com Avancini & Ito (1994, p.39), quando o anarco-*punk* substitui em Londrina a postura niilista inicial, ele já era predominante na Grande São Paulo. Como há uma identidade cultural entre Londrina e São Paulo, o anarco-*punk* logo chegou a Londrina e se tornou predominante também.

Ainda de acordo com Avancini & Ito (1994, p.40): "o *punk* em Londrina cai de moda e com ele as atitudes niilistas. Permanecem fiéis ao movimento aqueles que realmente estavam interessados em produzir algo embasado na filosofia anarquista".

Esse processo é mencionado também pelo Beto. É o momento que ele chama de "chegada da consciência". A partir daí "o movimento começou a minguar", pois muitos/as *punks* não se identificaram com a nova proposta, ficando apenas aqueles/as que assumiram a ideologia.

> Quando começou a ter uma consciência, começou a ter uma atitude dentro do movimento, de ação, aí a coisa começou a min-

guar, as pessoas foram saindo e poucos ficaram ... O negócio de antigamente era mais o visual, o som, a bebida, a hora que começou a ter uma atitude política, social, aí a coisa toda começou a cair.

Para Avancini & Ito (1994, p.42):

> A adoção do anarquismo como filosofia de vida acabou estimulando o surgimento de fanzines na cidade ... e a criação de bandas ... estas possuíam um papel muito importante, visto que não havia opções de lazer para os *punks* londrinenses. Na medida em que os conjuntos foram surgindo, eles se transformaram na principal atração noturna *underground*.

Isso se deu por volta de 1988 e criou uma nova necessidade de negociação por espaço, agora não só para ouvir fitas e beber, mas também para fazer reuniões e *shows*. Espaços como o DCE, a União Londrinense dos Estudantes Secundaristas (Ules) e o Restaurante Universitário foram usados intensamente para *shows*. O DCE deve ser destacado, pois era nele que se realizavam reuniões para discutir o anarquismo e organizar manifestações; além do diretório, o Mausoléu foi um grande ponto de referência para o movimento.

A adoção do anarquismo pelo movimento *punk* também trouxe mudanças na forma como se relacionava com a cidade, pois, de acordo com Beto: "ideologia não rola mais em bar não..." e "a época da bebedeira ... já passou, agora é mais uma época de consciência, então o mais importante agora é a consciência, é a reunião para se discutir coisas...".

Surge, em 1988, o *Coletivo Cancrocítrico*, com o objetivo de produzir e distribuir material para divulgar o anarquismo para além do movimento *punk*. Esse fanzine tinha como objetivo divulgar a "ideologia *punk*" e construir uma outra imagem do movimento para a sociedade. Com cerca de vinte números, foi a publicação de maior durabilidade em Londrina (Avancini & Ito, 1994, p.47).

No início de 1993, começou a circular o fanzine o *Gralha Negra*, também "com o objetivo de discutir e divulgar o Anarquismo" (ibidem, p.44). Seus membros se autodenominavam anarco-*punks*

ENTERRADO VIVO **83**

e se reuniam, semanalmente, durante um ano e meio, na sede do DCE. Realizaram muitas manifestações e produziram fanzines.

O Beto participou desses dois coletivos e conta um pouco da história deles, ou melhor, do fim da história:

> o *Gralha Negra* acabou um dia que já tava meio saturado, já todo mundo cansado de fazer a mesma coisa, fazer manifestação, manifestação, tal, tava cansado de entregar panfleto no calçadão e não ver um proveito. Aí foi decidido dar um tempo e meio unânime assim a coisa, sabe? Vamos dar um tempo, vamos tirar umas férias, vamos fazer uma análise e depois a gente volta. Só que esse depois nunca aconteceu e nesse meio tempo também o *Coletivo Cancrocítrico* tava andando meio mal das pernas, tava sem grana pra fazer publicação, tava com um acúmulo de correspondência muito grande, né? E também foi saturando no final ... só sobrou eu e o Quim que foi o fundador da coisa assim. Daí a gente dividiu um pouco as correspondências tal e resolvemos não editar mais o coletivo [*Cancrocítrico*].

Acredito que posso situar o grupo que acompanhei numa linha de continuidade com esses dois coletivos, visto as pessoas que participaram de ambos estão agora nesse grupo. Além do mais, trata-se do grupo de anarco-*punks* da cidade ou, simplesmente, anarquistas como alguns preferem se denominar atualmente ou, ainda, *punks* anarquistas...

Agora chego, então, à história mais recente... acho que a partir de 1997. E volto ao Potiguá, que continuou firme como referência *punk* na cidade depois que vários outros bares deixaram de existir.

De acordo com outro entrevistado de 1998, o bar Potiguá está diretamente ligado à história do *punk* em Londrina. Contudo, de uns tempos para cá, o bar começou a ser "invadido" por pessoas que não se identificam com a ideologia *punk*, mas apenas com o estilo como moda. A partir daí, muitos/as *punks* deixaram de ir ao Potiguá e acabaram se dispersando por outros bares da cidade que não têm uma relação com o "mundo *punk*". No entanto, numa visita que fiz ao bar (no começo de 1999), havia umas trinta pessoas, entre moças e rapazes, a maioria freqüentadora da cena *punk* de Londrina (reconhecidas em outros momentos). As pessoas ocupavam as calçadas dos dois lados da rua e a atravessam a noite toda para buscar cerveja no bar e para falar com alguém do outro lado. Na calçada do lado do bar, ficavam em mesas ou cadeiras isoladas; do lado oposto, preferencialmente no chão ou no degrau de uma loja fechada, estavam outros grupos, conversando animadamente.

Outro *punk* entrevistado em 1998 (que não mais reside em Londrina) confirma que o bar Potiguá é uma referência para os *punks* da cidade e indica também que o calçadão, no centro, ainda é um importante ponto de encontro ("quando quero encontrar o pessoal vou ao calçadão"), a partir de onde eles/as saem para outros lugares para beber, quando não bebem por lá mesmo. Contudo, o calçadão, como ponto de encontro, mudou também ao longo da história *punk* em Londrina: no começo era na Boca Maldita, depois passou para a Praça da Bandeira, próximo à Catedral, e, atualmente, é comum encontrar um ou outro circulando pelo calçadão, ou sentado em algum banco, sozinho, vendo o movimento, ou então na Rua Rio de Janeiro, na quadra que corta o calçadão, na banca do Beto.

Outros espaços de diversão que emergiram nesses últimos tempos foram os bares Nômade e Chapadão, onde os *shows punks* têm acontecido. Esses bares são também freqüentados aos finais de semana por um/a ou outro/a *punk*. Quando decidi pesquisar sobre o movimento *punk* em Londrina, freqüentei *shows* nesses dois bares, além de campanhas ao Potiguá. Nesses bares, conheci pessoas e estabeleci contatos. Assim, fui entrando na história recente do *punk* londrinense, acompanhando-a de perto e posso dizer que nada se repetiu, apenas as possibilidades do lugar e do presente foram se efetivando e conduzindo o *punk* ao seu estado atual...

Isso, no entanto, já é assunto para depois. Termino aqui esta carta e deixo a continuação dessa história do *punk* londrinense para contar com calma e mais detalhadamente, pois nela está também a minha história e quero que você acompanhe passo a passo como essa experiência de pesquisa se desenrolou – uma pesquisa construída na vivência conjunta de um processo... Fica assim... aguarde a próxima carta. Até breve.

ENTERRADO VIVO 85

Planta 1
Londrina – PR
Territorialidade *Punk*

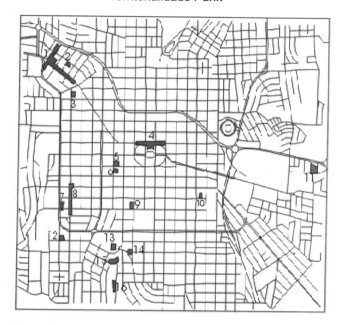

Legenda:
1 Rua Quintino Bocaiúva e o Potiguá
2 Barracão abandonado
3 Colossinho
2 Calçadão e Praça da Bandeira
5 DCE
6 Bar Brasil
7 Clube da Esquina
8 Rua Paranaguá
9 Rua Pernambuco (La Araucana)
10 Adega
11 Bar Chapadão
12 Antigo RU
13 Moringão
14 Valentino
15 Escadaria do Zerão
16 Bar Vila Café – Zerão

Fonte: IPPUL, 1999.
Org.: Turra Neto, N.

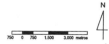

Foto: *Folha de Londrina* (9.9.1999).

1– Bar Potiguá. A primeira foto, de 1999, é de quando o bar ainda se localizava na Rua Quintino Bocaiúva; a segunda, mais recente, já é do bar novo, localizado numa travessa da mesma rua.
Foto: Hugo e Camila.

2 – Local do antigo barracão abandonado. Atualmente esse lugar está ganhando nova forma e função.

3 – Colossinho: atualmente é um terreno baldio. Suas ruínas da quadra de esportes e das arquibancadas foram demolidas. Foi um antigo território *punk*, para onde o grupo se dirigia para ter um pouco de privacidade.
Foto: Hugo.

4 – Calçadão de Londrina. Na primeira foto, ao fundo, a Boca Maldita; na segunda, a Praça da Bandeira, que é, no calçadão, o território mais recente do *punk* londrinense. Fotos: Hugo e Camila.

5 – Diretório Central dos Estudantes (DCE).

6 – Bar Brasil, com DCE ao fundo. Um fica ao lado do outro. Em épocas de *show* no DCE, havia um trânsito intenso de *punks* de um espaço a outro.
Fotos: Hugo e Camila.

7 – Clube da Esquina, antigo bar freqüentado por *punks*, hoje tem outro público.

8 – Rua Paranaguá, esquina com a Rua Goiás, mencionada pelo Beto como antigo ponto *punk* londrinense, onde havia alguns bares do circuito mais alternativo, freqüentado no começo do movimento. Atualmente tem outras formas, funções e usos.
Fotos: Hugo e Camila.

9 – Rua Pernambuco. Em destaque, a antiga localização do bar La Araucana, hoje também com outra forma e função.

10 – Adega. Bar referência para o *punk* londrinense, desde seu início até o presente. Fotos: Hugo e Camila.

11 – Bar Chapadão, que ainda permanece como referência para a cultura *punk*. Espaço privilegiado para *shows*.
Foto: Hugo e Camila.

12 – Antigo Restaurante Universitário (RU) da Universidade Estadual de Londrina. Local muito usado para *shows punks* nas décadas de 1980 e 1990. Próximo à Rua Paranaguá e ao Clube da Esquina, era um dos pontos do circuito *punk* no começo do movimento na cidade.
Foto: do autor.

13 – Moringão. Território temporário *punk*. O grupo se reunia nessa rampa e passava as tardes conversando e bebendo.

14 – Valentino. Bar da boemia universitária de Londrina, também freqüentado por *punks* durante a pesquisa. À sua direita se localizava o antigo bar Recanto do Aperitivo, que foi muito importante no começo do *punk* em Londrina.
Fotos: Hugo e Camila.

15 – Escadaria do Zerão. Freqüentada ao final das noites, após circular pelos bares.

16–Bar Vila Café. É um bar da moda em Londrina, e, aos domingos, essas ruas ficam tomadas de gente e carros.
Fotos: Hugo e Camila.

CARTA IV
O CAMPO

Londrina, sol e calor, outubro de 2000.

VERSOS ÍNTIMOS

Vês?! Ninguém assistiu ao formidável
Enterro de tua última quimera.
Somente a Ingratidão – esta pantera –
Foi tua companheira inseparável!

Acostuma-te à lama que te espera!
O Homem que, nesta terra miserável,
Mora, entre feras, sente inevitável
Necessidade de também ser fera.

Toma um fósforo. Acende teu cigarro!
O beijo, amigo, é a véspera do escarro.
A mão que afaga é a mesma que apedreja.

Se a alguém causa ainda pena a tua chaga,
Apedreja essa mão vil que te afaga,
Escarra nessa boca que te beija!

(Augusto dos Anjos)

98 NÉCIO TURRA NETO

Caro amigo,

Esta é a carta mais fácil e, ao mesmo tempo, a mais difícil de ser escrita. Fácil, porque nela relatarei a vivência, os diálogos, as interpretações e considerações dos sete meses de pesquisa de campo. Difícil, pois é também a carta na qual mais estarei exposto. O campo, como já disse, foi sobretudo uma experiência existencial. Ao escrever sobre o *punk*, portanto, escrevo também sobre mim, sobre a forma como vivi e fiz geografia.

Terá que me desculpar pelo tom pessoal do relato, pela citação exagerada de nomes que você não conhece e por me demorar em demasia sobre acontecimentos que, para você, podem parecer insignificantes, mas que para mim tiveram um peso enorme no processo de deciframento do *punk*.

Quando comecei a pesquisa, sabia que era uma grande aventura. Desconhecia os caminhos, desconhecia o destino. Fui apenas entrando pela porta que eu havia aberto, tateando no escuro, seguindo como que pisando ovos... Sabia, contudo, que como resultado deveria produzir um texto. Mas por onde começar? Como contar essa história de pesquisa de forma que seja relevante tanto para a academia quanto para aqueles/as que compartilharam dela comigo?

Acredito ser importante considerar aqui a argumentação de Becker (1999, p.63-4) sobre a explicitação da "história natural das conclusões". O autor sugere que se apresentem as evidências tal como foram aparecendo e como, a partir delas, o pesquisador foi construindo sua reflexão sobre o tema. O leitor, dessa forma, pode acompanhar o processo de construção das conclusões do autor.

Assim, penso que devo falar de como fui conhecendo as pessoas, convivendo com elas e, nesse processo, desvendando e (re)inventando o *punk*. Por isso, esta carta será um relato seqüencial da vivência no campo. Os temas estarão nela dispersos porque apareceram em momentos diferentes e de diversas formas. Como interlocutor, deixo a você o trabalho de juntar as peças e construir também uma análise, a sua análise... a minha não irá agora, a não ser na forma de breves esboços.

Então, começarei pelo começo: cheguei a Londrina em fevereiro de 2000 para minha pesquisa de campo. As pessoas com as quais eu tinha contato, Patrícia sobretudo, estavam viajando. Ela chegou no começo de março. Por acaso, então, caí, meio que de pára-quedas, num grupo que estava chegando de viagem: Patrícia, Marco, Kátia, Rui, Sheila (*junkie*,[1] mas não *punk*), Cláudia, além do Paulo. Somente algum tempo depois iria perceber o significado do contato inicial com esse grupo e o que ele representou nesse processo histórico.

Meu primeiro contato com a Patrícia indicou um entusiasmo enorme em razão da viagem que ela e o grupo de *punks* fizeram até a Bahia. Nessa viagem, descobriram formas diferentes de ser *punk* e chegaram a Londrina querendo mover mundos e fundos. Com uma série de idéias novas.

Em nossas conversas, chamou-me bastante a atenção a discussão sobre o "rótulo *punk*". A Pati não se dizia *punk*, pois acreditava que há muita gente que se diz *punk*, mas que, na verdade, não tem uma atitude *punk*; ela prefere ter uma atitude a se rotular, atribuindo-se uma imagem falsa.

"O que é ser verdadeiramente *punk*" pareceu-me ser a questão do momento entre aqueles que fizeram essa viagem e não só entre eles/as. Essa questão acompanhou-me, vinda de várias direções, todo o tempo da pesquisa. A Kátia falou-me sobre ela também a partir de outro ponto de vista. Ela disse que não se dizia *punk*, pois, para ser *punk*, é preciso ter uma série de atitudes e assumir uma postura que é difícil sustentar por muito tempo; aí então vêm as cobranças por parte dos outros: "Você não se dizia *punk*, agora está aí tomando Coca-Cola!?". Acredita que o rótulo *punk* limita as suas possibilidades de ser, aprisiona, num certo sentido. O Marco também estava preocupado com essa questão, tanto que, quando lhe disse que pretendia estudar não o que era ser *punk*, mas como o movimento acontece em Londrina, ele ficou decepcionado, pois julgava a primeira abordagem fundamental.

---

1 *Junkie*: denominação daqueles ou daquelas que adoram álcool e drogas pesadas.

Outra questão importante que alarmava os/as *punks* quando iniciei a pesquisa e que persiste, como a anterior, até o momento em que escrevo, é o crescimento do movimento Carecas do Brasil em Londrina. Os carecas começavam a dar sinais de que estavam fortes. O alarmismo fez parte de muitas de nossas conversas, e fatos ocorridos na guerra entre *punks* e carecas em outras cidades, como Curitiba, Maringá e São Paulo, eram sempre mencionados (uma idéia do que seja o movimento Carecas do Brasil pode ser encontrada na Caixa E).

Nos primeiros contatos, notei que a guerra entre *punks* e carecas assume, em Londrina, uma dimensão bastante particular: as pessoas se conhecem. Antes de aderirem a seus respectivos movimentos, *punks* e carecas dialogavam no espaço do bar, eram vizinhos, conheciam-se, cumprimentavam-se...

Quanto ao território *punk* em Londrina, fui percebendo que identificá-lo não seria tarefa simples, pois não havia territórios fixos, nos quais eles/elas se encontrassem todos os finais de semana. Disso deduzo, hoje, lendo minhas anotações, que a mobilidade dos/das *punks* pela cidade, sua circulação de bar em bar, torna o contato com o "inimigo" inevitável. Eles se vêem, trombam-se pelos bares... o que até então não era sinal de preocupação, até os carecas se tornarem cada vez mais violentos, mostrando-se avessos ao diálogo e à convivência pacífica.

O fato de os *punks* não possuírem um território fixo na cidade também me conduziu a pensar no território como corpo, ainda mais ao perceber que é nas roupas que o *punk* estampa seus pensamentos, colocando-se na rua como uma espécie de bandeira do movimento.

Fui formulando esses raciocínios conforme os primeiros contatos iam acontecendo, conforme ia conhecendo *punks* e conversando com eles/as. Esses primeiros contatos se deram com um convite prévio, ou autoconvite, para estar com eles/as, geralmente aos finais de semana e em bares.

Houve um sábado em que ninguém havia ligado e eu também não tinha conseguido contato nenhum, então, sem aviso prévio fui ao Potiguá. Sentei-me à porta do bar e fiquei olhando o movimento da rua. Deu uma hora, duas horas... e nada. Quando eu já estava desistindo, apareceu a Kátia – foi quando discuti com ela a questão do rótulo *punk* e me mostrei como uma pessoa como qualquer outra, com seus planos e crises: falamos sobre nossa vida...

O inesperado do campo... Essa foi a primeira vez que fiz um percurso pela cidade com os/as *punks* de Londrina. Depois de conversar muito com a Kátia, no Potiguá (na calçada em frente ao bar, do outro lado da rua), resolvemos ir até a Adega encontrar os/as outros/as *punks* que estavam reunidos/as lá.

Diante dos relatos que escutei sobre as tretas com os carecas e os *psicobillys*,[2] perguntei à Kátia se não tinha medo de perambular pelas ruas com aquele visual, pois poderia ser facilmente reconhecida e atacada. Ela respondeu que não tinha medo, mesmo porque já estava no movimento havia algum tempo e conhecia as pessoas que hoje são "inimigas"; por isso, não adiantava sair sem uma produção *punk* – seria reconhecida da mesma forma.

Na Adega encontramos os/as outros/as: Pati, Paulo, Sheila, Marco e Rui. Estavam já de saída rumo ao Zerão, onde pretendiam beber mais (o Zerão é um espaço de Londrina, onde, de dia, as pessoas vão caminhar e fazer exercícios, mas que, à noite, é ocupado por outras pessoas, que vão lá fumar um beque,[3] beber nas escadarias da concha acústica ou simplesmente ficar ali, apenas conversando). Descemos com eles/as.

Em todos esses lugares, os/as *punks* já estabeleceram uma certa permanência nos momentos de diversão. Mas agora circulam entre eles; ou sempre circularam, na verdade – apesar de ter a impressão de que, em outros tempos, a permanência em um só bar durante toda a noite era mais comum que o circular por vários bares –, primeiro se passava na Adega, jogava-se uma sinuca e depois se ia

---

2 *Psicobilly*: trata-se de um grupo, predominantemente de rapazes, que se identifica com o *rockabilly* dos anos 50, adotando também o visual, só que modernizado. Em Londrina, é um grupo rival do *punk*.

3 Beque: gíria usada para denominar um cigarro de maconha.

ao Potiguá, onde se poderia encontrar todo mundo (sugiro que retome a Planta 1).

Nesse percurso, comecei a imaginar como deveria ser andar com *punks* pela cidade, num período em que o medo dos carecas deixava todos meio apreensivos. Imaginava que andariam tensos, aguardando um ataque na próxima esquina. Essa imagem, contudo, foi dissipada pela experiência... Os/as *punks* andavam despreocupados/as. Aliás, já estavam bem alegres quando eu os/as encontrei. Isso me fez pensar novamente no território corpo, pois eles/as não estabeleciam uma apropriação e uma delimitação do território a cada passo, reconhecendo, no passo seguinte, a presença do diferente e do perigo, sendo necessário proteger-se, fechando-se em grupo. O caminhar foi lento, descontraído e não preocupado, foi pura fluidez: espacial e existencial.

Fui fazendo essas conjecturas, caminhando e pensando...

Durante o percurso, procurei também me enturmar com as outras pessoas do grupo. Fui conversando com o Paulo e a Sheila, pessoas com as quais eu estava estabelecendo o primeiro longo diálogo.

No grupo, eu era uma figura estranha, que estava procurando se inserir, fazer amizades. Mas até então eu não era uma pessoa cuja presença ou ausência era muito percebida. Foi somente quando passei por uma experiência, que tomei como um "ritual de iniciação", [4] que essa relação começou a mudar.

O "ritual de iniciação" aconteceu também sem nada planejar. Estávamos no Zerão, num domingo à tarde – no dia seguinte à caminhada pela cidade –, e decidimos comer alguma coisa, mas ninguém tinha dinheiro, inclusive eu. Então fui convidado a participar do mangueio. [5] Passamos em algumas pizzarias para pedir as sobras e não obtivemos sucesso. Então foi decidido, pelas pessoas

---

4 É preciso dizer que os/as *punks* não têm um ritual de iniciação definido; se o têm, não tive conhecimento dele.

5 Mangueio: expressão usada para o ato de sair por aí pedindo coisas para pessoas, como cigarro, cerveja, comida no restaurante etc.

do grupo, que iriam vasculhar os lixos de barraquinhas de lanches na Rua Quintino Bocaiúva (onde ficava o bar Potiguá).

Tive de comer restos de lanche achados no lixo... Ao fazer isso, creio que o grupo percebeu que eu estava disposto realmente a participar de tudo, sem pudores, a conviver com eles em todos os momentos. Nesse dia, estavam presentes o Marco, a Kátia, a Pati, o Paulo e o Rui. A partir daí, senti-me mais integrado ao grupo. Já não me preocupava mais com a objetividade e comecei a me empenhar em desenvolver uma afetividade, uma relação sensível. Comemos as sobras dos lanches em frente ao bar Armazém (um bar muito freqüentado por metaleiros e gente que tem um certo dinheiro: homens pagam cinco reais na portaria), sob os olhares das pessoas que passavam ali pela calçada, onde estávamos sentados. O clima de transgressão estava presente... clima que experimentaria em vários outros momentos, como se *punk* e transgressão fossem sinônimos.

É claro que houve inúmeras outras situações de estranhamento da minha parte; afinal, a todo momento, era arremessado contra situações inusitadas que exigiam respostas rápidas e que nem sempre foram dadas, por causa da confusão provocada pelo estranhamento. Na verdade, era uma sensação de vertigem, de falta de chão...

A partir do momento em que eu passei pela "iniciação", nossa relação, no entanto, tornou-se mais estreita. O Marco, a Kátia e o Rui passaram a freqüentar minha casa, a incluir-me em seus planos, a convidar-me para visitá-los. Assim, fui conhecendo o cotidiano *punk*, e isso eu havia desconsiderado no projeto inicial da pesquisa, pois buscava apenas a territorialidade em momentos de diversão. Mas não me preocupei... fui seguindo e adentrando mais e mais na dimensão humana e existencial do "ser *punk*". É possível ser *punk* vinte e quatro horas por dia? Ou o *punk* se realiza apenas nos momentos em que o grupo se reúne?

Havia tomado conhecimento de que os/as *punks* estavam organizando, com o movimento negro de Londrina, uma manifestação contra as comemorações dos quinhentos anos do Brasil. Sabia que

104 NÉCIO TURRA NETO

havia reuniões com o pessoal do movimento negro, encontros para viabilizar materiais e recursos.

Além disso, os/as *punks* que foram para a viagem organizaram-se em um grupo de teatro de rua, que era a forma de eles/elas conseguirem dinheiro nas cidades em que permaneciam. Esse grupo continuou na ativa nos primeiros meses depois da viagem e estava se agilizando para apresentar alguma coisa nessa manifestação. Escrevi um texto teatral e apresentei a eles/as. O texto foi aprovado e também modificado, e o grupo começou a se reunir para os ensaios. Participei da maioria dos ensaios, que aconteceram sempre de dia e preferencialmente no Zerão. Nesse processo, percebi como certos lugares públicos foram escolhidos como palco para os ensaios. E os critérios dessa seleção não foram os que eu esperava: apego ao lugar, sentimento de pertença, de segurança etc., mas sim critérios de praticidade, de proximidade e de possibilidade. Essas considerações foram tornando a dimensão territorial do *punk* em Londrina muito mais confusa, pois era diferente do que eu havia tomado conhecimento em teoria.

O contato, de tão freqüente, passou a fazer parte do meu cotidiano... e eu também passei a fazer parte do cotidiano de alguns/as *punks*. Agora, toda vez que saíam me convidavam. Achava que finalmente algumas pessoas estavam gostando da minha presença.

Certo dia, Marco, Kátia e eu fomos ao Potiguá, sentamos na calçada do outro lado da rua, em frente ao bar – e todas as vezes que eu voltei ali com eles, com uma única exceção, sentamos no mesmo lugar; parece que há um certo hábito nisso. Nesse dia, estabelecemos um diálogo em que eu já me encontrava dando opiniões sobre os eventos que se passaram, como a reunião do movimento negro que acompanhei. Contudo, apesar da interferência que eu possa ter causado na perspectiva dos dois sobre o evento, é preciso lembrar, como está na carta sobre a metodologia, que não há como estabelecer um diálogo sem expressar opiniões, elas são necessárias. Senti que já havia ultrapassado a fase do contato inicial com os dois, estávamos numa interação intersubjetiva...

ENTERRADO VIVO **105**

No dia 12 de abril, houve o primeiro relato de investida de carecas. À tarde, chegaram à minha casa a Pati, o Paulo e o Henrique (um amigo não-*punk* do grupo), pois tínhamos combinado de irmos juntos para a Universidade Estadual de Londrina (UEL), onde os três estudam. Estavam ofegantes, pedindo água e começaram a falar todos ao mesmo tempo: "Fomos atacados por carecas". Segundo o relato, eles estavam no calçadão, vindo para minha casa, quando passou um rapaz suspeito e começou a gritar para eles "Toda vida Oi!"[6] e a fazer a saudação nazista.

A tensão no meio *punk* aumentava... careca foi uma espécie de sombra que acompanhou toda a pesquisa, sempre próximo e assustador... Era um período em que só se falava de carecas... vários boatos apareceram, mas não chegaram a ser confirmados ou negados: sumiram no ar.

Mais tarde, fui perceber que há lugares em que essa tensão é ainda maior, como em Curitiba, por exemplo, que visitei a convite do Marco e da Kátia para, segundo ela, conhecer "*punks* de verdade".

O que nos levou para Curitiba, contudo, foi outro motivo: uma manifestação do Movimento Sem-Terra (MST) pela morte dos dezenove sem-terra de Eldorado dos Carajás. Eles/as estavam representando o Grupo de Ação Libertária (GAL) – uma ONG que fazia o sopão e estava na organização da manifestação contra as comemorações dos quinhentos anos do Brasil.[7] Foram para Curitiba também a Pati, o Paulo e o Maurício (outro *punk*, com quem tive maior contato nesse dia).

---

6 "Oi!": trata-se de um movimento que procurava, no início, unir *punks*, *skinheads* e jovens desempregados em torno de um único movimento, na Inglaterra, e é com essa intenção que chega ao Brasil: unir *punks* e carecas e acabar com as brigas e mortes entre eles. Contudo, os carecas acabaram apropriando-se desse grito e usando-o como sinal de reconhecimento entre si e de distanciamento dos *punks*, que eram considerados traidores das suas raízes operárias: "Em fins de 1982, multiplicou-se nos muros do subúrbio [da cidade de São Paulo] a inscrição da palavra 'Oi!', assumida pelos 'carecas' para designar a si próprios e as bandas que gostavam de ouvir..." (Costa, 1993, p.96-7).

7 Essa ONG, que agora se chama Comitê de Ação Solidária (CAS), pois julgaram que a palavra libertário poderia provocar espanto e preconceito, era a forma de congre-

106 NÉCIO TURRA NETO

Antes de falar de carecas, entretanto, é preciso relatar alguns acontecimentos importantes dessa viagem. Pela manhã, chegamos a Curitiba e ficamos circulando pelo Centro Cívico, onde estão os três poderes do Paraná e onde aconteceria a manifestação. Num prédio em construção, futuro Tribunal de Justiça do Estado, acompanhei o grupo numa roda de maconha. A alguns passos de onde estávamos, um grupo de policiais militares treinava escalada nos blocos de concreto do edifício. Terminada a função, ouvi o comentário: "Fumamos maconha no Centro Cívico, isso é que é subversão". O orgulho estava muito presente nessa fala. A idéia de subverter a ordem, isso parecia ser *punk*... o clima de transgressão novamente... Para Caiafa (1989, p.17), os/as *punks* praticam um típico "delito de *status*". Segundo Matza (1968): "ficar até tarde na rua em horários para adultos, beber, fumar, etc. De toda forma, *esse clima de transgressão é a atmosfera entre os punks*, esse abuso, esse excesso para sua idade ou classe" (grifo do autor).

Na hora do almoço, fomos até o centro da cidade achar algum lugar barato para comer e foi aí que as preocupações com os carecas de Curitiba começaram: "Se os carecas de Londrina já estão intimando no calçadão, os de Curitiba batem e matam". A sugestão era andarmos sempre juntos e de olhos bem abertos, ainda mais pelo fato de os/das punks estarem com alguns elementos no seu visual que poderiam facilmente identificá-los/as.

Depois do almoço, o medo parecia ter se dissipado no ar. Então a Kátia falou para irmos ver os/as *punks* de Curitiba, que ficavam na Rua XV de Novembro – parece que, todas as tardes, é ali que eles/as ficam para manguear e vender seus trabalhos. Fomos. E lá estavam os/as *punks* de Curitiba. A Kátia, o Paulo, o Maurício e o Marco (mais recentemente) conheciam quase todos os que estavam ali. Era em torno de uns três *punks* e uma *punk*. Eles tinham mais amizade com o Mosquito, um *punk* que já havia morado no

---

gar os/as *punks* em torno de um objetivo comum: o sopão. Também tinha a função de colocar os/as *punks*, como grupo, em contato com outros movimentos sociais.

squatt[8] Paiol. Falaram de conhecidos em comum, quem estava tocando com quem, qual era a produção de zines[9] do momento, sobre o evento que iria acontecer em Londrina nos dias 22 e 23 de abril, ou seja, de assuntos de interesse geral para o movimento.

Falaram também de carecas... das tretas entre eles. O Mosquito mostrou a mão atingida por uma machadada de careca, quando estava com a companheira e o filho. A mão dele tinha uma cicatriz bastante grande e alguns de seus dedos ainda estavam recuperando o movimento. Segundo outro *punk* (o Zezinho), que estava com eles no momento do ataque, eles estavam saindo de um *show*, todos já muito altos, com o filho do Mosquito no carrinho. Então apareceram uns dez carecas...

Quando deixamos os *punks* de Curitiba, após recomendações de cuidado com certos lugares em que há carecas, a Kátia virou para mim e disse: "Agora você conheceu *punks* de verdade!".

Minha impressão dos/as *punks* de Curitiba?

A Kátia disse que o Mosquito é um *punk* de verdade. E deu para notar que os *punks* de Curitiba experimentam o movimento de uma forma diferente do que eu conhecia até então em Londrina, tanto no visual – bem mais carregado – como no estilo de vida. Mangueiam todos os dias no calçadão, na Rua XV de Novembro, para comer e beber, pagar aluguel etc. Mas nem todos os *punks* de Curitiba são assim. Há aqueles mais parecidos com os de Londrina no jeito de se vestir – que foi o que deu para perceber –, sem um visual muito carregado e que também ficam por ali.

Há toda uma rede de conhecidos entre *punks* de Curitiba e de Londrina. O Marco e a Kátia já passaram uma semana em Curitiba, na casa do Mosquito. Alguns/as *punks* de Curitiba, às vezes, aparecem em Londrina...

---

8 *Squatt*: nome dado pelos/as *punks* a uma casa abandonada que foi ocupada por integrantes do movimento.

9 Zines: abreviação de Fanzine. Produção literário-político-musical dos/as *punks*, feita artesanalmente e impressa por meio de fotocópias. Sua principal função é divulgar a cultura *punk*.

108 NÉCIO TURRA NETO

Há um intercâmbio de informações e de referências. Fica-se sabendo quem está vivo, quem está morto, o que cada um está fazendo; quem continua firme no *punk*; quem apanhou de carecas ou quem bateu etc. Essa rede tem como um dos seus elementos mais fortes a troca de correspondências.[10]

Foi curioso esse contato... Os/as *punks* de Londrina sabiam onde encontrar os de Curitiba, sabiam dos horários de mangueio. Tanto sabiam que se encontraram...

Quanto ao território, percebi que, em Curitiba, o território *punk* é bem mais marcante no espaço urbano, assim como o território de carecas: "Não vamos por esta rua neste horário, pois os carecas estão lá", alertou uma *punk*, enquanto caminhávamos pelo centro de Curitiba. Também é evidente que, depois dos últimos ataques, os/as *punks* de Curitiba não têm saído mais sozinhos pelas ruas, somente saem em grupo, como uma gangue.

Vieram para Londrina, com a gente, dois *punks* de Curitiba que já haviam morado aqui, o Pedro e a Cristina, para ajudar na organização da manifestação do dia 22 de abril. Eles ficaram na casa do Marco e da Kátia. No caminho, fui apresentado a eles como um cara que estava pesquisando o movimento *punk* de Londrina, coisa que eles acharam bastante interessante.

Nos dias seguintes, peguei-me envolvido, com o grupo, na preparação da manifestação, o que permitiu o contato com outras

---

10 Costa (1993, p.107-11) ressalta que, a partir de 1983, há uma proliferação de fanzines *punks* produzidos não só por pessoas ligas a bandas, mas também por muitos/as jovens espalhados na periferia e em várias cidades do país. Neles se falava de vários assuntos que preocupavam os/as *punks*, como guerra nuclear, ecologia, violência policial etc. Os fanzines também começavam a trazer informações sobre o movimento no exterior, publicando cartas ou entrevistas de *punks* de outros países. Nesse período, também aparecem endereços de distribuidoras de fanzines, discos e fitas *punks*: "Assim, o comércio de artigos *punk* começou a se desenvolver, inclusive utilizando-se de divulgação através de fanzines. Inevitavelmente, com a pretensão de alternativo, formou-se um comércio de artigos e música *punk*, com capacidade de atingir vários pontos do país". Consolidava-se uma rede de troca de informações e materiais *punks*, muito importante para o movimento.

ENTERRADO VIVO **109**

figuras do movimento, como o Beto, a Tina e o companheiro dela, o Carlos. Aproximei-me, conversei com eles, falei de minha pesquisa... descobri outras concepções de *punk*. Novas concepções surgiram também do contato com o Pedro e a Cristina. Já tinha ouvido falar muito do casal, eles moraram em Londrina entre 1998 e 1999 e fizeram muitas coisas na cidade. A idéia de organizar uma ONG para distribuir sopão em assentamentos urbanos foi deles, e também foram eles que começaram as tretas com os *psicobillys* de Londrina, e essa era uma das causas que os levaram a morar em Curitiba. O Pedro morava em Curitiba e estava passando um tempo em Londrina, a Cristina era de Londrina. Eram pessoas com que julguei interessante conversar.

Fui procurá-los na casa do Marco e da Kátia, e tivemos uma conversa super-reveladora que rolou a noite toda. Eles estavam curtindo a minha pesquisa, disseram que era a primeira vez que viam um pesquisador conviver com os/as *punks*, e não apenas chegar com papel e gravador e depois dizer adeus. Falei que gostaria de fazer uma entrevista com eles. Então o Pedro disse: "Olha, andei conversando com a Cristina e nós resolvemos que queremos dar uma entrevista para você". Achei isso genial...

Falamos sobre o movimento *punk* também... e quando eles entraram no assunto, disse que não precisavam se preocupar em falar sobre *punk* quando eu estivesse perto, que sei conversar sobre outros assuntos também e não queria ficar apenas batendo nessa tecla, pois poderia cansar as pessoas – eu estava ali para conhecê-los melhor e tentar marcar uma entrevista. Então a Cristina disse que falam sempre sobre *punk*, independentemente da minha presença. Falam sobre *punk* porque gostam do assunto, gostam de discutir o que é ser *punk*, quais os rumos do movimento etc., pois acreditam nisto: que o *punk* deve estar o tempo todo refletindo sobre si mesmo. Tal afirmação foi como um foco de luz clareando a questão da identidade *punk*... passei a percebê-la como objeto de diálogos constantes e perceber tais diálogos como uma forma de eles/elas estarem elaborando seu próprio pensamento sobre o *punk* e sobre si mesmos como *punks*.

Foi nessa noite que se consolidou a primeira hipótese – conforme falei na carta sobre metodologia – e se esboçou a segunda. Ao perceber que a identidade *punk* é motivo de discussões, de cobranças, fui fazendo conexões e deparei com a idéia de algo que poderia ser uma construção permanente e sempre inacabada: descobre-se o que é ser *punk* a cada dia... é como se as pessoas fossem amadurecendo dentro de um contexto cultural que escolheram para si... um contexto também em construção...

Também sobre a relação entre *punks* e carecas, apareceram novidades nessa conversa. O Pedro falou que 70% dos carecas o são por culpa dos/das *punks*, pois, no começo, eram adolescentes que usavam visual, curtiam um som e que não tinham posição política definida, ficavam sempre em cima do muro... O *punk* chegou e cobrou desses caras uma posição, quis derrubá-los do muro para ver onde cairiam... caíram para o outro lado...

Hoje, o Pedro disse que cobra muito a postura daqueles que se afirmam como *punks*, uma coerência entre discurso e prática, e isso parece ser bastante comum entre eles. É também um lado muito cruel do *punk*: não admitir pessoas que não sabem bem o que querem...

Disse também que a maior parte do tempo que passou em Londrina (cerca de dez meses) foi gasto com o pessoal que hoje é careca: "Eles eram uns porra-loucas que gostavam de umas bandas nazi...".[11] O Pedro, a Cristina e outros mostravam para essa garotada que aquela banda que eles curtiam tinha filiação nazi. Explicavam, argumentavam, eles concordavam. Mas, no dia seguinte, estavam com a camiseta da banda novamente... então o Pedro perdeu a paciência. Cobrou uma postura... e se ferrou...[12] os caras ficaram com ódio de *punk* e dele em particular.

Acho interessante abrir um parêntese aqui para um relato bastante vivo da treta do casal com os *psicobillys*, feito pela Cristina,

---

11 Nazi: abreviação usada para designar nazista.
12 Ferrar-se: dar-se mal numa empreitada.

ENTERRADO VIVO **111**

em sua entrevista; um relato que mostra o quanto as imagens ainda estão nítidas em sua memória:

> e um dia eu e o Pedro viajamos pra Prudente pra assistir um *show* do Cristian Have. Quando eu voltei, a Kátia veio me contar que teve uma festa, um *show* na chácara do Alexandre do The Bomb, e nesse *show* rolaram várias bandas, não lembro quais foram e o The Bomb foi uma delas e os *psicobillys* curtem bastante o *rock'n'roll* do The Bomb, assim, e tinham vários lá, vários, vários, vários. E a Kátia pegou uma carona e foi parar lá, porque o Potiguá tava vazio, tava todo mundo lá e ela conseguiu uma carona e foi com uns amigos pra lá. Chegando lá, ela estava bem no final do galpão, tava rolando um CD e uns psicos pegaram o microfone e assim, gritavam e faziam um gesto de *zig hai* e falavam coisas a favor de Hitler...
>
> E a Kátia era... tinha o Rico, a Andréia [um casal de *punks 77*, que não cheguei a ter contato], e a Kátia de *punk* lá. O Rico não fez nada assim, nem a Andréia. E a Kátia foi andando na direção do microfone e perto tinha uma roda em volta do microfone só de psico concordando com tudo que o cara falava. Aí, no que a Kátia tava chegando, um psico puxou o braço dela pra dar em cima dela, tentar dar um beijo nela. Um outro psico puxou o cara e falou assim: "Não mexe com essa guria porque ela não é pra você, olha bem pra cara dela...", ficou acabando com ela, tipo, "a mina é *punk* e é pouca bosta pra você".
>
> Aí os caras começaram a falar um monte, começaram a dar uns empurrão nela, aí puxaram ela e levaram ela embora.
>
> Aí quando ela me contou, a gente ficou muito fodido assim, porque esses *psicobillys*, assim... pelo menos aqui em Londrina *psicobilly* não fede nem cheira... antes, né? Então a gente passava, cumprimentava, às vezes parava pra conversar e a gente ficou muito, assim, de cara!
>
> Um dia a gente tava no calçadão, eu fui em casa buscar uma blusa, quando eu voltei tava o Pedro e o André, aí eles falaram: "A gente intimou o Arno (o *psicobilly*), né? A gente perguntou que história era aquela deles ficaram gritando Oi! no *show*. E ele falou que não estava sabendo de nada, que não havia feito nada. Mas que, se nós achássemos que eles tinham alguma coisa a ver, era pra ir conferir". Assim, praticamente chamando pra briga, né? E continuou andando...

Na mesma semana, foi meu aniversário, na quinta-feira. Na sexta-feira, fomos eu, o Pedro e o Maurício no Potiguá, nós ficamos do outro lado da rua. Chegou um casal de Maringá, ficou conversando com a gente... chegaram quatro *psicobillys*; eu sei que era o irmão do Pastinho, o Nardo, o Arno e eu sei que tem mais um... e... e o Tico... E já tava rolando uma antipatia, assim, porque um dia eu tava no bar e o Nardo tava me encarando, tava olhando pra mim e o Pedro é superciumento, já foi intimar o cara, o Tico a mesma coisa. O Tico dava muito em cima de mim... eu deixava, eu ficava na minha, assim, e tentava não falar com o Pedro, justamente pra não acontecer nada.

Mas, aquele dia, eles foram pra brigar... Porque depois eu fiquei sabendo que um dia depois que o André e o Pedro intimaram o Arno, no calçadão, ele foi no *shopping* e comprou um soco inglês.

Aí eu entrei no bar, fui levar a menina (de Maringá) no banheiro que ela não conhecia nada. Na hora que eu passei, ficaram todos me encarando e eu ergui a cabeça e fiquei encarando o Arno, rolou uma coisa muito estranha ali naquele momento, assim, aí a gente voltou, atravessou a rua e eu falei: "Olha, não tô agüentando, vamos embora. Pega a mochila e vamos embora".

No que o Pedro levantou e pegou a mochila, os caras vieram, vieram gritando e falaram: "Tá aqui a galera que tava gritando 'Oi!'". E foram pra cima do Pedro. Foi tudo muito rápido, e eu sei que o Maurício tentou entrar pra apartar e o Pedro tentou passar a mão numa garrafa e foi correndo pra dentro do bar pegar uma cadeira, atravessou a rua correndo...

E eu lembro que quando caíram assim, pra cima do Pedro e do Maurício, eu dei vários chutes assim nas costas, bem nas costelas de um dos psico. O Arno tava do outro lado, assim, aí a hora que ele viu, que ele ficou de pé, assim... que eles tavam tentando bater... só que ninguém bateu no Pedro, acabaram batendo no Maurício. O Pedro saiu correndo... e o Arno me pegou no pulo, que eu tava chutando as costas do cara, aí ele veio pra cima de mim. Enquanto os três batiam no Maurício, ele veio pra cima de mim; aí eu puxava ele, ele tava com um jaco de couro e eu puxava ele pelo jaco e empurrava... aí ele me deu um soco, só que na hora eu percebi a intenção dele e eu abaixei, só que pegou bem na minha cabeça, bem no meio, abriu dois cortes, só que eu tava com o cabelo preso, aí eu acredito que no momento não sangrou, o sangue ficou por ali.

Aí eu fiquei muito nervosa na hora, e eu comecei a chutar, a puxar e empurrar ele pra rua, aí eu comecei a chutar e dar joelhada bem na boca do estômago dele, só que eu não agüentava mais, eu não agüentava... aí eu não sei o que que houve, ele deu um soco aqui assim. Eu sei que pegou no lábio, machucou por dentro e meu nariz começou a sangrar, sangrar, sangrar muito, e a hora que ele viu todo aquele sangue que caía assim, ele gritou: "Gente vamos embora, vamos embora que eu arranquei sangue da guria, vamos embora".

Aí eu não agüentei mais, eu tava muito zonza, tava muito nervosa, eu tremia dos pés à cabeça, aí eu vi que parou de passar carro e aí eu pensei: "É só agora, só agora que eu vou conseguir sair daqui"; aí coloquei a mão na nuca porque eu ia ter que virar de costas pra ele, pra poder atravessar a rua, eu coloquei a mão na nuca pra ele não acertar um soco inglês, porque se ele me acertasse, eu desmaiava ali e pronto.

A hora que eu virei, eu coloquei a mão na nuca, eu ergui a cabeça, vi o Pedro estático, parado na porta do Potiguá e todo mundo segurando ele pra ele não entrar na briga de novo, só que a mesma reação que eu tive ao ver o Pedro ali, ele teve uma pior, eu imagino, ao me ver com o rosto cheio de sangue, porque daí foi até difícil descobrir onde ele tinha cortado, porque dava a impressão de que tinha sido daqui, dava a impressão que tinha sido no supercílio, em vários lugares, porque daí já tava escorrendo sangue no meu rosto; tanto que quando eu entrei no banheiro do Potiguá, quando eu consegui entrar no banheiro que tava ocupado, na hora que eu olhei no espelho assim, eu não me reconheci, só meus olhos sem sangue, na boca, dentro da boca, eu cuspia sangue assim, foi muito sangue.

E eu consegui atravessar a rua e eu tava com a mão na nuca. E eu sei que voou sangue meu no Arno, porque ninguém conseguiu arrancar sangue dele assim, eles não apanharam naquela noite, de forma alguma. Voou sangue meu nele, porque minha blusa, nas costas, tinha marcas de mãos assim e eu lembro perfeitamente que com a mão na nuca eu tentava atravessar a rua correndo e ele me empurrava, da mesma forma que eu puxava e empurrava ele pelo jaco, ele fazia isso comigo pelas costas e aquelas marcas de sangue na minha blusa no dia seguinte... sangue meu nele.

E eles saíram correndo, saíram gritando, saíram gritando: "Psico, psico!". Aí chegou o Pablo, pelo outro lado chegou a Kátia, o pessoal me levou no banheiro, limpou meu rosto, perguntou se eu tava bem, daí foram me levar embora.

Impressionante, não? Depois dessa treta, outras menores rolaram e, até hoje, enquanto escrevo, a relação entre *punks* e *psicobillys* em Londrina é tensa. Em vários momentos, percebi essa tensão no ar, quando estávamos no bar e, de repente, aterrissavam alguns *psicobillys*...

Fechando esse parêntese e seguindo com a seqüência dos acontecimentos, entro na manifestação contra as comemorações dos quinhentos anos do Brasil. Apareceram em Londrina quatro *punks* de Bauru e vários/as *punks* de Curitiba. Tudo começou no sábado, dia 22 de abril. Pela manhã, houve uma passeata, do Zerão ao calçadão, na qual os/as *punks* apresentaram uma *performance*, e à noite aconteceu um *show punk* no bar Chapadão. Nesse *show* tocaram várias bandas, de Londrina, de Curitiba, de Presidente Prudente... e foi interessante perceber os contatos que se estabelecem: as pessoas se conhecem, brigam, trocam endereços, compram camisetas e sons etc. Nesse *show*, houve uma briga entre os/as *punks* de Curitiba, e três *punks* e uma *punk* foram expulsos do bar. Ao saírem, disseram para um *punk* de Londrina: "Não apareça na Rua XV em Curitiba, cara, senão você será morto".

Tudo começou no pogo,[13] os que foram expulsos estavam dançando de forma muito violenta e machucando outras pessoas. Daí houve discussão e depois a briga.

No dia seguinte, à tarde, aconteceu uma manifestação cultural, integrada com o movimento negro, no anfiteatro do Zerão. Houve

---

13 Pogo – alguns autores falam polgo – é o espaço na frente do palco onde as pessoas dançam (pogam) e é a dança em si; consiste em movimentar-se freneticamente ao som das bandas. Pogar, segundo um *punk* de Curitiba, é resgatar um tipo de dança característica de uma tribo indígena dos Estados Unidos da América, massacrada no processo de colonização.

ENTERRADO VIVO **115**

bandas de *rap* e depois bandas *punks*, e foi interessante observar como é a relação entre essas duas "tribos juvenis".

Depois de algumas bandas de *rap*, tocou a banda *punk* Difekto de Curitiba. Nisso, todos os *punks* que estavam ali, na escadaria do lado esquerdo do palco, se deslocaram para o centro, tomando o espaço deixado vazio pelos "manos".[14] Fui junto. Conversava com o Paulo e a Cláudia nesse momento...

O que rolou foi uma total falta de entrosamento entre *punks* e *rappers*. Eles/as não se misturaram. Cada um curtia seu som: *rap* e *hardcore*... apesar de alguns temas, como o anti-racismo, serem comuns nas duas expressões musicais (ver a Caixa F, sobre a questão da constituição de uma alteridade em meio a uma festa).

O fim do *show* foi com as bandas *punks*, quando não havia mais nenhuma banda de *rap* para tocar. Então todos os "manos" foram embora, esvaziando o Zerão e a manifestação. Ficaram apenas os/as *punks* e alguns outros grupos de curiosos ou de simpatizantes.

Durante o *show*, vi e troquei algumas palavras com um casal de *punks*, que apenas um tempo depois iria conhecer e ter mais contato: o André e a Beatriz.

Contudo, o fato mais marcante nesse dia aconteceu antes do *show*: foi a briga entre o Paulo e a Pati, de um lado, e a Kátia e o Marco, de outro. Tudo aconteceu porque na última hora a Kátia não se sentiu segura para apresentar a peça de teatro. Eles/as haviam ensaiado pouco e a peça seria apresentada no palco do anfiteatro e não num canto, no chão, como parecia ser a vontade da maioria. Houve uma grande discussão, na qual se disse que eles/elas não formavam um grupo. A partir desse dia, vi a Pati se distanciar dos/as *punks*... o Paulo, mais lentamente, foi também se afastando do grupo e procurando outros caminhos.

Hoje, percebo o quanto esse fato foi importante para a história recente do movimento *punk* de Londrina e como ele contribuiu para seu enfraquecimento e fragmentação.

---

14 Manos: é como são chamados os *rappers* tanto entre eles quanto pelos/as *punks*.

116 NÉCIO TURRA NETO

No dia seguinte – uma segunda-feira –, fui ao calçadão encontrar-me com o Pedro e a Cristina, conversar sobre a entrevista, conforme havíamos combinado no *show*. Mas acabei mesmo encontrando a Cláudia e fomos tomar uma cerveja no bar do calçadão. Ficamos ali um tempo enorme filosofando. Foi a primeira vez que falei com ela sobre minha pesquisa, e ela achou a idéia bastante interessante, sobretudo porque não me via como pesquisador, mas como um amigo. Inevitavelmente caímos no assunto *punk*, e ela fez uma argumentação interessante que diz respeito à questão da identidade: disse que se cobra muito uma atitude das pessoas que se dizem *punk*, alegando-se que *punk* não é só visual, mas ninguém explica ou dá conteúdo ao que seria essa atitude.

Um contraponto à idéia do Pedro, não?

Sobre sua história particular no *punk*, ela disse que, no começo, conhecia apenas o Paulo e uma outra garota *punk*, no colégio, e que só gostavam do som e de beber, não tinham uma consciência do que era o movimento, não estavam familiarizados com sua dimensão política. O que mudou com o passar do tempo é que ela foi adquirindo essa consciência...

Sem querer, a Cláudia me colocava, nesse instante, diante da idéia do caráter processual da identificação com o *punk*.

Estávamos ali, eu e ela, havia bastante tempo, quando os/as outros/as começaram a aparecer pelo calçadão: o Pedro e a Cristina – finalmente –, o Marco e a Kátia, a Sheila, o Rui. Combinamos de nos encontrarmos à noite na casa do Marco e da Kátia para tomarmos as cervejas que sobraram do *show*. Eles/as, nesse momento, iriam se reunir na banca do Beto, na Rua Rio de Janeiro, onde fariam o balanço do evento. Nesse dia, percebi que a banca do Beto era um importante ponto de referência para o movimento. Era o lugar onde todos se encontravam quando iam ao centro da cidade, passar por ela era como uma obrigação... a banca do Beto parecia ser o ponto de articulação entre os/as *punks* dispersos, o centro a partir do qual as informações eram trocadas.

Quanto à minha relação com os/as *punks*, posso dizer que se estreitava a cada dia e nós já tínhamos muito mais assuntos que

ENTERRADO VIVO **117**

falar, que não apenas *punk*: falávamos sobre acontecimentos anteriores, sobre o futuro, trocávamos idéias sobre o *punk*, discutíamos sobre as pessoas de Londrina, falávamos sobre drogas, sons, zines... Fui conhecendo o universo *punk* e já podia trocar com eles/as informações sobre sua própria cultura... e falar sobre um cotidiano que era compartilhado. Já havia ultrapassado a fase da conquista. Conquistei e fui conquistado... Conversava com o Paulo, a Cláudia, a Sheila sobre isso. Com o Marco e a Kátia também. Já fazia parte desse universo e foi nesse momento que comecei a ir a campo, não mais com o objetivo principal de observar, ou conquistar a confiança das pessoas, mas, sobretudo, porque eu queria estar ali com eles/as: era bom, havia um papo que me agradava e eu podia estar sempre conhecendo mais sobre a vida deles, sobre o *punk* e sobre mim mesmo. Era como se eu tivesse passado pelo processo que parece ser aquele por que passa todo/a *punk* no início da sua entrada em um grupo: primeiro fica mais calado, apenas ouvindo. Vai conhecendo as pessoas, conversando com uma, depois com a outra, recebendo informações de várias fontes, até estar apto a dar opiniões, a trocar simbolicamente a partir de elementos que, então, tornam-se comuns.

Estava em campo havia cerca de dois meses e, além de me sentir mais próximo dos/as *punks*, já reconhecia alguns de seus hábitos... No último sábado de abril, o Marco ligou em casa dizendo que estavam no Potiguá me esperando... Fui chegando ao bar e sabia onde iria encontrá-los/as: na calçada do outro lado da rua, em frente ao bar. E estava certo. Lá estavam o Marco, a Kátia, o Rui e o Henrique.

Nesse caso, o território não seria propriamente o bar, mas sim a calçada, e os limites do território seriam os corpos. As pessoas que transitam pela calçada desviam do grupo e lançam olhares desconfiados.

Aquele pedaço de chão constitui, por algumas horas, território *punk* na cidade. Desde outros tempos, os/as *punks* têm o hábito de sentar-se nesse lugar, contudo havia mais *punks* freqüentando o Potiguá (pelo que vi em 1998 e em 1999). O bar e as calçadas dos dois lados da rua eram ocupados... Hoje o bar é vazio de *punks*, e os que vão lá, pelo menos o grupo que acompanhei, sentam-se preferencialmente na calçada do outro lado da rua. Aqui o território não tinha a ver com o corpo, os limites é que tinham – a fronteira. Para penetrar no território há que superar esta barreira: pelo olhar, pelo toque, pela violência, pelo sorriso, pela permissão verbal etc. A abertura ou o fechamento do território é indicado por uma manifestação qualquer na fronteira-corpo...

Mas "A Rua Quintino está morta... Londrina está morta... não tem *punk* nesta cidade, e os *punks* que tem não saem de casa". Assim se expressou a Kátia, apontando indícios de uma redução e enfraquecimento do território *punk* nesse espaço da Rua Quintino Bocaiúva. Sua fala indica também uma desilusão tanto em relação aos espaços de diversão quanto à diversão em si, provocada, sobretudo, pela dispersão dos/as *punks* de Londrina.

Depois dessa constatação, a noite seguiu monótona, com as pessoas a maior parte do tempo caladas, apenas observando o movimento da rua. Somente depois que nos separamos é que as coisas esquentaram: o Marco e a Kátia, descendo para sua casa, disseram que viram um carro, com dois carecas dentro. Eles passaram, gritaram qualquer coisa e fizeram a volta no quarteirão. Então, os dois, assustados, deram um jeito de despistar os carecas.

Foi o segundo relato de intimidação de carecas em menos de um mês, relatos que se sucederiam e se tornariam mais assustadores, como aquele que ouvi no dia 5 de maio, quando, finalmente, os carecas pararam de latir e atacaram...

Havia um *show* do Ira! em Londrina e eu não fui, pois tinha muito que estudar nesse dia. Estava em casa, eram umas quatro horas da manhã quando o telefone tocou. Era o Marco...

"E aí tudo bem?", perguntei.

"Não..." – disse ele – "vem pra cá... os carecas pegaram a gente, bateram na Kátia".

Saí imediatamente. Chegando lá, já vi a Pati e o Gustavo (um cara que freqüentava o *underground* londrinense). Desci do carro e fui em direção a eles. O Marco e a Kátia estavam parados em frente ao prédio onde moravam e de longe pude ver a boca da Kátia coberta com sangue já seco. Eles estavam chegando da delegacia naquele momento, todos foram levados para lá – judicialmente não deu em nada, pois os dois carecas envolvidos eram menores.

Estavam todos/as muito nervosos, falando ao mesmo tempo... Fiquei pasmo, somente escutando, não sabia muito o que dizer, nem o que aconselhar. Eles estavam falando em matar, em andar armados. Estavam com medo de sair na rua e serem mortos. Eram relatos nos quais se misturavam ódio e medo. E eu iria falar o que numa situação dessas? Algumas vezes minha opinião foi pedida, mas simplesmente disse: "Violência gera violência". Mas isso era muito pouco, pois nessa guerra parecia haver apenas duas opções: ou você mata, ou você morre.

Em entrevista, o Marco fez um relato detalhado dessa treta e creio ser interessante transcrevê-lo aqui:

> Daí a gente chegou lá, o cara deu ingresso na nossa mão, a gente catou, entrou... e daí, no final do *show* assim, tava acabando o Ira!; muita montoeira na frente assim, a gente saiu de perto, encostamos perto da janela, daí encontramos um cara totalmente careca, assim, coturno lustrado, calça dobrada, camiseta dobrada com a bandeira do Brasil, careca, assim, com o braço cruzado; começou encarar, daí eu arranquei minha blusa, tinha uma camiseta escrito antinazi, daí o cara viu, assim, ficou olhando, encarando, saiu fora... daí voltou com mais dois carecas, daí foi quando rolou a treta, assim.
>
> Tava eu e a Kátia... daí trocamos agressões, assim, os caras chegaram intimando já, empurrando – mas os caras são tão loques[15] que um é mestiço, nenhum dos caras é ariano e os caras se alugam de careca; careca já é loque, né? Daí o cara começou a chegar e falar: "Ah! seus anarco-*punks* veados, não sei o quê", né?
>
> Daí a Kátia falou: "Ah! eu beijo mulher mesmo", né? Daí não: "Eu beijo homem e daí, né, cara?". E os caras empurrando, né, meu. Daí foi quando rolou a treta assim. O cara empurrou a Kátia, daí ela cuspiu na cara dele, daí já tinha rolado uns empurrão... aí foi quando

---

15 Loque: gíria usada para designar imbecil.

rolou a treta, assim. Daí acabou a gente foi pra delegacia, os caras eram menores; e ninguém nem aí, assim, né? Encarou como se fosse uma briga de gangue, assim, não deram a menor atenção assim pro perigo que é...

Perceba como os símbolos das vestimentas de cada um os identificaram para o outro. Talvez nem todas as pessoas que estiveram no *show* reconheceram esses códigos, mas eles eram e são familiares para as pessoas envolvidas na relação de rivalidade que, imagino, é ideológica.

Nessa briga, os carecas deram indício de que estão bastante organizados em Londrina, pois, na hora da discussão, um dos carecas disse para a Kátia: "Eu não quero bater em você, pois no movimento foram divididas as tarefas: dois iriam bater em *punks*, dois iriam bater em *gays*, e outros dois iriam bater em negros".

A Kátia defendeu a retomada do Potiguá, como forma de se contrapor aos carecas e fortalecer o movimento *punk*. Era preciso fazer do Potiguá novamente um bar *punk*, antes de ele se tornar um bar de fascistas – processo que já aconteceu com certos bares *punk* em Curitiba. Esta é uma idéia que defendi em vários momentos: que era preciso haver um lugar onde os/as *punks* pudessem estar sempre se encontrando, conversando, trocando idéias, do contrário o movimento permaneceria disperso. Influências da minha pesquisa no grupo?

Não sei... Sei que o que se seguiu a esse incidente foi justamente o oposto de tal proposta: o Marco e a Kátia trancaram-se em casa. Estavam se sentido acuados, isolados pelas pessoas do próprio movimento, pareciam se acusar de terem detonado o que poderia ser uma onda de violência. E, assim, passou-se um bom período de enclausuramento...

Continuei indo a campo, indo à casa dos dois, e saindo com outras pessoas, conversando sobre a situação e recebendo novas informações. Nesse momento, surgiu a questão do conceito *punk* de cena.[16] O que é cena *punk*? Achei que poderia tirar daí alguns

---

16 Cena: é como os/as *punks* denominam o movimento *punk* de um lugar; por exemplo, cena *punk* de Curitiba, cena *punk* de Bauru, cena *punk* de Londrina.

elementos sobre lugar e representações sobre a cidade. A primeira pessoa com quem conversei sobre isso foi com o Paulo, na minha casa. Ele disse que cena é o lugar, os bares e locais onde os *punks* se encontram. Nesses bares, acontece a cena... Então falei sobre o que eu havia elaborado a respeito dessa expressão: uma metáfora retirada do teatro, onde se tem a cena, os atores e o roteiro a ser seguido, o texto ou *script*. Ao que o Paulo respondeu que alguns *punks* até seguem um roteiro do que é ser *punk* e direcionam seu comportamento de acordo com ele, mas que a maioria freqüenta a cena sem seguir regra nenhuma, simplesmente estão ali.

Também tive uma conversa sobre isso com a Pati, o Gustavo e o Paulo novamente, num sábado, quando fomos beber num bar, próximo às escadarias do Zerão. E, mais uma vez, foi colocado que a expressão cena refere-se ao lugar onde o *punk* acontece. Perguntei, então, se em Londrina havia uma cena *punk*. E a resposta foi positiva, pois, em Londrina, há pessoas que se dizem *punks* e são elas que, circulando e permanecendo pelos bares, fazem a cena. E esta acontece, predominantemente, no Potiguá, na Adega e no calçadão.

Então repeti que, na minha concepção, cena é uma metáfora derivada do teatro... há a cena, os atores e o *script* etc. Houve concordância em dizer que realmente havia um *script*, que alguns seguiam, mas que eles não seguiam, pois pensam por si mesmos, têm opinião formada e não seguem papéis preestabelecidos por rótulos. Essa foi a resposta! (Ver a referência bibliográfica para essas noções na Caixa G.)

Dessa discussão, ficou para mim que o conceito de cena é o lugar do encontro e o encontro em si. Parecido com a definição de Caiafa (1989) de *point* – lugar onde os/as *punks* do Rio de Janeiro se encontravam e o encontro em si. Assim, o encontro se dá em lugares que, por intermédio dos encontros, constituem os territórios e formam a cena. A cena não existe sem o lugar, e o lugar (usado aqui no senso comum mesmo) não existe sem o encontro, como também a cena não existe sem o encontro. Começa a se esboçar aqui a idéia de que o território não preexiste ao grupo, mas surge quando o grupo se reúne, e se desfaz quando o grupo se dispersa...

122 NÉCIO TURRA NETO

Nessa mesma noite, outra informação nova para mim apareceu quando o Gustavo falou que, em 1997, reunia-se um pessoal no Moringão para discutir *punk*. Nessa época, ele tinha uns dezessete anos, já sacava[17] os grupos que circulavam pela cidade (desde os treze anos, quando começou a sair) e buscava algo que pudesse dar uma direção aos seus pensamentos, organizar suas idéias, identificar-se, dar as respostas que ele procurava.

Disse que participava dessas reuniões, que aconteciam praticamente todos os dias, pois queria mudar o mundo, tinha sonhos e achava que o *punk* era o caminho. Mas, quando chegava às reuniões, as pessoas ficavam discutindo assuntos pessoais, lavando roupa suja, falando quem era mais *punk* que quem etc. Então ele foi desencanando,[18] perdendo o fascínio original pelo movimento e procurando seu próprio caminho... fazendo algumas concessões ao sistema, como ele mesmo disse.

Desse período, ficaram duas amizades: o Paulo e o André (que já era amigo de infância).

O Paulo fez um relato não muito diferente, falou das brigas e que agora procura "ser ele mesmo", sem ter que seguir padrões...

Então perguntei se, naquele momento, o *punk* não havia sido importante para o que eles são hoje, se não foi o *punk* que permitiu que eles tivessem essa autonomia de pensamento, pois eles poderiam, nessa ânsia de buscar explicações para o mundo e de se identificar com um dos grupos urbanos, ter caído no *fashion*,[19] por exemplo.

O Gustavo, no entanto, respondeu dizendo que já havia algo dentro dele que se identificava com o *punk*... uma inquietação interior, que não lhe permitiria ser *fashion*, mas sim *punk*.

Percebo hoje, nessa conversa, algumas questões importantes que podem ajudar na discussão sobre identidade e territorialidade *punk*:

---

17 Sacar: perceber, ter conhecimento de algo.

18 Desencanar: tirar da cabeça, esquecer, não se importar muito com.

19 *Fashion*: termo usado no meio para designar pessoas que são imensamente preocupadas com a moda; indica superficialidade e futilidade.

ENTERRADO VIVO **123**

o Moringão foi um território temporário; e, mesmo sendo levado ao *punk* por uma inquietação interior, a identificação não foi permanente, assim como o território também não o foi. Entretanto, fica a questão: uma vez identificado com o *punk*, pode-se negar essa influência na forma como se é hoje?

Não tenho a resposta... o que sei é que o tempo passava e eu procurava acompanhar de perto todos os novos acontecimentos. E, no dia 18 de maio, houve mais uma agressão de carecas, tendo como vítima agora o Rui. Segundo fiquei sabendo – e depois ele confirmou –, o Rui estava passando pelo calçadão e então um careca começou a provocá-lo. Ele foi para a banca do Beto, e logo depois apareceu o careca com mais dois *psicobillys*, e começaram a armar um barraco,[20] ali, na Rua Rio de Janeiro, na banca do Beto. O André e a Beatriz estavam lá e tentaram acalmar os ânimos, pedindo para os caras irem embora, o que acabaram fazendo sem maiores danos. Perceba como aqui há uma forte questão territorial: a banca do Beto foi como um porto seguro onde o Rui pôde encontrar respaldo para se contrapor ao inimigo...

A partir daí, as pessoas foram argumentando que era preciso fazer alguma coisa, pois os carecas já estavam indo longe demais... Essa decisão permeou muitas conversas.

Mas o que fazer? Quem faria? Quando? Tudo isso era motivo de discordâncias, e, assim, nenhuma ação aconteceu... os/as *punks* se perdiam em discussões...

Era como se, a cada intimidação de careca, as pessoas ficassem apavoradas e revoltadas, mas com o tempo os ânimos esfriavam e tudo voltava à tranqüilidade. Apenas o Marco e a Kátia tinham um medo constante, permanecendo em seu enclausuramento. Os/as demais continuaram saindo de casa, indo a bares e eu com eles/as.

Certo sábado de maio, andando com a Pati, o Gustavo e o Paulo, rumo a um bar na Rua Quintino Bocaiúva, passamos em frente a um barracão abandonado e eles falaram que naquele barracão,

---

20 Armar barraco: dar escândalo.

durante um certo período do ano de 1999, todo mundo se reunia. Era um lugar de conversas, sexo e drogas. Assim, tomava conhecimento de mais um território temporário do movimento *punk* de Londrina...

O mês de maio chegava ao fim, e alguns fatos importantes aconteciam. Nesse período, o Marco e a Kátia mudaram para um apartamento maior no mesmo prédio, e com eles foi morar o Rui, que estava saindo de casa. Formaram, então, o que eles chamaram de "comuna *punk*", onde tudo era dividido: tarefas, despesas, crises, numa verdadeira vivência compartilhada. Gostava de vê-los juntos, de participar dessa nova fase, parecia que a união deles fortaleceria o movimento. Essa casa acabou se tornando, para mim, o ponto central do movimento *punk* de Londrina. Sempre passava lá para saber o que estava acontecendo, para sair com o Rui, ou simplesmente para ficarmos conversando sobre o mundo, sobre nossa vida e sobre o *punk*. Trocávamos muitas informações, via os três produzirem seu visual, colocar *patches*[21] nas roupas, ouvirem sons e discutirem sobre isso, discutirem sobre a organização da casa, sobre o que iriam comer etc.

O rompimento entre a Kátia e a Pati permanecia, e nem a necessidade de união contra os carecas fez que elas superassem suas diferenças.

Nesse período, comecei também a ter mais contato com o André e a Beatriz. Tudo começou quando, por acaso, fui à reunião da ONG que acontecia na casa deles, acompanhando o Marco, a Kátia e o Rui. Depois da reunião, fiquei por lá, conversando, vendo fotos e os desenhos do André. Uma das fotos que vi me interessou particularmente, era uma foto de todo o pessoal: a Pati, o Paulo, Marco, Kátia, Rui, André, Beatriz, Maurício, Gustavo e outras pessoas, todas em frente ao Potiguá, na calçada, com alguns litros de bebida.

---

21 *Patches* são pedaços de pano, nos quais são teladas mensagens ou *slogans* do movimento *punk* e depois costurados nas roupas, mochilas, bonés etc.; são também trocados, negociados, enviados a outros *punks* por carta. Havia, inclusive, um catálogo de *patches* que rodava no meio.

ENTERRADO VIVO **125**

Pareciam muito bem... Essa foto foi tirada no ano de 1999, quando ainda todo mundo estava se falando e andando junto. O que teria provocado a dispersão dos/as *punks*? Essa era uma questão que precisava descobrir, pois há tempos percebia um movimento fragmentado, com pouco diálogo, o que colocava em dúvida, inclusive, a idéia de movimento...

Uma informação que ajudou a compreender esse processo surgiu de uma conversa com o Marco: a questão da migração de *punks* de Londrina. Eu já havia escutado relatos sobre esse assunto, mas nunca ele foi falado da forma como escutei nesse dia, e somente então percebi sua importância na história recente do *punk*. Desde o final de 1999, muitos *punks* têm deixado Londrina: Rogério, Pablo, Carlos e Tina (que estavam em processo de mudança). Pessoas que, segundo o Marco, "eram muito *punks*" e influenciaram muitos dos novos *punks*. Fazem uma enorme falta, tanto na discussão sobre o que é *punk* quanto nos momentos de diversão, além de serem como que elos entre alguns/as *punks* que, hoje, encontram-se distantes.

Numa análise de conjuntura, do começo de junho, afirmo que era perceptível que o Rui, o Marco e a Kátia ficavam a maior parte do tempo dentro de casa, "olhando um para a cara do outro", como disse o Rui, que é o que mais sai nas noites. Nas vezes que saíam, iam ao centro, de dia, passavam pela banca do Beto, para saber das novidades, às vezes iam à casa do André e da Beatriz, ou então visitavam suas famílias. Nesse período, o Paulo começou a trabalhar. A Cláudia e a Sheila andaram sumidas, a Pati fazendo as coisas dela, o André e a Beatriz também sem sair de casa... O sopão era, realmente, o único momento que conseguia congregar, se não todos, pelo menos boa parte dos/as anarco-*punks*.

Nesse grupo, havia também a Tina e seu companheiro Carlos, e o maior contato que tive com eles foi na preparação da manifestação do 22 de abril e nos *shows*. Eram *punks* que não saíam muito, pois estavam economizando tudo que podiam para sua mudança para Londres: o berço do *punk*. Por conta disso, o casal não se envolveu muito com a ONG. Contudo, eram *punks* muito respeitados, o que me instigou a querer conhecê-los melhor.

126 NÉCIO TURRA NETO

Assim, tomei coragem e liguei para eles, tentando marcar uma entrevista. Fui convidado a ir à sua casa, numa quinta-feira à tarde, quando iriam também lá o Marco, a Kátia e o Rui, telar uns *patches* e camisetas. Passei na casa dos três para irmos juntos. Nesse dia, tive a oportunidade de presenciar a fabricação do visual *punk*. Na lavanderia da casa dos pais da Tina, foi feito um ateliê improvisado, onde se telavam camisetas e *patches*. Esta é uma prática muito comum no movimento *punk*: eles/as mesmos/as produzem seu próprio visual – *do it yourself*... Camisetas são teladas com imagens ou símbolos de bandas, mensagens políticas ou filosóficas etc. Nesse processo, vão trocando informações sobre o som e a cultura *punk*, falam sobre o sentido de certas mensagens, por que querem tê-la na roupa e, assim, vão exercitando seus referenciais culturais.

Ficamos pouco tempo na casa dos dois, o suficiente para a tinta das camisetas secar. Não deu para fazer a entrevista que havia proposto, tive que voltar outro dia... mas consegui. Logo depois aconteceu a festa de despedida do casal... O Rui se agilizou e organizou uma reunião na Adega, regada a vinho.

Como havia acertado, passei na casa do Marco, da Kátia e do Rui para pegá-los. Foi um momento interessante de observar a produção dos/as *punks* para sair de casa. Cheguei lá e todos ainda estavam nos preparativos, tomando banho, arrumando-se.

O Rui estava todo de visu – bem do jeito que ele gosta –, com calça de lã bem justa, tênis preto, com uma polaina vermelha, cinto de rebite, rebites no braço e no tornozelo, e uma blusa de moletom preta com um *patch* da banda *punk* Armagedom, de São Paulo.

O Marco também estava no maior visu. Colocou uma camisa tipo colete, cheia de rebite que ele mesmo pregou e com um *patch* nas costas, a sua calça com o *patch* antinazi, coturno e um casaco também com um *patch* bem grande com uma frase antimilitarismo.

A Kátia estava mais desencanada, se bem que não se pode dizer isso, quando seu cabelo está com trancinhas e vermelho berrante. Estava só com um *All Star*...

Depois que todos estavam prontos, saímos.

ENTERRADO VIVO **127**

Chegamos à Adega e já havia algumas pessoas lá: o Carlos e a Tina, o Paulo, que estava com um *patch* nas costas, a Cíntia (uma *hippie* amiga do grupo) e uma moça que eu não conhecia.

Eles/as já estavam sentados num canto que parece ser o lugar preferencial dos/as *punks* que freqüentavam a Adega: próximo à porta do banheiro masculino. Todas as vezes que estive com pessoas do grupo, nesse bar, com uma única exceção, seguimos esse *script*...

No começo, a conversa estava morna, mas depois foram chegando mais pessoas, primeiro o Fabrício, um *punk* com quem não tive muito contato, mas muito amigo do Carlos e da Tina. E, por fim, o André e a Beatriz. Ele com uma jaqueta *jeans* com uma tela atrás e uma blusa com o *patch* do amor livre. Ela superfina, com um sobretudo enorme, até abaixo do joelho, uma minissaia jeans, com uma meia-fina vermelha, e uma bermuda de cóton que estava embaixo da saia, uma blusa com um *patch* com a expressão antifascismo pregado por alfinetes. Sua pintura do olho lembrou as mulheres-gato do início do *punk*. Era como uma festa de gala *punk*... as pessoas realmente tinham investido na produção!

Os principais assuntos da noite foram bandas, figuras de bandas que hoje não são mais as mesmas, as práticas *punks*, fatos engraçados em viagens que fizeram por outras cenas, o movimento *punk* e sua conjuntura atual etc.

O vinho estava rolando solto... e a conversa se animando. Foi a primeira vez, desde quando comecei a pesquisa de campo, que vi, se não todos, boa parte dos/as anarco-*punks* reunidos, num momento de pura diversão.

Por fim, pegamos um garrafão de cinco litros de vinho e resolvemos ir às escadarias do Zerão terminar a noite. Mas nem todos foram. Lá encontramos a Sheila e a Cláudia que há tempos não via. Ficamos com elas e as pessoas foram indo embora. Restaram eu, o Rui, a Sheila e a Cláudia, além do Pompom, um menor que mora nas ruas de Londrina e que é amigo dos/as *punks*. Ele sempre está na Adega bebendo, e cruzamos[22] ele lá.

---

22 Cruzar: encontrar alguém, combinado ou não.

128 NÉCIO TURRA NETO

Nesse dia, fomos à feira, tentar comer pastel e manguear. Andávamos pela feira, ainda com o garrafão de vinho e foi então que percebi como é circular com *punks* por entre uma multidão. As pessoas vão olhando meio espantadas e abrindo espaço, num misto de curiosidade e medo. Nesse momento, percebi que os/as *punks* pouco se importam com a reação das pessoas, o que importa mesmo é ficar junto, estar no grupo. Experimentei o sentimento de segurança que o grupo proporciona. Foi uma relação de cuidar do outro, de protegê-lo e de se sentir bem ali, no grupo. Nesse percurso, no meio da feira, o caminhar criava território, delimitando o círculo do grupo e o diferenciando das demais pessoas daquela feira de domingo.

Uma questão importante sobre o território *punk* apareceu da experiência desse percurso: percebi que o caminhar pelas ruas desertas na madrugada não chegava a formar território, pois a alteridade, que obriga a delimitação da diferença, não estava presente. Contudo, quando a paranóia toma conta e se vê o inimigo escondido na próxima esquina – uma alteridade imaginária –, a guarnição territorial está sempre alerta... como guerreiros/as empunhando suas lanças... foi assim que passei a perceber a Kátia e o Marco, por exemplo, quando circulavam pelas ruas à noite, depois da agressão dos carecas.

Já eram umas dez da manhã, quando resolvemos deixar a feira em troca de uma padaria para a última cerveja. Mas a cerveja foi apenas uma desculpa – pois todos já estavam muito bem de álcool – para permanecermos juntos, prolongar aquele momento que estava sendo muito bom. No meio da cerveja, a Sheila resolveu fazer algumas provocações. Disse que, depois que o Carlos e a Tina forem embora, não haveria mais *punks* em Londrina, pois os dois trabalhavam com a cultura *punk*, produziam material, divulgavam... e não faziam isso por lucro, mas porque acreditavam mesmo no movimento. Ela questionou o fato de você se dizer *punk* e ficar o tempo todo em casa, não fazendo nada. Eu respondi que ela não estava totalmente errada, pois sua visão depende do que ela considera ser *punk*. Então, ela me perguntou o que eu pensava que era

ENTERRADO VIVO **129**

ser *punk* e eu respondi que não me fazia essa pergunta, pois julgava-a muito complexa. Então, a Cláudia fez a mesma pergunta para o Rui, e ele respondeu que *punk* não é só visual, que o que realmente importa é o que você pensa e não o que você veste. E o Rui perguntou para mim se eu achava visual importante, e eu disse que sim, pois, afinal, faz parte da cultura.

Essa discussão sobre a identidade e visual *punk* levou-me de volta aos livros de Abramo e de Caiafa. Encontrei que o visual é uma forma de o *punk* manifestar o que pensa, chocar a sociedade e se colocar como enigma para ela. Além disso, considero o visual importante, pois permite que o *punk* seja reconhecido no espaço público e possa, assim, despertar a curiosidade e o interesse de outros jovens. Contudo, *punk* realmente não é só visual, existem outros elementos da cultura *punk*: som, fanzine, literatura, poesia, além do lado político do *punk* que é o anarquismo, que é necessário viver. Nesse momento, consolidei uma opinião particular sobre o visual *punk* (ver essa formulação na Caixa H).

A partir desse dia, fiquei mais íntimo do Rui que, apesar de sairmos muito juntos, sempre foi mais reservado. Certo dia, fui com ele à UEL e passamos lá a tarde toda, andando e conversando. Espontaneamente, ele me contou seu processo de iniciação no *punk*: ele disse que, quando começou a freqüentar o Potiguá, tinha um monte de *punk* que ficava tirando uma com a cara[23] dele, e que foi o Carlos que foi lá falar com ele. O Carlos foi o primeiro *punk* com quem o Rui conversou. Ele estava já um pouco alto e veio pedir um cigarro para o Rui; ele deu e ficaram conversando. Num outro dia, passando pelo calçadão, encontrou o Carlos e foi conversar com ele, pois tinha-o achado um cara legal. A partir daí, começou a conhecer outros/as *punks* e a ganhar fanzines e *patches* – a conhecer melhor a cultura *punk*. Segundo o Rui, o Carlos e a Tina eram *punks* que, diferentemente de muitos outros, estavam dispostos a dialogar e a passar material para as pessoas que estavam iniciando (sobre

---

23 Tirar uma com a cara de alguém: zoar, insultar, fazer a pessoa de boba etc.

os conflitos que aqueles/as que querem entrar no *punk* sofrem, ver Caixa I).

Além dessas questões sobre identidade, nesse período, apareceram também novas informações sobre velhos territórios *punk*. Certo dia, eu estava com o Paulo e uma amiga minha no Zerão, e ele falou que, há um tempo, eles/as passavam todas as tardes por ali, fumando, bebendo e conversando. Assim, o Zerão apareceu também como um dos territórios temporários do movimento em Londrina. Já havia percebido que as escadarias do Zerão eram bastante freqüentadas, ou seja, que havia uma certa permanência, mas esta informação era nova: o Zerão foi também um ponto de encontro, onde todas as tardes se poderia encontrar alguém, não nas escadarias, mas debaixo de uma goiabeira, no meio dele.

Contudo, somente fui perceber relatos deste tipo – "Aqui a gente se encontrava em tal período" – como indicativos de territórios temporários, depois de uma conversa com o Beto...

Estava tentando convencê-lo a me dar uma entrevista, quando mencionei que buscava, com minha pesquisa, os territórios *punk* de Londrina. Acho que devo ter acionado sua memória, pois ele se empolgou e começou a falar de bares que existiam e que eu desconhecia completamente, assim como também são desconhecidos de boa parte dos *punks* novos. A partir dessa rápida conversa, percebi que o movimento *punk* de Londrina nunca teve um território fixo, mas vários temporários... Retomei o diário de campo e vi lá: Moringão, barracão abandonado, Zerão... A ficha, finalmente, havia caído...

Insisti com o Beto que uma entrevista com ele, falando sobre esses lugares, seria fundamental para minha pesquisa. Ele ficou de pensar, pois não gostava muito de pesquisadores. Tive que voltar mais algumas vezes à sua banca para falar sobre isso, negociar com ele a entrevista, e foi graças a essas idas à banca do Beto que acabei participando do meu primeiro sopão.

Tudo aconteceu num sábado, pela manhã, final de junho, quando, conversando com ele, fiquei sabendo que estava tudo certo para o sopão, só precisava avisar o Marco e a Kátia, pois, do contrário,

ENTERRADO VIVO **131**

não haveria pessoas para fazê-lo. Disse que poderia cuidar disso e fui atrás das coisas, fui agilizando isso e aquilo, e quando dei por mim, estava com o carro cheio de legumes e verduras, com o Marco, a Kátia e o Beto, rumo aos Cinco Conjuntos (zona norte de Londrina). Lá já estava a Sheila colocando o feijão no fogo...

Durante a preparação do sopão, fiquei mais junto da Sheila e conversamos muito; ela me contou toda sua vida até aquele momento, em que estava com seis meses de gravidez. Também fiquei mais amigo do Beto. Ficamos a maior parte do tempo juntos, trabalhando, conversando, brincando e rindo. Trabalhei bastante no sopão e acho que isso permitiu ao Beto ter outra visão de mim não apenas como um pesquisador, mas como alguém que também pode dar uma contribuição para os projetos do grupo.

Senti-me bem ali, como entre amigos, senti-me "aquecido"... se me perguntassem onde eu queria estar e com quem, naquele momento, eu gostaria de estar, responderia, com eles/as, fazendo qualquer coisa, conversando, fazendo sopão, tomando uma cerveja. A experiência desse sopão, para mim, foi algo assim indescritível... Já estava certo de que participaria do próximo. E este aconteceu no primeiro dia de julho. Antes, porém, durante o correr da semana, houve toda uma rede de troca de informações para agilizar o que precisava ser feito, liga para um, liga para outro, informações desconexas eram confirmadas, até que chegou o dia: sábado. A banca do Beto funcionando como o "quartel-general", onde as informações eram trocadas...

A esse sopão, foram também o André, a Beatriz e o Rui. O tempo voou e logo chegou outro final de semana, outro sopão, outras descobertas...

Na sexta-feira à noite, antes do terceiro sopão, saí com a Sheila. Fomos à Adega, mas acabamos a noite no Potiguá, sentados na calçada, ao lado da porta do bar, onde retomamos suas críticas em relação aos *punks* de Londrina. Segundo ela, há uma enorme distância entre discurso e prática em Londrina, o que não se vê em cidades maiores como São Paulo e Curitiba, onde os/as *punks* parecem ser mais "verdadeiros". É como se em Londrina os/as *punks* combinassem a identidade *punk* com elementos que seriam sua negação, como: romantismo, casamento, falta de atitude mais firme em relação aos carecas etc. Embutidas nessa argumentação está a questão da escala da cidade, e é curioso que a Sheila tenha chamado a atenção para isso, pois havia me colocado essa questão também, mas apenas em relação ao território *punk*. Acredito que, em cidades maiores, o território é mais marcado, como já observei na viagem a Curitiba. Mas será que o ser *punk* também é mais marcante em cidades maiores? Antes de responder a essa questão, porém, há outra que a precede: o que é mesmo ser *punk*?

Nesse dia, a Sheila dormiu em casa. Acordamos cedo e arrumamos verduras, carnes, tudo para levar para os Cinco Conjuntos. A esse sopão, a Cláudia também foi. O dia correu tranqüilo, as pessoas estavam de bom humor....

Enquanto picávamos legumes, a Beatriz, que tomava conhecimento da minha pesquisa naquele momento, deu sua versão sobre as tretas entre *punks* e carecas. Segundo ela, os "carequinhas" de Londrina queriam ser *punks*, e os *punks* tiravam com a cara deles, por isso passaram a odiar *punks*, e, nada melhor para expressar esse ódio do que tornar-se o maior inimigo do *punk*: careca.

Depois do sopão, fui me encontrar com o Rui no Potiguá e passei o maior medo quando, de repente, surgiram uns seis *psicobillys*. O clima ficou tenso. Eu de costas para eles e o Rui também fingindo que não estava vendo nada. A melhor tática era ignorá-los. Então, eles começaram a resmungar, a falar coisas do tipo: "o ar está poluído", coisas babacas assim. Resmungaram mais um pouco e foram embora. Quando saíram foi um alívio. A convivência, num mesmo espaço, entre *punks* e *psicobillys*, depois da treta entre eles e o Pedro e a Cristina, era sempre assim, melhor mesmo era evitá-los.

A novidade aqui é que o Potiguá iria mudar para uma rua ali perto, que cruza com a Quintino, a menos de uma quadra do local atual. Pensamos que era necessário organizar uma despedida do bar. Assim, no domingo fui atrás das pessoas, passei no Marco, na Kátia e no Rui, e depois fui na casa do André e da Beatriz.

O André se recusou a ir e deu sua justificativa: disse que, havia um tempo, era muito *junkie* – quando morava numa casa com outros *punks* aqui em Londrina. Depois dessa fase, ficou um pouco recluso em casa. Hoje está morando com a Beatriz e não sai muito, pois já não suporta mais de cinco pessoas reunidas. Tudo bem. Fomos nós e foi bem legal! Sem psico, o bar era nosso.

Nisso, já eram meados de julho e eu estava me preparando para viajar para Florianópolis – encontro da Associação de Geógrafos Brasileiros (AGB) –, quando apareceram o Marco e o Rui em casa dizendo que a "comuna" deles iria se desmanchar. Fiquei meio sem chão com a notícia, pois achava que isso iria enfraquecer ainda mais o movimento *punk* de Londrina.

A Pati e o Paulo também foram para Florianópolis, e, por intermédio deles, tive a oportunidade de conhecer alguns *punks* e reconhecer outras formas de viver esta identidade. A Pati e o Paulo, convivendo com os/as *punks* de Florianópolis, também perceberam grandes diferenças destes em relação aos/as *punks* de Londrina. Segundo os dois, os *punks* de Florianópolis são mais tranqüilos, desencanados de visual e lêem muito, desenvolvem uma cultura que não se limita a zines. Lêem as obras anarquistas e criticam aqueles que só lêem zines e ficam vomitando as verdades, sem conhecer os fundamentos delas. Em Florianópolis, não há treta entre *punks* e *psicobillys*, eles são unidos na cena *underground*.

Quando retornei a Londrina fui direto à "comuna *punk*" ver se ela ainda estava em pé. E estava... Contei-lhes sobre como os *punks* de Florianópolis eram unidos e das conversas que tive por lá. Inevitavelmente, surgiram comparações com o *punk* londrinense, que estava em crise, com as pessoas sem se comunicar, separadas... A partir desses referenciais, tivemos, então, uma conversa que foi fundamental para muito do que penso hoje sobre o *punk* como um contexto em constante (re)construção... A Kátia, que é mais antiga do movimento, falando que nem sempre o *punk* de Londrina foi só treta, traçou um panorama histórico desde o início do sopão até o presente, de forma que consegui me situar nesse processo. Disse que antes, quando começaram a fazer o sopão, as pessoas do GAL se viam todos os dias, almoçavam juntas, discutiam, trocavam idéias, compartilhavam atitudes, distribuíam panfletos e faziam o sopão. Todos pensavam mais ou menos da mesma forma, pois tinham a oportunidade de estar trocando sempre. Mas isso não é o mais interessante, o que me chamou a atenção na sua fala foi que, naquele tempo, eram outras pessoas: o Rogério, o Maurício (que não trabalhava), a Cristina, o Pedro, o André, a Joana (uma *punk* que está hoje na Alemanha e que não cheguei a conhecer) e o Beto. Todos se encontravam no centro, no calçadão. Agora, muitos deles já não estão mais ativos no movimento, ou foram embora. O Marco, o Rui e a Pati ainda não faziam parte do movimento – é como se no *punk* houvesse uma reciclagem de pessoal, novas pessoas substituindo as antigas e mudando sua dinâmica –, e, hoje, eles não se vêem todos os dias, falam-se pouco e já não compartilham mais as mesmas opiniões.

Apareço no movimento *punk* de Londrina nesse momento de transformação, quando uns estão saindo e outros estão entrando. No momento em que o movimento muda sua dinâmica. Somente então percebi que, nesse período de convivência, muitos outros acontecimentos alteraram a dinâmica do movimento. Assim, debrucei sobre as anotações do diário de campo atrás desse eventos – a leitura que fiz sobre a briga da Pati e do Paulo com a Kátia e o Marco, como um ponto de estrangulamento do movimento, foi informada por esse papo...

Em conversas posteriores com o André e a Beatriz, fui tomando mais contato com essa história de rupturas e conhecendo também outras versões sobre suas causas. Num domingo de julho, no final da tarde, fui à casa do casal, e, no diálogo, tudo foi ficando mais claro. Não lembro como entramos no assunto, sei que o André deu o encarte do CD dos Execradores e dos Sin Dios para eu ler, numa parte que discutia a produção cultural *punk* e que, segundo ele, expressava sua visão. Esse texto argumentava sobre uma produção *punk* com qualidade: se a distorção sonora for o objetivo consciente da música então que se faça música distorcida planejada, para que saia uma obra pensada, planejada, um produto artístico e que não

ENTERRADO VIVO **135**

se faça nenhuma coisa sem pensar, sem refletir sobre o porquê daquilo e que se chame de música *punk*. Ao ler isso, pensei: *"putz,* o cara que escreveu este texto tem uma supervisão legal, fruto de uma história no movimento *punk* e de um amadurecimento das idéias". Falei isso para o André e disse também que sinto que os *punks* novos (Marco, Kátia e Rui) precisam dessa visão de *punks* amadurecidos para ajudá-los a crescer e a sair de um discurso panfletário e que ele, André, tinha muito a contribuir.

A partir daí, ele desenrolou toda sua narrativa. Disse que, no começo do sopão, era ele, o Maurício, a Beatriz (que entrou um pouco depois), o Beto, o Pedro e a Cristina, o Paulo e a Kátia, e era muito bom fazer o sopão, era muito divertido. As pessoas estavam o tempo todo se vendo e trocando idéias, confirmando o que já havia escutado da Kátia. Depois entraram o Marco, a Pati e o Rui.

Então, Marco, Kátia, Pati e Rui saíram, no final do ano, para dar um rolê. E o André comentou com o Maurício: "Quer ver que os caras vão voltar diferentes". E o Maurício falou: "Sem dúvida". E foi o que aconteceu...

A Pati, o Marco, a Kátia e o Paulo chegaram cheios de idéias (segundo o André, isso é normal em dois sentidos: "porque os caras sonhavam que o *punk* poderia mudar o mundo" e porque conheceram outras realidades e quiseram transformar o movimento de Londrina aos moldes do que viram lá fora), como fazer na ONG um projeto de educação popular, com formação política, dar cursos de alfabetização, enfim, trabalhar com educação libertária. Mas, segundo o André e a Beatriz, eles/as estavam com pouco pé no chão.

O André e o Maurício pensaram em abandonar o sopão, pois não sentiam mais clima em trabalhar com figuras que os criticavam um monte e que diziam que, em Londrina, não havia *punks* de verdade. Mas, por concluírem que deveriam levar adiante um trabalho que eles começaram, resolveram continuar.

Disso, ele concluiu que os *punks* são diferentes de região para região, mas as diferenças não significam inferioridade ou superioridade. Deve rolar o respeito pela realidade local.

De toda essa treta, resultou que os anarco-*punks* de Londrina encontram-se separados: ele e a Beatriz, isolados; o Marco, a Kátia e o Rui, de outro lado; e o povo que fica circulando... como o Paulo, a Cláudia, a Sheila, o Beto e o Maurício.

Mudando de assunto e voltando-se mais para si, o André acabou contribuindo para a confirmação da minha segunda hipótese. Foi ao falar do seu processo de identificação com o *punk* e das transformações por que passou. Disse que antes era machista, sexista, homofóbico, e que hoje ele rompeu com todos esses preconceitos. Hoje, ele tem outros preconceitos, mas não aqueles incutidos pela sociedade. Não pude resistir e soltei: "Você acabou de confirmar minha hipótese". Então expliquei para eles a questão do *punk* como um contexto cultural a que se escolhe pertencer, mas que, para isso, é preciso romper com o contexto anterior e coisa e tal. Ele escutou tudo atentamente e concordou dizendo que, para ser *punk*, é preciso abandonar muitas das idéias que se tinha antes e que isso é um processo difícil, mas não impossível.

Depois dessa conversa, percebi que a viagem do grupo de *punks* até a Bahia, tomando contato com outras formas de ser *punk*, provocou uma mudança considerável na relação entre as pessoas do movimento e contribuiu para o estado atual de separação dos *punks*. Participei desse processo e tinha condições de falar sobre ele. Assim, fui construindo a conclusão de que não era possível fixar o *punk* nem no território, nem como um ser *punk* verdadeiro, pois o *punk* é fluidez e devir, sempre. Não há uma identidade fixa, mas uma identificação em constante processo de (re)elaboração, coletiva e individual. Há vários indícios disso em minhas anotações de campo, e só, então, pude percebê-las. Dessa forma, passei a me empenhar na reconstituição deste processo histórico no qual as pessoas foram construindo a si e ao grupo, aproximando-se, distanciando-se e vivendo a experiência do *punk*.

A forma como escrevo a presente carta tem relação direta com essa nova perspectiva com a qual passei a ler o *punk*.

Nesse momento, também retomei o centro... reconsiderei minha posição de pesquisador em campo e iniciei o processo de autodiferenciação, depois de um longo período de identificação. Foi quando comecei a escrever as cartas...

Os contatos, contudo, permaneceram, e as informações não paravam de aparecer. Certo dia, o André foi à minha casa, estava meio mal, pois tinha brigado com a Beatriz. Passamos o dia conversando e, por fim, resolvemos dar uma volta pelo calçadão. Então, encontramos o Marco e o Rui vindo também para casa. Voltamos todos, e, no caminho, o André me mostrou outro território temporário *punk* em Londrina: o Colossinho. Trata-se de um grande terreno abandonado, na Rua Quintino Bocaiúva.

Percebo no André um desencantamento com os/as *punks* de Londrina e com a própria cidade, como se não visualizasse possibilidades aqui e nas pessoas, esse sentimento também está presente no Marco, na Kátia, no Rui, no Beto... em todos/as.

Certo dia, escrevi em meu diário de campo: "O tempo está caminhando e o *punk* se transformando...". O movimento *punk* de Londrina não é algo que possa ser fixado, delimitado, registrado ou classificado, a não ser nesse movimento, que ora o enfraquece, ora o fortalece. Não sei o que será dessas pessoas, não sei se haverá mais *punks* em Londrina...

O Marco me disse que não vai ficar encanando muito com o *punk*, pois sabe que é algo que pode passar, que um dia ele pode deixar de ser *punk*. O Rui, por sua vez, não foi à última reunião e disse não iria mais à reunião, que participa apenas do sopão.

O Paulo, quando nos falamos no começo de agosto, disse que estava desencanado do *punk*, que estava noutra, num grupo de discussão libertário da UEL.

Numa identidade em que tudo flui, permanece, contudo, o *script* de sentar-se na calçada diante do Potiguá, mesmo no bar novo...

No dia 15 de agosto, fui visitar a "comuna". Chegando lá, o Rui e a Kátia estavam tirando os cartazes da parede: era realmente o fim. A casa estava lastimável e num clima superdepressivo, com caixas espalhadas pela sala, zines pelo chão, roupas amontoadas nos cantos. Estava tudo acabado ali, cada um iria tomar seu rumo.

Acabada a república, acabada também a pesquisa. Foi aqui que saltei dessa história; a partir de então, ela vem se desenrolando sem meus registros. Que rumos tomou? Já não tenho as respostas... o relato e a análise terminaram nesse momento...

Quero lhe dizer que não foi fácil tomar essa decisão, mas ela era necessária, precisava colocar um ponto final no campo, do contrário, ficaria indefinidamente acrescentando novas informações. Teria tantas informações, por fim, que seria difícil conseguir estruturar uma análise com o mínimo de coerência.

É essa análise que falta, é a ela que me lanço a partir de agora... e nem sei por onde começar...

Até breve.

P.S.: Logo depois que parei de acompanhar o grupo, aconteceram dois fatos que merecem ser destacados: a mudança de ponto da banca do Beto da Rua Rio de Janeiro para a Rua Sergipe, em frente ao Museu de Arte de Londrina; e, o que é pior, o fim do sopão...

CARTA V
MALOTE: "MATERIAL SUBVERSIVO!"

Frio de julho de 2001.

Merda
Que dor é esta?
Quero morrer...
Que merda!
Merda... merda... merda...
Estou jogado na sarjeta e
sangrando.
Tenho medo.
Preciso de um ombro para chorar.
Preciso chorar...
Não sou ninguém.
Ninguém para ninguém...
Quem se importa?
Eu me importo!
Não quero pena, não quero
compreensão;
Quero que todos se fodam!
Sou bicho do mato acuado...
assustado.

Não se aproxime: eu sou perigoso.
Posso te devorar, quero te devorar,
te destruir...
Beber o teu sangue e, assim,
acalmar
a dor.
Ódio!
... de mim... de ti... do mundo...
Não se aproxime... não me toque...
suma!
Sub-mundo... sub-vida... sub... sub...
Submerso, sufocado, calado, ferido,
fodido... e ainda vivo.
Suma! Não preciso de ti, preciso de
mim... de algo em que agarrar...
emergir.
Tudo desmorona... eu... tu...
Suma!

(anônimo)

Caro amigo,

O que vai neste malote são exemplares de formas de expressão *punk*, sobretudo fanzines. Alguns são representativos de fases do movimento, outros foram editados em período recente, enquanto eu estava em campo. Julgo importante enviá-los para que você tenha uma idéia do que o *punk* defende; de quais sentimentos articula na sua negação da sociedade; do estado de espírito comum a muitos/as deles; enfim, para que tenha contato com a voz do *punk*...

Saio, portanto, de cena aqui e deixo que o material fale por si. Contudo, é preciso informar-lhe que, do material que disponho, o que está aqui é apenas uma pequena amostra. Por isso, houve uma seleção, o que indica uma intencionalidade.[1]

Até breve.

Carta ao autor

Quando chegaste, batendo à porta
Não sabia qual era a sua proposta,
Confesso, tratei com preconceito.
Achei já ter visto este filme,
Aonde chegam, recolhem material
Viram as costas e vão-se embora.

Porém, quiseste inovar,
Mostrar um outro tipo de trabalho.
Não sei se chegaste no seu
Resultado imaginado,
Mas te digo, acabou me
Convencendo da tua idéia.
Valeria a pena tentar,
Como tentou e valeu.

As coisas que aconteciam eram outras,
Outros, também, eram os tempos.
Havia uma panela com idéias a borbulhar,
Mas me parece não termos aberto a tampa.

Mas quem sabe não era a hora.
Vi que preciso reconhecer meus erros
Antes de apontá-los
Se queremos construir algo.

Quando me disseste cada um ter
Sua verdade,
Percebi, nem sempre nossas aspirações
Podem transferir-se para outros.

Me sinto quase como um autor.
Às vezes, parece-me
Ter passado mais tempo conosco
Do que com seus livros.
Prática e teoria. Teoria e prática.
Colocou ambos na balança
Onde esta se equilibrou.
Afinal, do que vale a teoria
Se não existir a prática?
Um trabalho de campo agradável!

Em nossas conversas
Lembranças de um passado
Não muito distante.
Pessoas, lugares, situações
Fizeram-nos refletir
A respeito de um processo,
Uma construção histórico-social
Onde em nossos bate-papos
Relembrava-nos tijolo por tijolo
Deste empreendimento.
Nem sempre a memória ajudava,
Mas isto é outro assunto.

Literalmente saímos para viajar
Outros ares para conhecer,
Interpretações diferentes expostas,
Novos pontos de vista.
Viajamos por estradas
Que hoje levam para algum futuro.
E como estas estradas alteraram destinos!

Para onde iremos? Não sei.
Apenas sei dos elementos do presente.

Um dos presentes deste presente
São seus escritos.
Espero que de algo nos sirva.
Fizeste muito com este trabalho,
Pois muitos foram os que passaram neste meio,
Dizendo isto e aquilo
E, somente, passaram.
Você veio, fez e deixa-nos
O que pensar para poder agir.
Teve muito mais atitude
Do que muitos que a cobram.
No mais, ficam os agradecimentos.
Sinceramente,

(O Meio)

ENTERRADO VIVO 147

GRALHA NEGRA

OUT. NOV. DEZ. 93

CORRESPONDENCIA: CAIXA POSTAL 1992
Londrina/Pr - Cep.86001-970

EDITORIAL - ANARQUISMO EM LONDRINA

Existiu em Londrina vários grupos PUNKS e/ou Anarquistas que realizaram muitos atividades libertárias, de suma importância para marcar a existência da juventude contestatória, porém estes grupos acabaram, deixando um período sem atividades libertárias nas cidade. Os poucos interessados que restaram destes grupos tentaram reativar o movimento em Londrina, organizando reuniões e debates para se formar um novo grupo; foi assim que nasceu O GRALHA NEGRA, em março de 1993. Um grupo de princípios Anarquistas, com propostas de realizar manifestações e shows na cidade e contactar con vários grupos libertários de todo o Brasil e também fora dele.

Plebiscito:
* 27/03 e 17/04 = Manifestação contra o Plebiscito;
* 11/04 = Protesto Alternativo 3;
* 01/05 = Manifestação de 1º de Maio;
* 18/07 = 1º! Little Ugly Duck Festival;
* 07/08 = Manifestação Anti-Nuclear;
* 07/09 = Manifestação de 7 de Setembro;
* 13 e 14/11 = HC Festival.

ENTERRADO VIVO 149

HC Festival

Foi nos dias 13 e 14 de novembro as idéias.A parte da organização foi muito boa,foram
Londrina.Organizado pelo Gralha Negra e Coletivo reservados todos prolemas e pensado nos vários
Contracultura.Conseguiu-se reunir ótimas bandas do detalhes.Em Londrina não existe grande "público"
cenário Hard Core de São Paulo e Paraná.Existem no para Hard Core, mas graças a boa parte de, pessoas
Brasil inúmeras bandas de HC,seria pretenção da região que prestigiaram o evento,obteve-se alto
demais reunir,sequer, boa parte delas.Mas esta nível,com bom público.O objetivo da organização
festival foi muito importante por ser um show foi de fazer um evento que conseguisse
exclusivamente de Hard Core,reunir várias bandas associar,com harmonia,diversão e conscência
de estilo comum,só que cada uma com sua proposta e política;com certeza este objetivo foi alcançado
seu "estilo próprio".O lado político não foi e o evento foi muitas vezes melhor que nossas
esquecido,pois o Hard Core é um dos estilos expectativas.No primeiro dia tocaram Personal
musicais mais politizados.As mensagens das Choice (Guarulhos/SP), Atrito Social(Franca/SP),
bandas são refletem, críticas sociais, marquismo, Execradores(SP),Positive -Minds(SP), Hart Money
etc. roiras como "avalanche" neste festival.O (Londrina/PR) e Anarhophobia (Maringá/PR).No
intercâmbio entre as bandas fói,no geral,muito bom segundo, Cleen Heads(Guarulhos/SP),F.D.S.(SP),
apesar da discordância de postura entre as bandas Bernardo do Campo/SP), Eletric Sicknes
Stroip; Edges e do Coletivo Ultravista com a banda (Guarulhos/SP),Profetas(Maringá/PR),Metropolian(SP)
F.D.S.Foram dois dias se conhecendo e trocando e Atitude Consciente(SP).

Carta Social

É a única "coisa" boa criada no governo de cu, até mesmo, 'Cartas datilografadas', isto é
Itamar. É uma tarifa especial equivalente a válido no caso do envelope ser transparente, pois
aproximadamente 1/3 da tarifa comum. O Correio só violação de correspondência ainda é crime.
aceitou a carta social por ser tratar de um § Escrever "Carta Social" abaixo do Cep.
decreto do executivo, porém a muito. O § Não se pode usar etiquetas para o destinatário
"privilégio" da carta social é quitado ou carimbo para o remetente, nes serem batidos à
dificuldade de todas as foras pelo Correio, 93% máquina.
dos usuários não a conhece. O Correio Por § Só pode ser posta nas agências do Correio, não
orgulhosa com seu "papel social", de prestar um poderá comprar o selo e postar eventualmente.
serviço a comunidade, por estarem no Capitalismo Tudo isto poderá ser aceitável em uma Agência
seu único objetivo é o lucro. O Correio coloca várias Central de distribuição para outra. Em agências
regras para aceitá-la. que são conhecidas as regras para Carta Social, a/em
§ Tem de ser de pessoa física para pessoa física. sua a conhecer. Porém pode-se passar por Agência
§ Os nomes do remetente e destinatário devem estar militar, pela Central de distribuição. Cabe a nós
completos, nome e sobrenome. divulgarmos à Carta Social à comunidade,
§ Os endereços, principalmente no caso de principalmente às pessoas pobres que são as mais
mil a conhecer. Em endereço residencial, não vale caixa rejeitados, principalmente por sua falta de
postal. informação, informações como esta.
§ Carta Social é só até 10 gramas.
§ Cada remetente só pode mandar 5 Cartas Social
por dia.
§ Não pode ser mandada como Carta Social impresso

7 de Setembro

Londrina

No último dia 7 de setembro o Gralha Negra
realizou um ato de protesto,fechando à parada
militar em frente as autoridades municipais.O
grupo passou a manhã defronte ao palanque das
autoridades exibindo as faixas:"pelo fim do
serviço militar obrigatório";"exército forte-povo
reprimido";"armas não matam a fome",entre
outras.No final do desfile o grupo se deslocou até
o local onde o mesmo se iniciava e,imediatamente
após, a passagem do Corpo de Bombeiros,nos
integramos. À Parada, ante o espanto da população
e, mais ainda,da PM,já que nunca haviam visto um
protesto desta natureza aqui.Ao passarmos diante
do palanque das autoridades, realizamos a
apresentação das faixas as mesmas.Temos que
agradecer ao apoio dado pelos dois companheiros de
Curitiba:Félix e Alecssandra, que nos ajudaram
durate todo o desfile.

Maringá

Em Maringá aconteceu um Ato-Show, para questionar
esta tal "independência",para que não passasse em
branco esta mentira,mostrando que há pessoas
conscientes na cidade.

ENTERRADO VIVO 151

Pensamentos

Juízes, delegados, promotores de justiça fodem-se no mundo que você encheu de malícia
como o filho da mocinha, procuremos a verdade
Ás vezes, me sacanear sofrerá muita maldade
Não precisa de polícia, superfície à humanidade se rebolicassem só haveria amizade
Maria veio ao mundo para todos realmente o que o povo espera para então logo legalizarem?
Somos doidos de nascença a procuremos a verdade
A interrupção é a arma certa para encararmos a sociedade
Desfira cá afiveras a construtividade nossa bidade
todo mundo tem o direito de viver com igualdade, não se deprime
mudando as autoridades.

Não concordo com a política nacional
É a maior roubalheira especular
Ladrão na tv em horário eleitoral
E os traidores do Senado te considera marginal
Os soldados dos usurpadores te prendem e acham legal
Troca gente de bem pôr flagrante natural
Mata pessoas inocentes e nós que fazemos mal?
Até quando seremos dominados
Por esses porcos anormais?

Quando mais ignorante é o homem, mais obediente ele é, sua confiança para com é mais absoluta.

"A Constituição prevê a isenção do serviço militar aos objetores de consciência.
"Art. 143. O Serviço militar é obrigatório nos termos da lei.
As Forças Armadas competem, na forma da lei, atribuir serviço alternativo aos que, em tempo de paz, após alistados, alegarem imperativo de consciência, entendendo-se como tal o decorrente de crença religiosa ou de convicção filosófica ou política, para se eximirem de atividade de caráter essencialmente militar.

Hoste solitária

A abolição do estado e da igreja deve ser a primeira e indispensável condição para a verdadeira libertação da sociedade.
M. Bakunin

Quem de três milênios não se dá conta
vive na sombra, na Ignorância, à mercê dos dias do tempo.
J. Gaarder (Autor mundo de Sofia)

A AUTORIDADE IMPEDE OS IMPULSOS NATURAIS DO HOMEM E FAZ QUE SE TORNEM ESTRANHOS UM AOS OUTROS

O melhor governo é aquele que menos governa.

Se todos os pobres votassem em um suposto candidato esse mesmo candidato seria eleito com 98% dos votos.

Eu não tenho seguro
Eu não tenho salário
Eu não tenho dinheiro. Mas eu só penso no que realmente necessário
Eu não tenho carro

ENTERRADO VIVO

Numa pequena cidade, começando a crescer, com o sistema capitalista, como porém nada é perfeito nesse mundo, às vezes na calçada da noite vultos furtivos andam escrevendo nos seus muros e paredes palavras e frases politicamente subversivas quando não apenas pornográficas.

Os dedicados guardas municipais, ou devíamos chamar-lhes de cães, sempre alertas dão-lhes caça dia e noite.

Numa destas últimas madrugadas abriram fogo contra um estudante que, com broca e piche, tinha começado a pintar um palavrão num muro da Rua Voluntários da Pátria. Na calçada, no lugar em que o rapaz caiu ficou uma larga mancha de sangue enegrecido, no qual a imaginação popular julgou ver a configuração do Brasil.

Na manhã seguinte, empregados da prefeitura vieram limpar a calçada dessa feia mácula, e quando começaram a raspar do muro o palavrão, aos poucos se foi formando diante deles um grupo de pessoas.

Aconteceu de passar por ali nessa hora um modesto funcionário público que levava para a escola, pela mão, seu filho de sete anos. O menino parou, olhou para o muro e perguntou:

- Que é que está escrito ali, pai?
- Nada, vamos andando já estamos atrasados...

O pequeno para mostrar aos transeuntes que já sabia ler, olhou para a palavra de piche e começou a soletrá-la em voz muito alta.

- "LI...BER..."

Cala boca, bobalhão. Exclamou o pai em pânico.

(adaptado do livro INCIDENTE EM ANTARES de Érico Veríssimo)

VENTO QUE DESPENTEIA TUA PENA

Águia que obedece às cegas
Pousada no braço de seu mestre
Animal que caça e volta
Como imã no braço do imponente

Com teus olhos agudos
Não vê todo esforço teu
Todo bem aproveitados por teu dono?
Estúpida águia... dê um basta nesta rotina.

Voa contra o vento
Captura teu alimento
Goze da felicidade guardada dentro de si

Rui da face de seu ex dono
Abra suas asas e se imagine agora
De carne e osso, não mais feia de tnt.

Amor

Viva um amor
Um amor sossegado
Um amor violento
Um amor de prazeres
Sem barreiras
Sem portas, nem chaves
Um amor aberto, para o que der e vier
Um amor livre
Um amor que te de asas
Um amor que te liberte
Viva esse amor
Um amor sem cobranças
Um amor de se doar
Um amor,
Um amor que tudo pode
Num amor sem censura
Um amor louco
Um amor sensato
O amor,
O importa é que esse amor
Viva esse amor,
Vivo a percorrer caminhos escuros
A procura de algo,
Que só saberei quando encontrar.
Será um erro procurar,
Só saberei se encontrar.
NOITES VÊM
NOITES SE VÃO
ACABE ACABARÁ?
NÃO SEI...

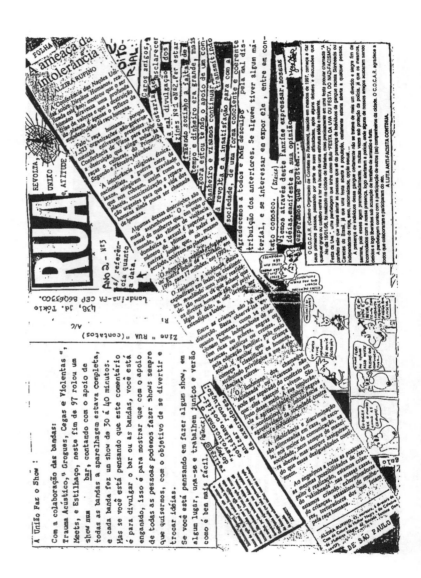

ENTERRADO VIVO

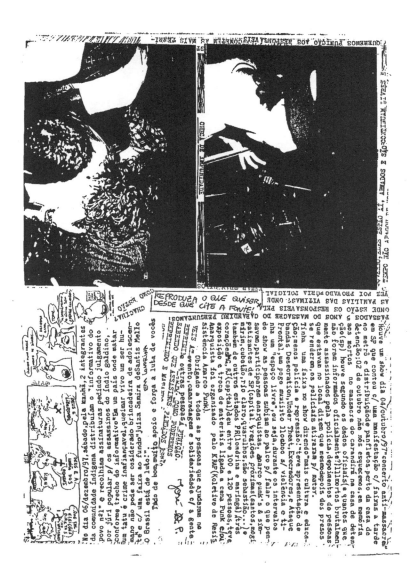

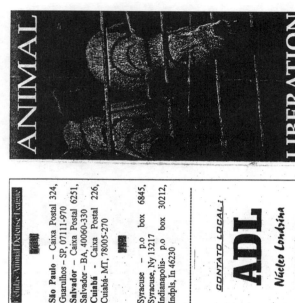

O QUE É ADL?

A Animal Defense League (ADL) é uma organização internacional ativa pelos direitos animais trabalhando para informar o público sobre a exploração animal através da educação, bem como através da demonstração. A ADL luta para iniciar e estruturar a construção de uma atividade independente de leis, regras ou constituição política para proteger os animais do abuso. Nós estamos trabalhando em conjunto em 3 diferentes cidades do país incluindo São Paulo, Salvador e Cuiabá, bem como em outros países da América. A ADL também milita em Universidades locais e em várias outras áreas, como feiras educacionais, para iniciar um poderoso movimento de liberação animal.

PORQUE DIREITOS ANIMAIS?

Chegou o momento para uma reavaliação de como nossa sociedade trata os animais. Por um longo tempo nós temos fechado nossos olhos e permanecido omissos ao seu sofrimento. A ADL está dedicada a expor as vítimas e educar o público a respeito da crueldade praticada contra os animais, que está sendo sempre apoiada com a compra de um casaco de pele ou no ticket de um circo. A ADL também está engajada em desmentir as mentiras que nós temos alimentando sobre a indústria da carne. Nossas dietas são como uma parte vital de nossas vidas, portanto, esta é uma responsabilidade nossa em saber quem/o que nós estamos afetando consumindo derivados animais.

Você é! Os animais são muito importantes, são seres vivos, que sentem e que são sensíveis, que são parte de nosso ecossistema, e eles ajudam sustentar a vida no planeta. Portanto, é crucial compreender que todos os animais tem o direito básico de viver uma vida livre de sofrimento, intimidação e manipulação. Tal como os abusos que continuam dia após dia. Os animais necessitam de alguém do seu lado para que este genocídio pare. Nós precisamos ser a voz para os mudos.

ENTERRADO VIVO 159

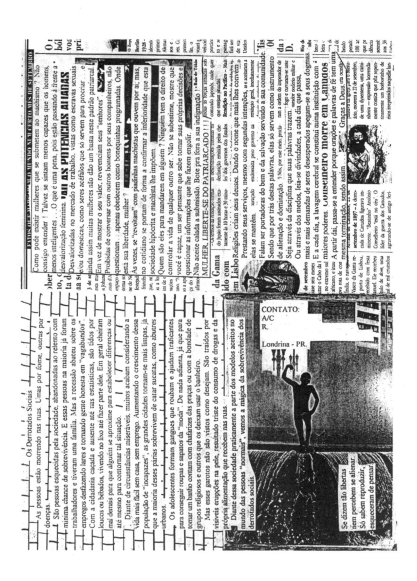

Devaneios de um Sonho.

As novas eras não começam de uma vez
meu avô vivia num novo tempo
meu neto viverá, talvez ainda no velho
a nova carne é comida com velhos garfos
os automóveis ainda não havia
mais também não havia tanques
os aviões não cruzavam os céus
mais também não havia bombardeios
das novas antenas chegam velhas tolices
a sabedoria ainda é transmitida de boca a boca

A noite,
Nunca me abandona
Oculta o visível,
Negra incógnita.
Sol, lua, sol, lua.
Lua !!!
Caminhamos à ela.
Errantes noturnos
Não sabem para onde vão.
Mas já sabem o que não querem
Numa caminhada
A procura de algo
no vazio obscuro.

ENTERRADO VIVO   161

Num mundo tão cheio de aparências
padrões sexistas naturalizaram-se.
O amor perdeu seu sentido,
nesta automática sociedade
calcada em verdades absolutas
O mundo não passa de matéria.
A matéria, para sempre não durará.
Os momentos que passamos
neste dejeto de matéria
ao máximo tem de ser vividos.
Pois estes instantes são raros,
neste insano mundo.
Não façamos de nossas vidas
uma longa provação.
Já que a morte, é o que nos espera.
Sejamos mais humanos
As riquezas que tanto ostentam
não são nada.
Esta cobiça mesclada de arrogância
a única coisa que a tem acompanhado
é a morte de vidas, que nada mais valem.

'Camino a procura de algo,
o horizonte me espera,
como uma incógnita no ar.

Pobre existência
Porque será que tem que ser tudo
assim que se arrasta por longos
anos da minha pobre passagem
pela terra.
Sou um pobre , que vivo apenas
de lembranças e sonhos para um
amanhã que demora chegar,
mais é estranho falar do amanhã
pois nem viver o agora sou capaz.
E tudo isso confirma ainda mais
esta minha miserável existência.
Ó quão pobre sou e mesmo assim
sofro tanto pelo mero ato de pensar.

Ando sem me perceber,
encontro ao meu lado um
tumultuado final de século.
As massas estão de mãos e
pernas atadas pelo próprio
conformismo me encontro
sem ter porque lutar.
A cada dia o capitalismo,
com sua visão auto-destrutiva
acaba com as oportunidades
de um dia termos uma vida
livre pois se algum dia o homem
obtiver consciência não terra
mais nada para manter a vida.
nada...
Quando menos esperar
chegará o fim!!!

PODEMOS CHAMAR DE DIVERSÃO UM ATO QUE MALTRATA SERES VIVOS, MACHUCANDO OU ATÉ MATANDO? CHEGA DESSA MÓDA COUNTRY VIOLENTA.

BOICOTE, SE VOCÊ DÁ VALOR À VIDA.

CHEGA DE TORTURA! CHEGA DE ABUSOS! A HUMANIDADE JUSTIFICA O GENOCÍDIO COMO CULTURA E TRADIÇÃO, ESQUECENDO QUE OS ANIMAIS TAMBÉM POSSUEM SISTEMA NERVOSO, SENTEM MEDO, DOR, ÓDIO E VONTADE DE VIVER. PORTANTO, ESTAMOS AQUI PARA FALAR POR ELES! NÃO COMPRE ANIMAIS SILVESTRES, BOICOTE CIRCOS, ZOOLÓGICOS, RODEIOS E TUDO QUE EXPLORE OS ANIMAIS.

ANIMAL DEFENSE LEAGUE
COLETIVO ANARCO-PISTA CUPIM

SE FÔSSEMOS TÃO IRRESPONSÁVEIS QUANTO OS GOVERNANTES O SÃO, NUNCA MAIS PAGARÍAMOS IMPOSTOS! ÉPOCA ELEITORAL É SINÔNIMO DE MENTIRAS E ENGANAÇÕES CONTRA O POVO. POLÍTICOS SE FAZEM DE DEFENSORES DOS OPRIMIDOS, MAS APÓS A VITÓRIA, ESQUECEM DAS "PROMESSAS" FEITAS E SEMPRE TÊM DESCULPAS.
NÃO SEJA VÍTIMA DESTE ÓRGÃO INSPETOR, APERTE UM Nº INEXISTENTE (99) E CONFIRME! O GOVERNO PRECISA DE NÓS, MAS NÓS NÃO PRECISAMOS DE UM GOVERNO! PARA UM MUNDO MELHOR, VOTE NULO!!!!!

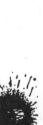

ENTERRADO VIVO 165

ENTERRADO VIVO

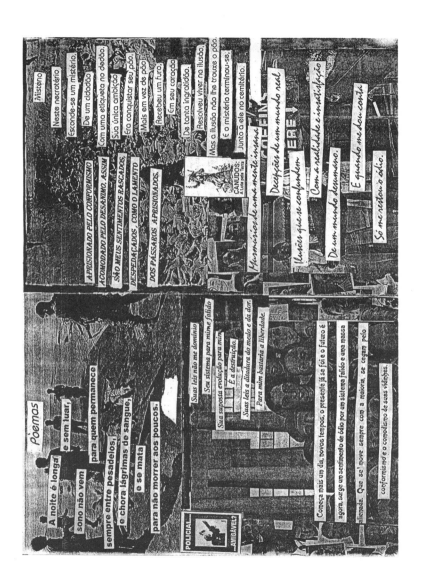

ENTERRADO VIVO 171

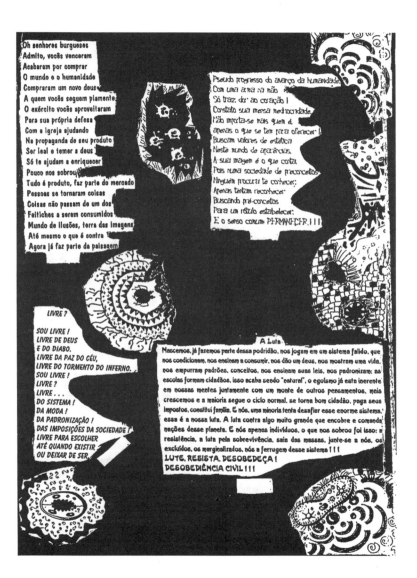

SÃO 500 ANOS

500 anos são comemorados sendo que, essa idéia é total deturpada e manipulada pela mídia

Mais uma vez o ditadorzinho da Rede Globo Roberto Marinho distorce as informações bem como a elite opressora quer, manter as pessoas totalmente alienada em relação a realidade de 500 anos atrás quando tudo começou com a invasão portuguesa que em suas caravelas trouxeram adimizimasão de outras culturas, totalmente livre que vivia em harmonia com a natureza, sabendo prescrvar a sua própria casa o mundo.

Hoje em dia o que vemos são rios poluídos, Terras improdutivas sem falar no monopólio, e nas fronteiras que nos são impostas.

Hoje não muito indiferente ao invés de Portugal, hoje é o U.S.A que nos faz de colônia

A mudança começa por você !

Contra Cultura Punx

POR QUE COMEMORAR?

MANIFESTO ANTI-NAZI

Nesses últimos dias, estamos vendo reportagens sobre o assassinato do adestrador de cães **EDSON NERIS SILVA**, o motivo? Ser gay!

Mas não é de hoje que esse grupo tem praticado agressões semelhantes contra *homossexuais, negros nordestinos, judeus*, enfim contra pessoas que fujam de seu ideal fascista.

Porém, isso não acontece somente nas capitais como em *Curitiba* onde ocorreu a morte de um rapaz somente por "**ser moreno**".

Aqui mesmo em Londrina existe indivíduos que praticam ideais Skinheads ou mesmo simpatizantes, os quais já entraram em conflito com pessoas que lutam contra seus ideais ilógicos e incoerentes.

Onda já se viu ser *racista* no **Brasil?** Cada um tem um pedaço de *negro, índio, nordestino, etc,etc, etc, etc, etc*, dentro de sí.

BASTA DE IGNORÂNCIA!!!

G.@.L.

CONSTRUA UM PAÍS MELHOR: VOTE NULO

Tanto hoje quanto em outros tempos o governo representativo pode ser visto com bons olhos por certa parte da sociedade. Mas, olhando-se mais afundo este órgão, vemos um aglomerado de detentores do capital que regem a vida alheia. A liberdade individual é descartada neste tipo de administração geral. A desigualdade gerada pelo capitalismo é imensa. Basta analisar um entre milhares de exemplos: compare a renda mensal de um político qualquer e a de um funcionário público. A diferença é imensa e injusta.

Muitos dizem o capitalismo ser a melhor forma possível de existência. Mas não enxergam as dívidas externas, a destruição do meio ambiente pelas indústrias capitalistas entre outras centenas de problemas gerados pelo governo representativo.

A submissão dos países do Terceiro Mundo frente ao imperialismo americano também é um fato a ser destacado. Governantes brasileiros falam em amor à pátria quando os mesmos vendem nossas riquezas para os americanos em troca de mais e mais capital. Explorar nossas riquezas ambientais sem agressão talvez seja menos lucrativo para nosso tirano governo. Por isso se desfazem de nossa natureza que sofre as conseqüências da busca cega pelo lucro.

A democracia é apenas uma máscara em que se escondem os verdadeiros seres maléficos à sociedade. O governo cria imensos problemas sociais que nem ele mesmo com todo seu aparelho complexo de administração consegue - muito pelo contrário - se livrar deles. A marginalidade, a prostituição, a fome, o terrorismo, entre outros são conseqüências do sistema. O negro, o homossexual ou o índio são alvos mais comuns desta tirania. Muitas vezes não conseguem empregos, são mal vistos pela sociedade preconceituosa e muitos partem para a prostituição (até infantil) ou furto. Para tentar amenizar esta situação, bota-se policiais para tentarem solucionar problemas sociais gerados pelo próprio governo.

São estes políticos que se acham donos da verdade e que não têm o mínimo direito de administrar e sugar a liberdade individual das pessoas a que se deve combater. A raiz de toda a desigualdade se origina nestas pessoas demagógicas que, em épocas eleitorais, aparecem em televisões beijando crianças no colo e com sorrisos amarelos à procura do apoio popular. É a manipulação das massas ingênuas.

Só a massa oprimida que sente na pele a conseqüência da sociedade do lucro, junto com a consciência coletiva das pessoas que querem mudar este quadro através da solidariedade pode se mobilizar. Detentores do poder, patrões e pessoas bem sucedidas em geral não concordam com esta revolta contra o governo, pois são beneficiados por este. Mas é a MINORIA que se enriquece e a MAIORIA que empobrece cada vez mais. Portanto, mostre-se consciente com a população oprimida nestas eleições : VOTE NULO!!!!

... O MAIOR EQUÍVOCO: HUMANO
É TER: EXISTIDO...

HÁ UM SARCASMO EM MEU ME OLHAR
UMA OUSADA IRONICA E ESCARIOSA QUANDO
JOGO A FUMAÇA DO CIGARRO NO AR
DEIXANDO AOS OUTROS UMA IMPRENSSÃO
DE APARENTE FELICIDADE. MAS É IMPRECISO
ESTA OBSERVAÇÃO. POIS DESCONHEÇO ESTE
SENTIMENTO.
TRAGO COMIGO A MELANCOLIA. RESPIRO A
AMARGURA. DESVALIDO DE TODOS OS
SENTIMENTOS. CARREGANDO TODAS AS
DORES EM MEU PEITO.
CUSPO EM SUA FASE E EM TODA SUA ALUSÃO
A ESPERANÇA.
VEJA AO SEU REDOR OS ANDRAJOSOS,
OS AFLITOS, SINTA AS DORES DO
MUNDO, ENCARE DE FRENTE A REALIDADE.
CAMINHE SOLITÁRIO ENTRE OS MORTOS.
OLHEI ATENTAMENTE A ANGUSTIA, EM SUAS
VOZES E A DESILUSÃO EM SEUS OLHARES.
ESCUTE A SIFONIA DA AGONIA DOS
CAMPOS DE BATALHA.
A TORMENTADO POR TODO ESTE QUADRO
DE DESGRAÇAS QUE A EXISTÊNCIA HUMANA
PODE NOS PROPORCIONAR.
VERÁ QUE TODA SUA PATÉTICA CRENÇA
NA HUMANIDADE É TÃO RIDICULA
QUANTO SUA EXISTÊNCIA...

... SONETO DA AGONIA...
LAMENTOS AGONIZANTES NA ESCURIDÃO
DA NOITE
BRANDAM DE ME SER.
A TORMENTADO PELAS INCERTEZAS.
COM MEDO DE MIM MESMO.
FINGINDO A TODO MOMENTO.
ME ESCONDEDO EM PALAVRAS
IMPINGIDO A MIM MESMO UMA
UMA FALSA CORAÇA...

ANGUSTIAS, DORES, MEDOS E REVOLTAS.
A MAIS SIMPLES ARTE DE CUSPI.
E AMENIZAR UM POUCO ESTE FLAGELO
QUE É A EXISTÊNCIA... ESPERO
QUE GOSTEM...
EDITORIAL

ENTERRADO VIVO

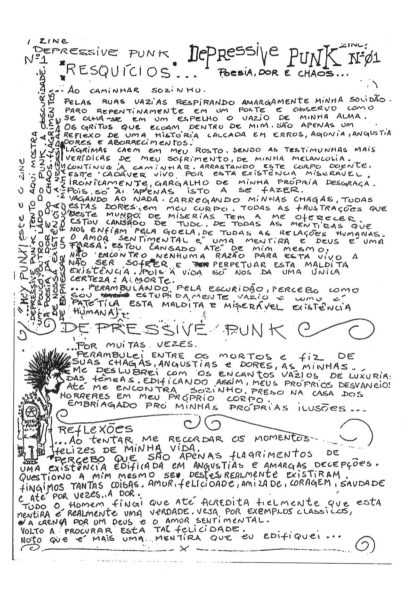

/ ZINE
DEPRESSIVE PUNK Nº1
"RESQUÍCIOS"...

DePressive PUNK Nº 01
Poesia, Dor e Chaos...

"Hey PUNK! este é o ZINE DEPRESSIVE PUNK. Tento aqui mostrar um pouco, o outro lado do PUNK. A obscuridade, a poesia, a dor, o chaos, flagrimentos de nossa existência. A necessidade de expressar um pouco de..."

...Ao caminhar sozinho.
Pelas ruas vazias respirando amargamente minha solidão. Paro repentinamente em um poste e observo como se olha-se em um espelho o vazio de minha alma.
Os gritos que ecoam dentro de mim, são apenas um reflexo de uma história calcada em erros, agonia, angustia, dores e aborrecimentos.
Lágrimas caem em meu rosto. Sendo as testimunhas mais verídicas de meu sofrimento, de minha melancolia.
Continuo a caminhar. Arrastando este corpo doente, este 'cadáver vivo' por esta existência miserável. Ironicamente, gargalho de minha própria desgraça.
Pois só aí apenas isto a se fazer.
Vagando ao nada. Carregando minhas chagas, todas estas dores, em meu corpo. Todas as frustrações que deste mundo de misérias tem a me oferecer.
Estou cansado de tudo. De todas as mentiras que nos enfiam pela goela, de todas as relações humanas.
O amor sentimental é uma mentira e Deus é uma farsa. Estou cansado até de mim mesmo.
Não encontro nenhuma razão para esta vivo a não ser sofrer e perpetuar esta maldita existência. Pois a vida só nos dá uma única certeza: A morte.
...Perambulando pela escuridão, percebo como sou estupidamente vazio e como é patética esta maldita e miserável existência humana...

DEPRESSIVE PUNK

...Por muitas vezes.
Perambulei entre os mortos e fiz de suas chagas, angustias e dores, as minhas...
Me deslumbrei com os encantos vazios de luxuria, das fêmeas. Edificando assim, meus próprios desvaneios. Até me encontrar sozinho. Preso na casa dos horrores em meu próprio corpo.
Embriagado pro minhas próprias ilusões...

Reflexões

...Ao tentar me recordar os momentos felizes de minha vida.
Percebo que são apenas flagrimentos de uma existência edificada em angustias e amargas decepções. Questiono a mim mesmo se destes realmente existiram. Fingimos tantas coisas. Amor, felicidade, amizade, coragem, saudade e até por vezes, a dor.
Tudo o homem fingi que até acredita fielmente que esta mentira é realmente uma verdade. Veja, por exemplos clássicos, a crença por um deus e o amor sentimental.
Volto a procurar esta tal felicidade.
Noto que é mais uma mentira que eu edifiquei...

---X---

Coletivo Luta Humana

Informativo de Ação Anarquista - Libertária   #1 ano 1   junho-julho-agosto/2000-05-22

Saudações car@s companheir@s, em suas mãos segue o 1 informativo do Coletivo Luta Humana.(num regime coletivista os indivíduos reagem exigindo seus direitos. Numa ordem social livre, individualizada, os indivíduos só precisam cumprir seus deveres, o direito é mera conseqüência deste cumprimento).

O luta humana representa nossa luta pela humanidade real, uma vivência adequada a tod@s indivíduos de igual pra igual, se há um rico, tod@s nós somos ricos, se há um pobre, tod@s somos pobres.....

Além de termos muita afinidade, apoiamos grupos com ideais anarquistas(é claro), grupo GLS(gays, lésbicas e simpatizantes), movimento negro, movimento de ação e luta libertária, ongs ecológicas, luta anti-nazi/fascista......

Somos totalmente contra a ideais nazistas, fascistas, racistas, nacionalistas(afinal, por que "amar" uma bandeira, um território se somos um só povo? Porque nacionalismo? Ele serve para que? Pra termos convivência de mais guerras e desunião humana?por que não amamos a o planeta todo?por que não uma só "bandeira", um só território?) homofóbicos (são seres que discriminam os homossexuais) machistas, e opressores em geral.

Não segue nenhum contato nessa 1ª edição, pois não "conseguimos" caixa postal no momento, mas acredito que na 2ª edição do info luta humana com certeza terá algum contato ou telefone.

Nossas propostas se definem de acordo com nosso tempo, dinheiro para realizações de materiais e ajuda, não vamos falar o que vamos fazer mas digo que somos ativistas e faremos o possível para concretizar nossos objetivos.

Um forte abraço à tod@s..... membros do coletivo.

*o @(arroba) quer dizer masculino e feminino, essa é uma forma de nos compartilhar e considerar mais como seres humanos, igualdade.

Machismo, poder e injustiça ainda presente!!!

Muitos acham que machismo é só o homem prender a mulher em casa, mas uma atitude machista não é só isso não.

Também é machismo o homem se achar melhor que a mulher, achar que as mulheres são incapazes de algo.

A mulher não é nenhum objeto que o homem faz o que quer, quando quiser e o que quiser. Nada disso, a mulher é um ser humano como todos nós, e jamais/é de se tolerar algum ato machista.

Tratar a mulher como buceta, seios, bunda, é totalmente escroto, é indecente.

Você não será mais homem que ninguém se a tratar como carne e produto sexual, e não são só as mulheres que sofrem com o machismo, os gays e lésbicas também sofrem, apesar de isso ser uma atitude homofobica, discriminar os homossexuais, não deixa de ser machismo, pois os "machões" acham que se nasceu homem de morrer homem e traçar todas.

Com o tempo a mulher vem rompendo barreiras, conseguindo conquistar seu espaço na sociedade. Mas não é porque algumas mulheres estão no poder que vamos esquecer aquelas que são espancadas, massacradas, escravizadas e humilhadas na cama, na cozinha, no tanque. O machismo é algo inútil que até a igreja católica sustenta esse tipo de coisa, mas não é só a igreja católica, muitas religiões(para não dizer todas) ainda insistem em manter uma atitude totalmente opressora, conservadora e machista. Um exemplo a se citar é o que vem ocorrendo na religião dos muçulmanos, onde as mulheres tem que cobrir todo o corpo e se manter virgens até o casamento, caso alguma mulher não seguir essas e outras regras são severamente punidas e até castigadas, até a morte.

Namorados e pais estupram suas filhas e namoradas, e mesmo a mulher buscando seus "direitos", é muitíssimo pouco a atitude que as "autoridades" tomam.

Até quando essa praga do machismo vai existir? Você não precisa ser mulher para lutar contra o machismo.
jeff

Início de 2000, o planeta TERRA sente seu coração adoecer mais e mais, se passaram anos e muitos anos de devastação, poluição, exploração florestal, extinção......

Enquanto os países ricos se divertem no seu conforto "tecnológico", os países menos desenvolvidos e mais pobres tem que pagar por tudo isso, pois as causas das desgraças ecológicas provocadas pelos de 1º mundo são assustadoras;

Mudança radical de clima, altas temperaturas, enchentes, furacões, extinção de animais e outras catástrofes, a maior delas sem dúvida é em relação ao lixo e usinas nuclear. Cuidado, amanhã você poderá acordar e não saber o que aconteceu, ou melhor, você vai dormi hoje e não sabe quando irá acordar desse maldito pesadelo que é a morte de nossa mãe.....mãe só tem uma.............e ela está..........morrendo.....morta........

Abaixo segue um trecho do livro, construindo a anarquia de gilbert ledon.

ANARQUIA E ANARQUISTAS

Na verdade, com relação a anarquia não há nada para se provar, já que a citada ordem máxima e espontânea e a da natureza, de nosso meio ambiente. Esta ordem já existe há milhares de anos, ela não possui uma denominação específica justamente por causa de sua existência primordial, espontânea, natural, essencial. Vale lembrar que a palavra anarquia entrou para os dicionários só depois da revolução francesa de 1789, quando alguns homens tiveram consciência de que a ordem social humana, também aquela da revolução de então, é incongruente com a ordem natural. A partir desta constatação, a palavra anarquia rapidamente adquiriu o significado de desordem e foi empregada para homens que, como nós, recusam a artificialidade da ordem humana, da lei humana.

Etimologicamente an-arquia significa "sem governo", quer dizer os anarquistas combatem qualquer tipo de governo. Infelizmente, desde o tempo em que os homens aceitaram o primeiro rei, o governo, teriam sido incapazes de independência, eles aceitaram o governo de deuses, reis, políticos, por isso as instituições mais monstruosas que o homem já criou. Desde que eles perderam a característica anarquista. No passado, antes da "civilização", todos os homens eram obrigatoriamente anarquistas, ou então tinham que perecer. Hoje em dia, os homens que recusam ser governados, se submeter, são relativamente pouco numerosos, porém existem e são capazes de mudar a trajetória atual de involução.

É interessante notar que os anarquistas possuem traços comuns mesmo sem terem entrado em contato uns com os outros; eles dificilmente aceitam o domínio, a submissão, eles não são místicos(logo rejeitam as religiões), eles costumam agir de modo independente mesmo que eles tenham a boêmia. Evidentemente a palavra dada por eles tem uma utilidade e um valor maior do que papéis assinados em cartório, o que é a base de todas as formas de respeito. Nunca ouvi falar em anarquistas verdadeiros que fossem traidores, eles agem direta e abertamente.

Muitos homens são anarquistas sem Ter a menor consciência de sê-lo, mesmo quando se deixam condicionar, manipular, pelos sistemas. Além disto, não há dúvida de que a tendência ao anarquismo, tanto quanto o misticismo, é hereditária. A propensão ao anarquismo existe de modo latente em cada indivíduo. Minha avó, meu pai agiam anarquicamente, sem sabê-lo, sem pensar em uma eventual classificação, eles simplesmente recusavam a submissão a um deus, um estado, um patrão. Eles agiam em conformidade com a natureza humana, em seu meio ambiente, no campo, quase em completa autonomia, auto-suficiência. Estes fatos por si só anulam qualquer hipótese de ingenuidade neste tipo de comportamento.

A anarquia não é uma doutrina, não tem dogmas. Trata-se muito mais de um estado de espírito do que de uma posição política. Melhor dizendo, a política anarquista é o conjunto das atitudes espontâneas, dos homens e de igual conduta visando a plenitude no desenvolvimento da personalidade para cada indivíduo considerado. Isto é válido para todos pois sabemos que os indivíduos formam a coletividade. Não é a coletividade que tem que moldar o indivíduo, como se procurou dar a entender a todos nós durante mais de 70 anos. São os indivíduos que constituem a sociedade.

*Gilbert Ledon (construção da anarquia)- por uma ordem social conforme com a natureza humana.

10 VERDADES SOBRE A HOMOSSEXUALIDADE

1- Ser homossexual não é crime. Nenhuma lei no Brasil condena a prática do homossexualismo. Crime é discriminar gays, lésbicas e travestis.

2- Homossexualismo não é doença, todas as ciências garantem; é normal ser homossexual. Querer "curar" o homossexual é ignorância.

3- Homossexualismo não é pecado; os gays e lésbicas também se amam.

4- A homossexualidade sempre existiu. O amor homossexual é tão antigo quanto a própria humanidade e nunca vai acabar.

5- Todos os povos praticaram o homoerotismo. Em muitas tribos indígenas e africanas os sacerdotes e as próprias divindades são homossexuais.

6- A homossexualidade é natural. Inúmeras espécies animais praticam o homossexualismo. Os gays não ameaçam a extinção da espécie humana.

7- A causa do homossexualismo é um mistério. Nada distingue o físico e a mente do gay dos demais cidadãos. Todos somos seres humanos.

8- A constituição federal proíbe qualquer forma de discriminação. O preconceito contra lésbicas, gays e travestis é um tipo de racismo.

9- A aids não é doença de gay. A aids se transmite através do sangue, esperma e secreção vaginal. Previna-se: SEXO SEM RISCO, CAMISINHA!

10-conheça algumas celebridades que foram travestis ou que praticaram o homoerotismo: PLATÃO,LEONARDO DA VINCI, SANTA JOANA DARC, SHAKESPEARE,MIGUEL ANGELO,ZUMBI,SANTOS DUMONT... PENSE BEM ANTES DE FICAR DISCRIMINANDO AS PESSOAS OU FAZENDO PIADINHAS RIDÍCULAS.

Demo-Tapes/LP's/CD's

No Prejudice/Stupid Man – Split Tape 97 – Pode-se conferir aqui duas bandas de São Roque que mostram um grind/noisecore de primeira. Atitude e consciência estão sempre presentes nas letras e no som e no lado do No Prejudice, óis covers, Splattered Brains, do Agathocles e What I Feel Is What I Want, do Rot. Adquira esta e outros materiais com o Dekbo. Contatos: Rua Evaristo Pires, 425 – Mailsequie – São Roque/SP – 18132-000.

Dischord/No Prejudice – Split LP – Esse é o primeiro lançamento em vinil destas duas bandas que ajudam a compor a cena grind/crust nacional. No lado do Dischord, podemos conferir um excelente crustcore que se funde muito bem com as letras, e nos levam a refletir sobre esse mundo podre em que vivemos. Já o No Prejudice traz uma matança grindcore com letras diretas, sem firuscuras. Escreva e adquira o seu... Contatos: Anderson ou Marcelo. Caixa Postal 1614 – Ag. Carambeí – São Roque/SP – 18130-970.

Rot – Sociophatic Behaviour – O que se pode dizer de uma banda que ao longo do tempo se mostra cada vez mais forte e fiel ao seu estilo, suas letras sempre são um chute na cara dos desvairados e conformados com esta situação, musicalmente é umas das melhores gravações do estilo que já ouvi. Panelões a todos da banda e continuem semeando o absurdo. Integridade e atitude são pontos mais que essenciais para se concretizar uma cena honesta e verdadeira, e isto encontraremos de sobra no material que o Rot lança.

Agathocles/Stupid Patriotism – No Homophobic (Split Tape) – A união do Stupid Patriotism e do Agathocles resultou em uma excelente split tape onde as bandas mostram todo seu inconformismo perante este sistema vigente, com um original noise, mineocore respectivamente. Mas o principal é o nome da tape, que toca num tema que para muitos ainda causa espanto e polêmica, pois a homofobia tem sido instituída desde o princípio dos tempos e encontrou suporte nas religiões e atitudes dos idiotas que discriminam pessoas por terem opção sexual diferente. "A violência de ser humano para com ele mesmo tem que acabar, destruam os conceitos moralistas." Contatos: Valter Alves (Bets) – Rua Luíza Marilák, 451 – Ipanema – Araçatuba/SP – 16502-010.

Compilação Beneficente para Mumia e Projeto A.C.R. – Temos aqui a oportunidade de conhecer a proposta de 25 bandas envolvidas com a cena anarcopunk daqui do Brasil, e também a gringa Los Crudos. Todas estão unidas em favor de uma causa justa, ou seja, pedindo a liberdade de Mumia Abu-Jamal e Ivan de Souza. Para saber mais sobre este projeto escreva para: Comitê Pró Mumia – Caixa Postal 2137 – Santos/SP – 11060-970 ou para A.C.R. – Caixa Postal 3297 – São Paulo/SP – 01060-970, ou para o Valter Alves (comentário acima).

Atitude – Vol. II – Compilação – Outra grande iniciativa do amigo Felipe C.D.C., esta coletânea traz 10 bandas, dentre elas, algumas bem conhecidas na cena nacional. Tem o grande Scum Noise, com gravações recentes, Kame Krua, Diagnose, que faz um ho!crest muito legal, S.O.H., Zóia, hc com levadas bem pesadas, letras são muito legais, Violência Verbal, punk/hc, Anesthesia Brain, new scholl, Lupercais, Prisão Civil e Nóia. A próxima edição da coletânea já está para sair... Contatos: Felipe C.D.C. – QIN 21 – Casa 11 – Taguatinga/DF – 72140-210.

Abuso Sonoro – Já Basta (K7) – Esta é a versão em K7 do último 7" que o Abuso Sonoro lançou, além das 6 canções que estão no 7", a tape ainda conta com mais 6 sons que foram gravados ao vivo em São Vicente, no show com o X-Acto. A capinha é como a do 7", vem em uma caixinha de papelão, grande idéia. Para quem não teve a chance de pegar o 7", esta fita vale mesmo a pena. Contatos: Inner Liberation – Elaine – Caixa Postal 2098 – Santos/SP – 11060-970, ou com Out of Step Recs. – Fernando – Rua XV de Agosto, 525 – M.S. Bento – Santos/SP – 11082-320.

Contatos Informativo Quatrofolha:

A/C Marcelo – Rua Fernando Bacco, 345 – Pres. Prudente/SP – 19040-080
A/C Fernando – Rua Djalma Dutra, 740 – Centro – Pres. Prudente/SP – 19015-040

informativo Quatrofolha
amizade/conscientização/respeito

Informativo Aperiódico – Número 3 – Julho/99 – Distribuição Gratuita

Liberdade

Liberdade, uma palavra com interpretação muitas vezes errôneas, para muitos a liberdade tem que ser limitada. Usam frases feitas para defini-la melhor, como "não confunda liberdade com libertinagem" ou "liberdade com responsabilidade", o problema das frases é que as pessoas que as usam não entendem muito do assunto e descarregam o que não sabem numa frase que mal compreendem.

Se fala muito em liberdade, em luar pelo que é seu. O que poucos entendem é que a nossa liberdade não está nas mãos de ninguém, lutar por ela é dar mais poder para aqueles que acreditam é que a controlam.

O Estado cria as lei, substitui nossa consciência por um tribunal, coloca policiais para nos vigiar, e nos dão a sentença. A sociedade permite que esse tipo de coisa exista, claro que já nascemos predestinados e assim educados, de forma totalmente errada. Hipócritas, o estado nos corrompe e a igreja nos distorce a realidade. Com toda essa alienação, o ser humano chegou a um ponto de grande deformação, acredita ser necessário ter-se um líder, deposita suas esperanças num sufrágio universal.

Não precisamos de líderes, mas sim de educação e não temos que reivindicar nossos direitos, pois a partir do momento que o direito deixa de ser natural, ele fica cheio de anomalias.

Não queremos justiça, queremos paz, não queremos revolução com derramamento de sangue, lhe daremos a nossa repugnância, Estado, você é o nosso maior inimigo, e a sua dissolução é o nosso objetivo.

A ditadura do proletariado seria um sonho autoritário, apenas a nossa liberdade é o nosso alvo.

VIDATIVA Coletivo Anarco Punk

O coletivo VIDATIVA é composto por jovens que buscam através do auto-didatismo socializar conhecimentos, experiências. Trabalhamos com vários fatores que levam à diferença de classes e editamos algumas publicações. Fazemos palestras em escolas, universidades, espaços de centros culturais. Nosso objetivo é levar ao maior número de pessoas possível nossa proposta de organização.

Não temos ligações partidárias e nem fazemos parte de nenhuma seita religiosa.

Estamos pedindo sua colaboração, pois pretendemos adquirir uma máquina de xerox para poder realizar melhor nossas atividades e campanhas.

Somos contra o racismo e demais formas opressivas e discriminatórias, apoiamos a luta da mulher em busca da igualdade, apoiamos a luta operária e uma melhor condição de trabalho, buscamos uma melhor forma para educação (estimulamos o auto-didatismo) entre muitas outras coisas.

Caso deseje nos conhecer melhor escreva-nos, distribuímos vários materiais:
Contatos: Cx. Postal 3884 – São Paulo/SP – CEP 01060-970

Solidariedade com o Povo da Guiné-Bissau!
Abaixo o Imperialismo "Socialista" Francês!

Como é de conhecimento geral, tem vindo a desenrolar-se, na Guiné-Bissau, uma monstruosa guerra, entre uma das facções do partido que, nesta ex-colônia portuguesa, detinha o poder e forças militares do Senegal. Como seria de esperar, a maior vítima desta luta é o povo da Guiné-Bissau. Como é sabido, dezenas de milhares de pessoas da população guineense, sobretudo crianças, estão a morrer de fome, devido a esta guerra.

O maior responsável da guerra é o Estado francês, cujo governo dito socialista decidiu invadir este país, dito independente, por intermédio de uma das suas colônias disfarçadas, o Senegal, para defender um dos seis fantoches em África, o mafioso Nino Vieira. Esta invasão da Guiné-Bissau, por forças do imperialismo francês, e o apoio que obteve, por exemplo, do chamado parlamento europeu, mostram claramente o verdadeiro significado da chamada descolonização. Esta guerra, como a de Angola e outras camificinas ocorridas recentemente no continente africano, mostra bem que a África, dita descolonizada, tende a transformar-se num mero mercado da mercadoria bélica que seus dirigentes políticos não passam de fantoches dos centros dirigentes do capitalismo internacional, particularmente, dos grupos capitalistas envolvidos diretamente no tráfico de armas e negócios complementares.

Como a "crise internacional" relacionada com o Iraque, a invasão da Guiné pela França, por outro país interposto, veio mostrar também que os governantes "socialistas" portugueses não passam de uns nojentos e ridículos lacaios das forças dominantes do capitalismo internacional. Embora os interesses capitalistas franceses tenham posto em causa a independência da Guiné-Bissau, o governo português não hesitou em colocar-se do lado de um governo de fantoches do imperialismo francês. Isto mostra também a sua hipocrisia face à situação existente em Timor-Leste.

Grupo Anarquista "Pedro Kropotkine"

Mulher, Era Uma Vez o Silêncio

Você sabe o que se "comemora" no dia 8/3? Numa fábrica de cotton em N.Y., em 1857, 129 operárias foram queimadas vivas pelos seus patrões quando reivindicavam numa greve, melhores condições de trabalho. E isso deve ser comemorado? A luta da mulher não deve se restringir somente as melhorias e conquistas no trabalho, e não acreditamos que a liberdade da mulher está nas mãos de partidos políticos, nem tão pouco em altos cargos do governo. Os limites para conquista da liberdade e emancipação estão em suas próprias forças, e para as mesmas se libertarem é preciso que rompam as correntes da opressão machista. Desde a infância o homem é orientado para se tornar independente e submisso, sempre sufocado pela prepotência dos valores machistas; valores estes que proíbem a mulher de tomar decisões sobre o próprio corpo, vendo o aborto como um crime, quando se trata de uma opção individual de cada mulher, valores estes também que tornam a mulher objeto de cama e mesa, e como objeto de consumo, e vários outros valores patriarcais que impedem a mulher de ser mulher.

Editorial

"Muita gente fala mas não se comunica. Muita gente ouve o que se fala, mas não entende. Muita gente lê, mais não entende o que está escrito. Muitas pessoas vivem reunidas, mas não unidas. Para nos comunicarmos, precisamos de palavras escritas e faladas, antes de tudo, deve haver o desejo de nos entendermos.".

Saudações, este é mais um número do informativo QuatroFolha, pedimos desculpas pela demora, mas ainda damos continuidade ao que foi proposto desde o primeiro número. Como sempre, esperamos críticas e sugestões. O espaço está aberto para qualquer manifestação cultural verdadeira e consciente.

Ficamos aqui... Um abraço... E muito obrigado pela força de todos...

Contatos

Aqui estão alguns endereços de alguns amigos que fazem com que a cena se mantenha sempre verdadeira e forte...

Zines:
Matéria Prima Zine – Marcio – Rua Quintino Bocaiuva, 37-A – Soteco – Vila Velha/ES – 29106-260
Fanzine Esquistessonoise – Guilherme Ventura – Caixa Postal 86 – Belo Horizonte/MG – 30123-970
Hatred Zine – Emmanuel Galvão – Rua Baixa, 24 – Vila Constança – São Paulo/SP – 02258-080
Pense Ágil Zine – Vanderlei Daros – Rua Rui José M. Fedrizzi, 927 – B. Salgado Filho – Caxias do Sul/RS - 95098-410
Puta Venultada Zine / Liberta Quae Sera Tamen Info. – Paulo Rogério – Rua Içara, 26 p/69 – Gravataí/RS – 94050-210
Lixeira Humana Zine – Ubiratan de Souza – Caixa postal 4587 – 01060-970
Natural Mystic Zine – Duende – C.C. 3893 – Correo Central(1000) – Bs.As – Argentina
Informativo Solidaridad Obrera – Gordo – Rua Francisco de Almeida, 61 – Cerqueira César/SP – 18760-000
Protectors of Noise Zine – Juliano A. – QSD 15 – Casa 22 – Taguatinga-Sul – Brasília/DF – 72020-150
Informativo Contestação – Samy – Caixa Postal 308 – Caxias do Sul/RS – 95001-970
Zine Mad's – Magno – Rua Dr. Bueno, 222 – Centro – Macaé/RJ – 27913-190
H.C. for Life Zine – Marilena do Carmo – Rua Manaíra, 20 – Jardim Damfer – São Paulo/SP – 03729-170
Gaia Zine – Adriano Oliveira – Rua São Borja, L07 – Q09 – Gramacho – Duque de Caxias/RJ – 25060-340

Distribuidoras:
Caramelo Tapes – Guilherme Ventura – Caixa Postal 86 – Belo Horizonte/MG – 30123-970
Favela Records – Valter Alves – Rua Luiza Marilac, 451 – Ipanema – Araçatuba/SP – 16502-010
Putrid Distre – Paulo Rogério – Caixa Postal 55154 – São Paulo/SP – 04799-970
The Scream Distro – Rosano – Rua José Ribeiro, 1452 – São Borja/RS – 97670-000
Extreme Delirium Records – Alexandre – Caixa Postal 416 – Rio Claro/SP – 13500-970
Buche Records – Alexandre – Caixa Postal 12 – Santo André/SP – 09001-970
Elephant Records – Angelo Bruno – Caixa Postal 2098 – Santos/SP – 11060-970
Heresia Records – Alcides – Caixa Postal 183 – São Vicente/SP – 11301-970
No Fashion Records – Sergio Giacomassi – Caixa Postal 03 – Santa Barbara D'Oeste/SP – 13450-970
Piüu da Lïskä Records – Marcia Miranda – Caixa Postal 391 – Suzano/SP – 08675-970

Grupos:
MAP Salvador/BA – (Movimento Anarco Punk) – Ronaldo – Caixa Postal 185 – Salvador/BA – 40001-970
GALO – (Grupo de Ações Libertárias Organizado) – Caixa Postal 034 – Birigui/SP – 16200-000
ULBS – (União Libertária da Baixada Santista) – Marcolino Araujo – Al. Marechal Floriano Peixoto, 56 – Centro – Guarujá/SP – 11410-240

Esses são só alguns poucos endereços de amigos que lutam pelo mesmo motivo que nós, esperamos conseguir passar o endereço de todas as pessoas que temos contatos e que sabemos que não estão na cena apenas pelo som ou por outro motivo qualquer...

algumas palavras e opiniões sobre desobediência reforma agrária, revolução, (e o que eu e você temos a ver com tudo isso...)

É em dúvida alguma é um imenso prazer ter a oportunidade de estar participando de um evento como o de hoje, que não é apenas um encontro de amigos, uma tarde de entretenimento. Estamos aqui hoje fazendo uso da nossa arte como meio para dar suporte, ainda que indireto, a dois dos mais radicais e ativos movimentos populares das Américas na atualidade: o Movimento dos Trabalhadores Rurais Sem Terra e o Exército Zapatista de Libertação Nacional. Partindo do pressuposto de que o punk/hardcore é uma forma subversiva e contestadora de manifestação artística (isso não quer dizer que essa seja a forma correta de enxergar o punk/HC, mas simplesmente que essa é a NOSSA visão), nada mais legítimo do que o nos concentrarmos prioritariamente em eventos beneficentes. De resto, vemos muitas vezes que tudo não passa de um grande teatro, onde de um lado garotos brancos de classe média descarregam sua agressividade travestida de ímpeto revolucionário, e de outro, em clima de um palco, quatro, cinco ou seis pessoas despejam a trilha sonora necessária e se deliciam com seus minutos de fama.

Ainda sobre a questão do show beneficente, é importante salientar nossa repulsa ao enfoque assistencialista que um evento como esse tende a receber. Observamos que é comum bandas e pú-

blico envolvidos em shows beneficentes acreditarem que isso é tudo o que pode ser feito sobre determinada causa. Não! Essa comida e esse dinheiro que está sendo hoje arrecadado não pode ser transformado na esmola que gentilmente damos a uns pobres-coitados, a migalha de pão que cai de nossas mesas e que cremos que poderá alimentar uma multidão. Mais do que um ato de estúpida caridade cristã, de suposta bondade humanitária impregnada de um sentimento confortavelmente sádico de superioridade e distanciamento, este pode ser o primeiro passo de uma aproximação de mentes inquietas e rebeldes, um novo grito de guerra que se junta a tantos outros e que deixará de ecoar apenas quando a batalha estiver vencida. E se tudo isso lhe soar pretensioso demais, tenhamos ao menos a consciência de que o que fizemos foi nada além do mínimo que poderia ser feito, que o nosso comodismo mais uma vez nos colocou ao lado dos problemas e não das soluções; que o fruto do nosso mínimo esforço pôde, quando muito, amenizar temporariamente algumas dificuldades que eles, os verdadeiros revolucionários, aqueles que não têm bandas nem CDs importados nem guitarras, possam atravessar para conseguir alimentos - o que faz com que esse "mínimo esforço" tenha caráter exclusivamente simbólico e de maneira alguma efetiva.

que existem milhões de hectares com plantações que nunca irão alimentar ninguém a não ser contas bancárias cheias de sangue, que ali em frente existe um depósito cheio de boa comida e que aqui muitos não comem há dias, não há como permanecer obediente e silenciar a revolta: quebra a porta do depósito e pega o que de fato é seu de seus companheiros, aquela comida é de vocês e ninguém poderá impedi-los de fazer isso.

O respeito à propriedade não comporta a solidariedade por quem sofre. A reforma agrária, enquanto estiver presa ao regime da propriedade privada, será ainda insuficiente para destruir tudo o que representa coerção e injustiça. Do poder não se pode esperar sequer as migalhas, muito menos que se aprovem no Congresso medidas que beneficiem os trabalhadores rurais ou que acelerem processos de desapropriação de terra. Sendo a terra e o trabalhador os principais instrumentos para que se produzam riquezas, será ingenuidade acreditar que deixarão ambos a vontade para se libertarem

do jugo do sistema. A luta dentro da lei é limitada justamente para que esta luta não tenha poder de transformação algum. Não se trata de afirmar que o crime e a violência são, por essência, revolucionários. Sob certas circunstâncias, porém, eles podem ser instrumentos de transformação. No caso dos saques no Nordeste, é evidente que o desespero o grande motivador e nenhuma forma de pensamento revolucionário. Mas o grande desprezo que aquelas pessoas demonstraram pela propriedade privada é que nos devia inspirar e também nos fazer refletir sobre como estamos encarando a Revolução da qual tanto falamos, se estamos preocupados em mudar radicalmente o atual estado das coisas ou se apenas queremos um "capitalismo mais humano". Porque enquanto nossos olhos brilharem ao avistar um carro importado ou nos iludimos com a chance de ganhar sozinho a Mega Sena acumulada, estaremos vivendo sob uma constelação de valores puramente consumistas que em nada se assemelham à construção de uma sociedade melhor do que esta que aí está.

(Oscar Wilde)

Este folheto foi redigido e distribuído por membros do PARENTAL ADVISORY por ocasião do SHOW BENEFICENTE organizado pelo Comitê Arraia Zapatista em 24/10/99. São apenas opiniões, e se você discorda de algumas (ou até mesmo de todas!), ou deseja conhecer mais nosso trabalho, ou ainda apenas fazer uma troca amizade, sinta-se livre para entrar em contato no seguinte endereço: Caixa Postal 4147, São Paulo/SP - CEP:01061-970 ou pelo e-mail: tlkg@uol.com.br eforma agrária: uma expressão que encontra-se no discurso de qualquer tendência, desde aquelas conservadoras até as alas (pseudo) radicais mais à esquerda no quadro político nacional, incluindo neste bojo certos setores da Igreja Católica que, de certa forma, não se renovaram ao fanatismo individualista da Renovação Carismática.

Claro que a maneira como tais tendências enxergam a questão são diferentes, tanto na maneira de conduzir como no objetivo a ser alcançado com a reforma agrária. O governo e os grupos mais à direita, como a famigerada União Democrática Ruralista (UDR) por exemplo, preconizam uma "solução" para o problema da terra distribuindo propriedades a um punhado de famílias ("eles" nunca precisam em números quantas pessoas seriam exatamente, e insistem em estabelecer "critérios de julgamento" para determinar as famílias que precisariam ou não da terra; sendo "eles" os responsáveis pela criação de tais "critérios", apenas os ingênuos podem continuar acreditando na eqüidade de tal proposta), e em conjunto com tal distribuição, investir pesado nos ramos da economia associados à produção agrícola, como a indústria de máquinas (tratores, irrigadeiras, etc.) e de fertilizantes, infra-estrutura de transportes e armazenamento das mercadorias, etc., para que assim a agricultura brasileira ganhe maior destaque no cenário mundial.

Só faltou falar como um trabalhador pobre poderá comprar tudo isso, mas tudo bem, afinal o governo não existe para solucionar problemas de ninguém...

Resumindo, o governo e seus asseclas pretendem fazer uma distribuição de terras que tenha por finalidade aprimorar a exploração do solo mediante a introdução de novas técnicas e, assim, aumentar a produção e melhor competir no mercado externo. O objetivo aqui não é o bem-estar dos trabalhadores envolvidos (em nenhum momento se fala sobre melhorar as condições de trabalho do homem do campo, que sofre uma exploração muito maior que a do trabalhador da cidade), muito menos a extinção de privilégios seculares que certas famílias detêm sobre propriedades imensas: trata-se de fazer progredir no campo a exploração capitalista. Não nos assusta ver o poder fechando os olhos frente a tantas mortes que ocorrem em ocupações, como, por exemplo, no caso Eldorado dos Carajás: a reforma agrária que ele defende é exatamente essa, confinada nos estreitos limites que as leis da propriedade privada impõem, mantendo sempre "a ordem e a tranqüilidade" à revelia de vidas humanas, buscando sempre um "pacífico" acordo e nunca o confronto entre os interesses envolvidos. Já a esquerda institucional e sua simulação de ódio ao status quo também apresenta uma solução conservadora - e portanto ineficiente - ao contrário do que possa parecer à primeira vista. Diferente do governo, almejam uma reforma agrária onde todos aqueles que estejam dispostos a ter um pedaço de terra para trabalhar possam participar, trazendo a muitos miseráveis uma nova esperança e um novo conforto. Sim, esta mensagem de justiça pode até nos entusiasmar; mas olhando friamente a proposta da esquerda, melhor dizendo, de certas alas da esquerda, o encanto some ao constatar-se que embora queiram fazer uma (aparente) justiça à pessoa comum, continuam dando crédito ao regime da propriedade privada quando afirmam que pretendem pegar vastos lotes de terra e, após dividi-los em lotes menores, distribuí-los a seus novos donos. Ou seja, o que antes pertencia a um hoje pertence a outros tantos que, quer queiramos ou não, são proprietários particulares de terra tanto quanto o "perverso" latifundiário, para usar um termo de fácil compreensão aos esquerdistas. O estranho é como as propostas de socialização dos meios de produção (ou seja, todos decidindo coletivamente o que fazer com as fábricas, máquinas, terras, etc.), que é o que melhor caracteriza o pensamento das esquerdas (pelo menos na teoria), podem conviver com a proposta de aumento do número de proprietários particulares de terra. Querem extinguir a propriedade aumentando o número de proprietários!!! Também é deveras estranho a repulsa que essa mesma esquerda nutre por medidas mais contundentes como invasões, saques, etc., como método de ação para conduzir, em dado momento, a reforma agrária. Tal repulsa é bem semelhante à do governo e guarda consigo também sua cota de respeito religioso pela sagrada propriedade. Parecem querer dizer, tanto o governo quanto a sua oposição, que devemos ter paciência, que devemos acreditar que as negociações tudo irão resolver e que se assim não agirmos, obedientes como cães adestrados, nada de concreto poderá ser feito.

Talvez seja fácil pedir paciência a um faminto quando nunca se passou fome na vida. Não é fome entre o almoço e o jantar de que falamos aqui. A fome aqui é desesperadora, maligna, impiedosa. Talvez nós, seres acomodados ao caos urbano, nunca cheguemos a conhecer na pele tal pesadelo. Mas ele existe, é incomoda. Quem não se lembra dos saques que aconteceram no Nordeste há alguns meses e que foram largamente comentados na imprensa? Nenhuma teoria política pode aplacar a fome: ela acontece, simplesmente. E quando se vê que nenhuma promessa foi cumprida, que o governo fala que quer ajudar o pequeno produtor mas só oferece dinheiro aos grandes,

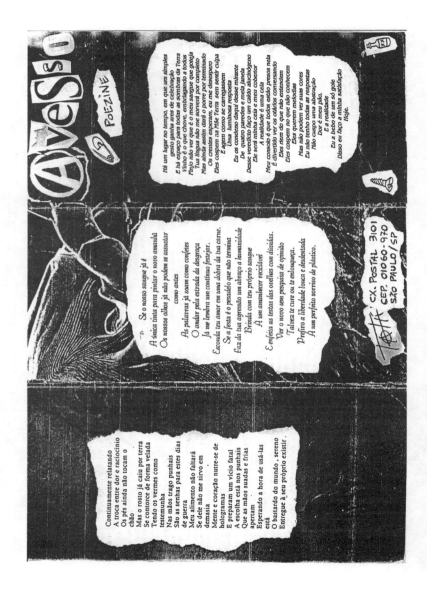

ENTERRADO VIVO

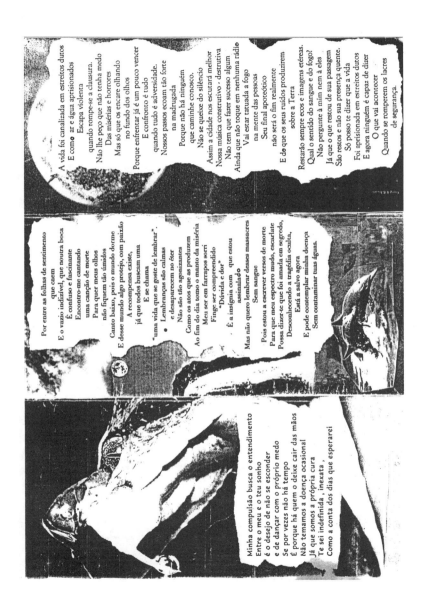

Por entre as folhas de sentimento
que caem
E o vazio indizível, que noutra boca
É confuso e fascinante
Encontro-me cantando
uma canção de morte
Para quer meus olhos
não fiquem tão túmidos
Canto baixo, pois o mundo dorme
E desse mundo algo protejo, com paixão
A recompensa existe,
já que todos buscam uma
E se chama
"uma vida que se goste de lembrar".
Lembranças são calmas
e desaparecem no éter
Não são tão agonizantes
Como os atos que as produzem
Ao fim do dia tomo o manto da miséria
Meu ser em farrapos sorri
Finge ser compreendido
"Dúvida e dor"
É a insígnia com que estou
assinalado
Mas não quero lembrar desses massacres
Sem sangue
Pois estou a escrever versos de morte
Para que meu espectro mudo, escarlate
Possa dizer-te que foi amada em segredo,
Desconhecendo a tragédia oculta,
Está a salvo agora
E pode contemplar minha doença
Sem contaminar tuas águas.

A vida foi canalizada em estreitos dutos
E o ar e água aprisionados
Escapa violenta
quando rompe-se a clausura.
Não lhe peço que não tenha medo
Das misérias e horrores
Mas só que os encare olhando
no fundo dos olhos
Porque enfrentar já é um pouco vencer
E confronto é tudo
quando tudo é adversidade.
Nossos passos ecoam tão forte
na madrugada
Porque não há ninguém
que caminhe conosco.
Não se queixe do silêncio
Assim a cidade nos escutará melhor
Nossa música construtivo - destrutiva
Não tem que fazer sucesso algum
Ainda que não toque em nenhuma rádio
Vai estar tatuada a fogo
na mente das pessoas
Seu final apoteótico
não será o fim realmente
E de que os seus ruídos produzirem
sobre a Terra
Restarão sempre ecos e imagens etéreas.
Qual o sentido do sangue e do fogo?
Não pergunte a mim nem à eles
Já que o que restou de sua presença quente.
São restos e não sua presença quente.
Só posso te dizer que a vida
Foi aprisionada em estreitos dutos
E agora ninguém é capaz de dizer
O que vai acontecer
Quando se romperem os lacres
de segurança.

Minha compulsão busca o entendimento
Entre o meu e o teu sonho
é o desejo de não se esconder
e de dançar com o próprio medo
Se por vezes não há tempo
É porque há quem o deixe cair das mãos
Não temamos a doença ocasional
Já que somos a própria cura
Te sei indefinida, inexata,
Como a conta dos dias que esperarei

Fodam-se os direitos autorais !!
Acreditamos que qualquer expressão que sirva para melhorar, evoluir o sentimento e o pensamento humano é um bem comum.
Portanto não deve ser considerada uma propriedade privada. Este trabalho pode ser reproduzido ao todo ou em parte desde que não vise a produção com finalidade de lucro. *L@ Poema*

Endereços dos Autores:
Tatu: Cx. Postal 3101 - São Paulo/SP - Cep: 01060-970
C.R.Mosca: Cx. Postal 146 - Salvador/Bahia - Cep: 40001-970
João Carlos: Cx. Postal 58506 - Rio de Janeiro/RJ - Cep: 23572-970
Lilian Cristina/Danny Soares/Leonardo Lopes/Ari Soares: Rua dos Jequitibás, 644 A1 - Vila Boa Vista - Campinas/SP - CEP:13065-171
Espinhos sem Rosas (zine): Cx. Postal 374 - Aracaju/SE - Cep: 49001-970
Rino: Rua Maranguá, 425 - Pedregal - Cuiabá/MT - Cep: 78060-490
Hendrigo/Leandro/Valter Alves: Cx. Postal 034 - Birigui/SP - Cep: 16200-000
(Pela falta de endereços, relacionamos apenas os que tinhamos em mãos)

Centro de Cultura Dona Tina / Rua dos Jequitibás, 644 A1 - Vila Boa Vista - Campinas/SP - Cep:13065-171

VÔMITOS, ORGASMOS, GRITOS & Essências...

Caderninho Poético # 1
Centro de Cultura Dona Tina
Projeto: *L@ Poema*
(Livre Associação de Poet@s Marginais)

Editorial:

Poetas Marginais

L@ Poema é um projeto do C.C. Dona Tina e amigos que tem como objetivo divulgar a poesia marginal e seus poetas. Não acreditamos muito na sinceridade da poesia acadêmica e sua pacividade diante do poder, seu compromisso com técnica, reconhecimento e lucros absurdos por parte dos autores e editores. Enfim não acreditamos nos poetas do saber, acreditamos sim nos poetas do sentir.

Estamos aqui sem muitas pretensões literárias produzindo como podemos este livreto para levarmos até você sentimentos verdadeiros descritos em tinta e papel por pessoas comuns como nós, como você.

Somos poetas marginais, pois nos edificamos à margem, não porque estamos a um passo atrás, e sim porque queremos nos expressar da maneira que nossos instintos e nossa espontaneidade lírica se manifestam sem seguir regras frias ou ditadas por ciências gramaticais acadêmicas.

Viva o livre pensar, expressar e sentir !
Viva a livre poesia !

O projeto L@ Poema está aberto a qualquer pessoa que se identifique com a livre poesia. Caso você se interesse em saber [...]

A essência do pensamento é destrutiva, perante ele, tudo sucumbe, desmoronam todos os mitos, dogmas, deuses, conceitos...
Bom ou ruim ? Não sei...
Talvez por não se basear na razão, o mundo dos "irracionais" seja mais simples e harmonioso.

João Carlos

Ódio, Dor e Prazer

Olho nos olhos do carrasco...
não vejo brilho... apenas uma massa cinzenta infectada de falsidade, hipocrisia e autoritarismo.
Dos lados vejo muita destruição, dominação...
Pessoas sendo chicoteadas, humilhadas, pisoteadas...
sem a menor reação e sem a consciência de suas vidas engolidas.
Meu sangue ferve, meu corpo arrepia... Respiro fundo !
Sinto ódio, dor e prazer !
Sinto desejo de um levante em massa,
teremos que fazer, participar, acreditar, combater, resistir !
Tenho a convicção da reconquista de nossas vidas,
de nossa insurreição ! O carrasco há de ser derrubado !!!

Danny Soares

Se pudermos realizar nossos sonhos então vale a pena sonhar
A resistência e o radicalismo sustentam nossa contra-cultura
O amor nos dá tesão
Mais o ódio que sentimos é que nos motiva a lutar
E resistir (viver...)

Espinhos sem Rosa (zine)

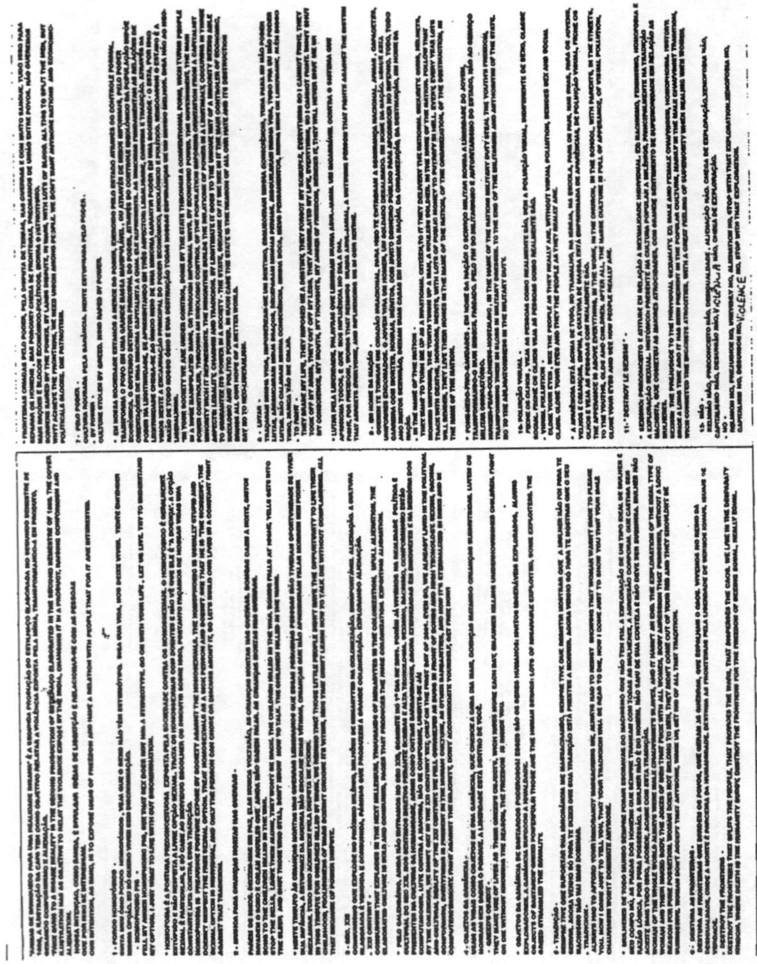

ENTERRADO VIVO

1. INTRO
"...ESTÁ AINDA Á SOLTA, COM SÉCULOS DE EXISTÊNCIA, A FERA CHAMADA CAPITAL SÃO, HOJE, BILHÕES DE SUAS VÍTIMAS, QUE TEM PRIMEIRO ARRANCADOS OS OLHOS E O CORAÇÃO, DEIXANDO QUE SE DEGRADEM LENTAMENTE ATÉ A FRENTE. SEM NADA VEREM OU SENTIREM.
MAS AINDA SOMOS MUITOS, COM OLHOS QUE VEEM A FERA E CORAÇÃO CHEIO DE ÓDIO POR ELA! MORTE À FERA CAPITAL!

2. ESPELHO
CANSADO ELE OLHOU O OUTRO LADO E ESTANDO CANSADO OUSOU SE ASSER
JÁ TINHA TENTADO E PULADO
O OUTRO LADO QUEBRADO MAS NÃO RESOLVEU

ENTÃO PERCEBEU UM ESPELHO DENTRO DE SI

E ASSIM NÃO HAVIA CANSAÇO
OLHAVA AO LADO DE SI
A OUTREM AS MÃOS TINHA DADO
O MUNDO A CONSTRUIR ERA ALI

SOZINHO NÃO O ERGUERIA JAMAIS!JUNTOS.

3. VIDA
TER SEUS LIMITES
ONDE NÃO HÁ
SER RESPEITADO
E RESPEITAR

VIVER O ANARQUISMO
APRENDER NO DIA A DIA
REJEITAR A HIPOCRISIA
TRANSFORMAR EM ARMA A VIDA

POR TODA A VIDA
ENQUANTO RESPIRAR
FAZÊ-LA ATIVA
REVOLUCIONAR

VIVER O ANARQUISMO
APRENDER NO DIA A DIA
REJEITAR A HIPOCRISIA
TRANSFORMAR EM ARMA A VIDA

TEMOS QUE EXERCER NOSSA INDIVIDUALIDADE PERCEBENDO, PORÉM, QUE SOMOS UMA PARTE LUTAR POR SI MESMO, E PELO BEM COMUM SER UM INDIVÍDUO, MAS NÃO SER MAIS UM.

4. DOGMA
DEUS EXISTE, EIS A QUESTÃO!
NOS LHE AFIRMAMOS QUE ELE NÃO EXISTE NÃO
ELE É O RETRATO DA INSANIDADE
DE PORCOS CRISTÃOS QUE ESCONDEM A VERDADE

CRIARAM UM DEUS, UM GOVERNADOR
UM SER SOBERANO, UM DEUS DITADOR
UM SER INVISÍVEL, UM DEUS IMPLACÁVEL
UM SER REPUGNANTE, UM DEUS QUE É O ESTADO.

DEUS??? NÃO!!!

5. PUNK
LUTA, ÓDIO E RESISTÊNCIA!
PRODUÇÕES MARGINAIS. VIDAS MARGINAIS.
JOVENS MALDITOS, PRODOSTAS DE VIDA.
REBELDIA MOTIVO DA EXISTÊNCIA!
PUNK!
CONTRA CULTURA: NOSSA EXPRESSÃO ALTERNATIVAS PROPOSTAS PARA PRODUÇÃO
RADICALISMO EM VIDA NOSSA OPÇÃO!
NOSSAS VIDAS, PERIGO EM AÇÃO!

6. CARROSSEL DE ARAME FARPADO
MEUS OLHOS PERCORREM O JARDIM
AS GRANADAS, MEUS BRINQUEDOS NESTE MOMENTO
CUIDADO! APAGARAM A LUZ
DE REPENTE AS LUZES SE FAZIAM PRESENTE
MEU FUTURO... JÁ SABIA A PASSADOS
OUÇO PASSOS ADRESSADOS PERTO DE MIM
VEJO ALGO LÁ NO CEU
NÃO CONSIGO SABER O QUE É

PALAVRAS, GRITOS
O SILÊNCIO NOVAMENTE

MAIS UMA NOITE SE FOI. MAIS UM SOL!
DESSOAS PASSAM PERTO DE MIM
CHAMO-AS, NEM LIGAM
MINHAS LÁGRIMAS JÁ NÃO REGAM AS FLORES
ESTOU COM FOME, SOCORRO!
NÃO CONSIGO MAIS RESPIRAR
UMA LUZ EM MINHA DIREÇÃO...
PALAVRAS, GRITOS
O SILÊNCIO NOVAMENTE

7. AO MILITAR
MALDITO MILICO DE FARDA ENGOMADA
NÃO LIGA PARA VIDAS SÓ PENSA EM MEDALHAS
DESDE RECRUTA SÓ PENSA EM MATAR
HOJE SOLDADO, JÁ SABE ATIRAR
CHACINAS, MASSACRES, ORAI VAMOS LÁ
QUANTOS INOCENTES ELES VÃO MATAR?
DEPOIS DOS MASSACRES, LÁ VEM PROMOÇÃO
SOLDADO DE CHUMBO, VIROU CAPITÃO.

MILITAR! MORTE!!!
MORTE AO MILITAR!

CHACINAS, MASSACRES, ELES ESTÃO POR LÁ.
QUANTOS INOCENTES ELES VÃO MATAR?
DEPOIS DOS MASSACRES, LÁ VEM PROMOÇÃO
SOLDADO DE CHUMBO, VIROU CAPITÃO.

ATÉ QUANDO, VOCÊ VAI VIVER PRA MATAR,
(MILITARES PRA QUÊ? MILITARES POR QUÊ?)
SEM PERCEBER QUE O ESTADO APENAS QUER TE USAR?
(PARA NOS MATAR E O ESTADO VENCER.)

8. PÃES E CIRCENSES...
A VELHA FÓRMULA A ANOS CA
MODIFICAM-SE OS MECANISMOS
PERMANECE A EXPLORAÇÃO
E O EXPLORADO, A PÃO E CIRCO
É CEGADO E CEGA-SE E SE PROSTRA AO CHÃO
ONTEM SE VIA A MÁIS VALIA
E HAVENDO HOJE A TECNOLOGIZAÇÃO
AQUELA CRESCE, MAIS FORTE FICA
POIS É MAIS LIVRE A EXCLUSÃO
PARA CADA OPERÁRIO QUE É EXCLUÍDO
MILHARES BRIGAM POR SEU LUGAR
SE NECESSÁRIOS ERAM MANTIDOS
QUÃO MENOS HAJA, MELHOR SERÁ

PÃES E CIRCENSES
DINE SEU MUNDO QUÃO PEQUENO ESTÁ
VOCÊ SE ACHA AINDA SORRINDO
E ASSIM MUITOS MAIS HÃO DE SE ACABAR

E O POVO TODO NÃO ENXERGA ISSO
ALIMENTADO DE DOCE ILUSÃO
TEM SEU ÓDIO GERADO E GERIDO
TAL QUAL EM ORWELL PELO GRANDE IRMÃO
E PARA O POVO MANTER-SE OMISSO
É LEVADO A HIPERESPECIALIZAÇÃO
SEM NADA NOS UNIOS. O PEITO VAZIO
NÃO VÊ REMÉLHA, NÃO SONHA SOLUÇÃO
SE A LUTA É POR SI E PELO POVO
TAMBÉM CONTRA O POVO SE DEVE LUTAR
QUEBRAR O SEU MUNDO DE CASCA
ONDE PRESO E INFELIZ ELE ACHA NÃO ESTAR

9. SUBVERTA
LUTE E VEJA O QUANTO É FORTE
ORGANIZE A SUA RESISTÊNCIA
NÃO SIGA MOLDES
MACHISTAS
CRIEI SUBVERSIVA!

SUBVERTA

MULHER, VEJA AO SEU REDOR
QUANTAS ESTÃO DISPOSTAS A LUTA?
MUITOS PREFEREM QUE VOCÊ FIQUE QUIETA
REAJA E MOSTRE QUE VOCÊ TEM VIDA

10. A DANÇA DO POVO
DE ESVAZIADA ESSÊNCIA É CERCADA DA IMPOSIÇÃO
DE METAS, POR GRUPOS QUE PRETENDEM FAZER
COM QUE ELAS MAIS BRILHEM, MAIS SOEM, MAIS MEXAM
REQUEBREM E ENCHAM SEUS BOLSOS DO BOM E VELHO CAPITAL

E OS MEMBROS DO POVO QUE ERAM DAQUILO
QUE ERA VERDADE, QUE FALSA ENTÃO
CAI DE JOELHOS. APLAUDEM DE PÉ
SEUS BOLSOS COM DINHEIRO E NÃO FAZEM
PARTE DAQUILO QUE FORAM JAMAIS

O POVO ABLAUDE DE PÉ
AO VER SUA VIDA CAIR DE JOELHOS

11. QUESTÃO DE GRANA
SE VER DIFERENÇA ENTRE SER UM MARGINAL E MENDIGO
QUERER PARA SI ALGUM CONFORTO E SER UM BURGUÊS
(UM MALDITO BURGUÊS)
NÃO VÊ QUE ASSIM PERDE MUITAS ALTERNATIVAS
PORQUE ENTÃO NÃO VAI MORAR NA SARJETA DE VEZ?

VOCÊ É PUNK, ANARQUISTA, OU FRANCISCANO?
A APOLOGIA QUE FAZ DA POBREZA
NÃO É QUE TE HUMILHE OU QUE TE ENDEREÇA
MAS UM MOVIMENTO ESTÁ ATRASADO

DEMORAR SEIS MESES PRA LANÇAR UM ZINE
ENTRADA DE GRAÇA EM SHOW BENEFICENTE
NÃO CRIAR SAÍDAS NEM ALTERNATIVAS
PRA TOCAR ESSE MOVIMENTO PRA FRENTE

VIVER ESSA SITUAÇÃO NÃO É OPÇÃO DE VIDA
E QUERÊ-LA PRA SI É SER INCOERENTE
PRECISO É TER POSSIBILIDADE E EXPECTATIVAS
DE PENSAR O PROJETO E VISLUMBRAR A CONQUISTA

12. OMISSÃO
EM TEMPOS, SUA VIDA COMEÇA A MUDAR
O ÓDIO RACISTA ESPALHADO POR TODO LUGAR
NÚMEROS NA PELE, SEU DESTINO JÁ ESTAVA TRAÇADO
A ÚNICA SAÍDA, O ALTO DAS CHAMINÉS

O ÓDIO RACISTA CONTINUA ESPALHADO NO MUNDO!

HUMANOS MALDITOS, SEMPRE TENTAM ADAGAR
TODA HISTÓRIA RACISTA QUE ELES CRIARAM
E O POVO JUDAICO, TAMBÉM SERÁ APAGADO?
E VOCÊ MAIS UMA VEZ SOMENTE APONTARÁ OS CULPADOS?

13. ANIMAL!!
ANIMAIS TRATADOS COMO SERES INFERIORES
VEJO O SOFRIMENTO POR TODOS OS LADOS
ANIMAIS MORRENDO PELA SUA VONTADE
SÃO VIDAS SEM IMPORTÂNCIA, MALDITO ASSASSINO

AQUELES QUE BUSCAM A LIBERDADE
PARECEM QUE ESQUECEM SEU PENSAMENTO LIBERTÁRIO
NA HORA EM QUE BUSCAM SEUS PRAZERES CANIBAIS
E SE DELICIAM COM RESTOS MORTAIS

VEJA A SUA INCOERÊNCIA
MANTÉM O CICLO POR PURO PRAZER
O CICLO DA MISÉRIA E MATANÇA DESNECESSÁRIA
DARE LA COM ESTA VIDA SANGUINÁRIA

Eu posso afirmar sem vacilar que eu amadureci dentro do movimento libertário. Me recordo de , desde a crueza de "ser mais uma punk" até o momento em que pude afirmar meus próprios conceitos como por exemplo, o conhecimento sobre anarquismo e outras correntes de pensamento transgressoras, muita coisa mudou para mim.

Logo me interessei por uma gama de assuntos que transcendiam a teoria econômica revolucionária; assuntos que questionavam o âmago humano, nossa moral, valores... e a partir desta descoberta eu pude ver uma nova perspectiva de ação, na verdade os livros já não bastavam... eu queria que meu dia a dia colocasse à prova minha sede de revolução.

Dentro do coletivo anarco punk eu não podia ver algo prático no que dizia respeito do cotidiano.

Eu sou uma mulher e assim como outras mulheres na cena, eu me sentia bastante sozinha nisto. A impressão que eu tinha (e ainda tenho) é de que a cena @ Punk majoritariamente masculina em número e essência, parecia secundarizar a questão humana em prol de algo mais "completo e importante", como se fossem assuntos exclusivos de grupos de mulheres... como se fossem assuntos exclusivos de mulheres ou um "problema de mulheres".

O que eu concluíra mais tarde era que, nas vezes em fui acusada de separatista ou que essa minha necessidade de falar sobre temas como amor, violência entre gêneros, sexualidade, era desculpa para não militar nas "causas sociais", a cena anarca portaria-se com uma organização masculina, onde nosso íntimo, nossa dor, não significava merda alguma, por que os homens da cena não sentiam isso, não tinham problemas pessoais que eram fruto do poder e da repressão. "Os homens anarquistas estão lúcidos e sanos, e não necessitam se envolver".

A idéia de se formar coletivos autônomos e exclusivamente femininos não seria uma forma de se vingar da superficialidade masculina na cena... Seria uma forma de encontrar as afins que realmente sentiam a repressão e controle de seus corpos e mentes, não só pelo Estado e suas leis patriarcais, mas também da mais subjetiva trama de opressões interligadas, inclusive as fomentadas pelas próprias mulheres. O coletivo de mulheres, idealizado assim, tornar-se-ia um espaço de convivência e experimentação liberadora, um gueto subversivo dentro do sistema falocrata. E isso significa que: se os homens não dão a mínima para si mesmos, nós mulheres, (não falando a nível global e sim avaliando-se as necessidades de cada uma e suas disposições) agiríamos em torno de algo prático e efetivo. Algo real é do nosso alcance.

Isso significaria sair do blá, blá, blá intelectualóide e agir. Isso significaria ir adiante de questões como aborto e contraceptivos, e dar vazão a criatividade e a subversão!

Anti fascismo, anti racismo, pró direitos dos animais, pró feminismo, anti homofobia... tantas são as causas, profundo ou não seus conteúdos...

Tomar iniciativas combativas depende diretamente de sua ação individual. Algumas atitudes combativas são exteriormente explícitas. Reagir ao racismo, por exemplo. Outras, significam mais que repetir clichês... significam repensar posturas diante do cotidiano.

Muit@s podem pensar ou falar que a política revolucionária é mais ampla e mais importante (?) que o questionamento individual mas na minha opinião, não há nada que surja instantaneamente, no momento em que você adota, teoricamente, uma ideologia ou simbolismo.

O conceito de cena (alternativa, punk, anarca...) apenas personifica uma unidade em torno de uma questão comum. Muitas pessoas dentro dessa cena, não são apenas a voz por trás da música ou @ escrit@r do Zine. As pessoas são um complexo de sentimentos, conflitos, pensamentos ações.

Nós não temos uma divindade onipresente que aponte nossas "falhas" para nos causar culpas. Nós a rejeitamos para atingir a autonomia, o controle de nós mesmos. Os deuses para respaldar-me, para centralizarmo-nos dentro do nosso querer.

Essa cena massiva pode atuar em diversos âmbitos. Pode dar apoio a diversas comunidades, pode tornar real e intenso um circuito de atividades subversivas, mas não significaria nada se não estimular a crítica, se não for dinâmica, sincera e verdadeira. Não como um partido para você ingressar ou como se trabalho ou dever social...

Eu rejeito o conceito de cena como um fim, e assim fosse eu poderia despir-me destes rótulos inerentes a mesma e, re-ingressar no antro social massificado facilmente. Nada mais restaria disso, desse tempo que "curti a cena".

Se me causa ódio este sistema (em seu sentido mais amplo) eu, de qualquer forma, com ou sem cena para respaldar-me, ansearia um espaço liberador para mim.

Eu não iria esperar que um salvador me trouxesse a liberdade, eu trabalharia em torno de minha não-submissão, e isso significa dar ouvidos a mim mesma.

Infelizmente eu nunca pude ver isso nem vivenciá-lo. Eu precisei crescer e me virar para sobreviver. Aqui em SP não há casas ocupadas, o que me permite "optar" entre viver com família ou pagar aluguel. E

escolher a Segunda alternativa me acarretou problemas que a cena não seria capaz de resolver. E não só no plano econômico, mas também psicologicamente... não houve apoio nem orientação. Não estou cobrando a cena e por isso, na verdade eu nunca esperei muito dela e minhas opiniões expostas no começo deste texto, deixam isto claro.

Ainda me encontro com algumas pessoas da época do Redescobrir-se ou KRAP... As vezes conversamos sobre muitas coisas mas eu sinto que meu entusiasmo declinou. Hoje nós somos adultos apátic@s, e como dizia Alex em uma de suas idéias: "O mundo adulto nos destrói".

Eu acredito numa série de conflitos e situações que constituem algo que chamamos "esta vida" e que pode nos acrescentar experiência, conhecimento, tesão, ódio, dor... e que significa aprendizado.

Longe de ser humanista, eu acho que seria difícil ver meu "sonho @ feminista" concretizado mas nós estamos por aí, nos barrando e isso deve dar em algo e talvez possamos colocar algumas coisas em prática, se não coletivamente, ao menos individualmente.

Não trago a verdade comigo e se houver alguma, eu a rechaçaria.

Talvez estes livros e todas as palavras que já foram escritas ou profetizadas tenham esvaziado seus conteúdos e hoje estão banalizadas e servem apenas para encherem a boca de teóricos, acadêmicos, blablatistas...

Acho que cada pessoas precisa pensar. E pensando ela ao menos existe...ela faz a diferença em um mundo onde a automação nos nega os sentidos, a massificação retarda nosso cérebro e os avanços tecnológicos longe de trazerem soluções para a humanidade, a despedaça ainda mais...

Eu sei que posso fazer a diferença!

(Naira-1999)

PRODUÇÃO ARTÍSTICO-CULTURAL PUNK - UMA REFLEXÃO ((Paulo)

Quando penso na produção artístico-cultural anarco punk, duas questões, ambas de caráter qualitativo, vêm à tona e se deixam ver.

A primeira está ligada à forma com que algumas produções são desenvolvidas. Parece me que a estética do Punk, nesses casos, confunde-se com descaso e desleixo: "É Punk aí!". A partir dessa idéia o mal-feito torna-se o autêntico, o belo, o 'col'; a banda toca mal e não busca evolução de sua música, e o cru e tosco é confundido com o dessincronizado e o desarmônico (e o mesmo o desarmônico não é o buscado enquanto produto - entenda-se produto como fruto advindo de uma ação planejada - não é o desejado, mas o que se pode fazer); espera-se lançar um EP ou LP, a partir da idéia de fazê-lo, em menos de dois meses; o trabalho é feito às pressas e normalmente apresenta falhas, mas, e daí? O material está lançado e, afinal de contas, é Punk.

Cabe aqui um esclarecimento: essa crítica não vem contra o produto em si, nem contra a produção, mas do abismo criado entre produção e intenção: as idéias todas trazem, os projetos pouco realizam.

A segunda idéia diz respeito à escassez de meios de expressão artístico-cultural, que cada vez mais, afunilam-se na música - principalmente - e na escrita (que por si só é um problema. A ser tratado por quem? Por quem!?), tornando qualquer outro meio coadjuvante daqueles.

De fato, o trabalho plástico, por exemplo, não tem autonomia e existe apenas como ilustração (de zines, discos, camisetas): o visual é sempre nota de rodapé, complemento, enfeite... nunca texto. Subverte-se do plástico a capacidade de ser interpretável, agente de mesmo do entendimento e dos entendimentos, colaborador, assim, pela formação de um pensamento.

Outro exemplo seria a inexistente até dramática. Desconhece-se, no Brasil, a existência de qualquer vídeo, curta, animação, peça ou o que quer que envolva a representação. Houve algumas tentativas, sei, masque, em suas vidas embrionárias não deixaram de lado o panfletarismo e não buscariam jamais afundarem-se na essência das idéias, nas profundezas, nos pontos geradores: ficaram fora da vida.

Mas, oral De que adianta falar do que falei até agora, se algo justifica que a expressão artística Punk se reduza a dois âmbitos: não há desejo, anseio por outras formas de expressão; não há expectativa, nem vontade que suscite o desenvolvimento dessas outras artes.

Mas por que não existe interesse? Questão de gosto pessoal, que coincide em todos? Pasteurização do movimento, que esteve tradicionalmente ligado à música e à escrita? Por que outras formas de expressão são necessariamente ligadas a vícios sociais? Por que são elitistas?

Não sou eu a responder!

Jornal do Brasil - 30.10.93

MÚSICA

Os punks também têm saudade

Abordando tanto a música quanto o comportamento, Silvio Essinger refaz a história de um movimento que nasceu para chocar

PUNK: ANARQUIA PLANETÁRIA E A CENA BRASILEIRA
Silvio Essinger
Editora 34, 233 páginas
R$ 23

RODRIGO ALVES

Mesmo desligando todos os aparelhos de rádio e TV, fechando todas as portas e janelas, colocando vendas nos olhos e tampões nos ouvidos, ainda assim fica difícil escapar da enxurrada de lixo que ocupa o mercado musical hoje em dia. Entre um *tchan* e outro, eventualmente aparece algo de qualidade, mas pouco se nota um elemento de extrema importância nos momentos mais marcantes da história das artes: a atitude.

No deserto de criatividade que assola a música hoje, *Punk: anarquia planetária e a cena brasileira* é quase um oásis. Silvio Essinger leva o leitor de volta a um período no qual atitude era pré-requisito para se empunhar uma guitarra, e os acordes, maravilhosamente simples, eram apenas um veículo para cuspir os pensamentos.

Sempre acompanhando os fatos de perto, Silvio fez do livro um importante documento numa área em que a bibliografia é precária, sendo que a relevância se multiplica no tratamento dado ao movimento no Brasil.

A ligação proposta entre o punk e os expoentes da Tropicália – entre outras figuras marcantes da música nacional – pode não agradar a turma de cabelos espetados, mas no fundo faz sentido. Por esses e outros, a abordagem centra-se muito mais na atitude punk do que na música propriamente dita, apesar do vasto apanhado de bandas. O mesmo vale para as páginas dedicadas aos precursores do movimento, como os Stooges de Iggy Pop e o Velvet Underground de Lou Reed.

Uma das grandes virtudes do livro é a quantidade de histórias envolvendo personagens importantes. Está lá o registro do primeiro grande impacto dos Sex Pistols na sociedade inglesa dos anos 70, quando levaram o caos ao programa de TV *Today*, apresentado por Bill Grundy, transformando-o num show de ofensas e palavrões.

Com isso, os Pistols estavam devidamente apresentados ao público. A partir da explosão de Sid Vicious e John Lydon – que não por acaso atendia pela alcunha de Johnny Rotten – outros grupos importantes começaram a se consolidar na cena: The Clash, Damned e Buzzcocks são alguns exemplos.

Quase ao mesmo tempo, mas do outro lado do oceano, surgiam nos Estados Unidos grupos como Germs, X, Black Flag e Dead Kennedys, este último liderado por um dos maiores ícones do movimento, o lendário Jello Biafra. Cultivando o curioso hábito de sair de costas nas fotografias, ele foi uma das primeiras provas de que nem todos os punks eram rebeldes sem causa.

Não satisfeito em denunciar os problemas de seu país, Jello estudava as mazelas de outros cantos do mundo, inclusive do Brasil. No começo desta década, chegou a mostrar sua repulsa pelo governo Collor e pelo que chamou de "monopólio televisivo da Rede Globo".

Por falar em Brasil, a abordagem de Silvio Essinger sobre nosso país vai desde importantes figuras pré-punk como Noel Rosa, Aracy de Almeida e Nelson Cavaquinho até o caldeirão preenchido por Cólera, Inocentes, Replicantes, Garotos Podres, Ratos de Porão e várias outras bandas que formaram o primeiro time do punk brasileiro.

Diante do marasmo da cena atual, quem lê o livro acaba inevitavelmente atingido por uma ponta de saudosismo, mesmo que não tenha vivido intensamente aqueles anos turbulentos. Naquela época e perturbado John Lydon destruía microfones e equipamentos motivado puramente por sua revolta. Hoje o Green Day, tudo por muitos como "o futuro do punk", amiúda tudo o que há no palco ao fim de cada apresentação, porém com a certeza de que no show seguinte tudo estará lá intacto, graças aos milhões de dólares que preenchem seus cofres.

Enquanto outro movimento não quebra a inércia que aí está, vamos nos contentando com casos isolados capazes de manter a chama acesa. Bandas novas como Devotos do Ódio, Mukeka di Rato e Sociedade Armada – para citar apenas as nacionais – são a esperança de que há luz no fim do túnel.

Se não houver, a única saída será recolocar os tampões nos ouvidos e mergulhar nas memórias. Bem, pelo menos já temos uma boa fonte literária para essa empreitada.

Rodrigo Alves é repórter do *Idéias*

Johnny Rotten, dos Sex Pistols, foi um dos pioneiros do punk

Folha de Londrina

Quinta-feira, 9 de setembro de 1999

COMPORTAMENTO

Bar da Quintino é 'point' de punks

Visual agressivo caracteriza os freqüentadores das noites de sábado do Potiguá II, na região central de Londrina

Paulo Henrique Faria
De Londrina
Especial para a Folha

A velha frase dos anos 70 – "punk is not dead" (o punk não morreu) – nunca esteve tão viva no Brasil dos anos 90. Em Curitiba, recentemente, alguns deles resolveram manifestar publicamente seu apoio ao Movimento dos Trabalhadores Rurais Sem Terra (MST) e um grupo acompanhou a Marcha dos 100 Mil, saindo de diferentes pontos do País.

"Não se sabe se entre eles havia algum representante londrinense. Porém, os que ficaram na cidade compartilham da mesma opinião dos que foram, quando o assunto é o governo de Fernando Henrique Cardoso: a situação está mal. Pelo menos é o que garantem os punks que se reúnem todos os sábados à noite no Bar Potiguá II, um boteco localizado na Rua Quintino Bocaiúva, região central da cidade.

Mas o grupo londrinense nega ser uma organização. "Não queremos propor nada para a sociedade, pois não fazemos parte dela", afirma Maíra, uma jovem de 20 anos que se define como "uma desencaixada social". "Mas apoiamos incondicionalmente os grupos que lutam pela distribuição de terra".

Mesmo sem dados no número que comprovem a quantidade de punks que circulam pelas ruas de Londrina, esses jovens facilmente identificados pelo visual agressivo que adotaram – roupas velhas, grossas correntes no pescoço, body piercings e cabelos coloridos – afirmam que ser punk é, em primeira ordem, um "lance cultural", pois na verdade são críticos sociais que, mesmo abominando o capitalismo, sabem que também precisam de dinheiro.

"Nosso grande lance é a produção independente, fora dos meios de comunicação de massa e sem visar o lucro", explica Marcos, outro punk freqüentador do bar. Segundo ele, o movimento é mantido e divulgado através da publicação de fanzines e cartazes colados em postes estratégicos.

Contrariando as aparências, os punks fazem questão de ressaltar que não são violentos. Entretanto, essa atitude não assegura a integridade física de ninguém. A cicatriz que Marcos carrega do lado esquerdo do tórax, resultante de uma facada dada por Skin-heads (carecas que adotam a cruz suástica e pregam a superioridade da raça branca) é um bom exemplo disso. "Somos de paz" – assegura – "mas os conflitos com essa gangue são inevitáveis".

Outra questão interessante sobre os punks é a diversidade de classes sociais que existe entre eles e suas relações com a família. Maíra mora com o pai, professor da Universidade Estadual de Londrina (UEL) que após a filosofia de vida da filha; Marcos deixou a família em Porto Alegre e está desempregado; já um rapaz que não quis ser identificado é sustentado pelos pais e cursa geografia na UEL.

A consciência política do grupo também contradiz a sua aparente alienação. "A globalização é lenda, mas é só para um terço da população", argumenta Maíra. "É clara de interessar, o que fica de fora vai morrer de fome ou vai para a cadeia, como acontece com os negros e latinos", completa Marcos.

Para eles, o País está à beira de uma guerra civil e o atual presidente "faz parte de um esquema muito maior" cumprindo o que manda o FMI (Fundo Monetário Internacional). Independente de estarem ou não com a razão, uma coisa eles têm certeza: dizem ser "a continuidade do movimento", que está prestes a comemorar seus 30 anos.

'NADA DE FOTO'
Os punks londrinenses não permitem fotografia; apenas a fachada do Bar Potiguá II pode ser mostrada

'Eles são pessoas normais'

O dono do Bar Potiguá II, Donizete de Lima, um pai de família de 35 anos que desde 1992 recebe os punks em seu balcão, diz que no começo estranhou a presença deles no seu estabelecimento. Porém, a estranheza foi diminuindo conforme ele percebia que os freqüentadores não eram integrantes de uma gangue e nem pregavam a violência.

"Os punks são pessoas normais", garante Donizete. "Eles vêm, ouvem suas músicas, pagam suas contas e vão embora sem causar tumulto".

O Potiguá II – equipado com um ventilador velho, um aparelho de som e TV a cabo contrastando com a simplicidade e a visível sujeira – parece ambientado para as poucas exigências dos freqüentadores que aparecem graças ao baixo preço das bebidas: R$ 1,50 a cerveja e R$ 2,00 a garrafa de vinho.

Donizete, que nunca foi punk, tem um filho adolescente que simpatiza com as idéias e o visual do grupo, mas isso não chega a ser motivo de preocupação para ele. "Nós, como pais, instruímos e tentamos mostrar o que é certo e o que é errado", afirma. "Mas se ele decidir ser punk ele vai ser punk", encerra. (P.H.F.)

'Não queremos propor nada para a sociedade, pois não fazemos parte dela'

Donizete de Lima, dono do bar: "Os punks ouvem suas músicas, pagam suas contas e vão embora sem causar tumulto"

Carta ao autor

- Carta recebida de um *punk*, depois de ter lido algumas das cartas deste trabalho.

Fanzines de Londrina

- *Coletivo Cancrocítrico*, nº16. Como está na carta sobre a história do *punk*, foi o primeiro coletivo anarco-*punk* de Londrina e o que teve maior número de edições.
- *Coletivo Gralha Negra*, nº3, outro coletivo anarco-*punk*.
- *Resistir* nº1.
- *Mural*, de um grupo de *punks* com os quais não tive muito contato, mas que, antes da pesquisa, empenhava-se na produção *punk* e manteve essa publicação com uma certa regularidade. Aqui está o nº9.
- *Rua* nº3, ligado a uma banda *punk* de Londrina chamada Estilhaço.
- *Informativo ADL (Animal Defense League)*, núcleo Londrina, ligado aos *straigh edges*.
- *Plebe* nº4, produção individual do Paulo.
- *Poezine (Fanzine de Poesias) Devaneios de um Sonho*, uma produção conjunta do Marco e do Paulo.
- Fanzine sem nome e sem autor... o desenho é do André e traz três das bandeiras do movimento: não-religião, voto nulo, defesa dos animais.
- Trechos do fanzine *Lacaio*, produção individual do Maurício.
- Trecho do *Poezine Subsistir*, uma produção individual do Marco.
- Trecho do fanzine *Vertigem*, uma produção individual da Beatriz.
- Trecho da revista *Nada*, nº1, uma produção conjunta do Marco e do Paulo.

Panfletos distribuídos pelo calçadão

- Manifesto Anti-Nazi.
- Brasil 500 anos.
- Pelo Voto Nulo.

Fanzines de outros lugares

- *Depressive Punk*, nº1, Rio de Janeiro.
- *Informativo Ação Anarquista*, nº1, ligado ao *Coletivo Luta Humana* de Jaguariúna – SP.
- *Informativo Quatrofolha*, nº3, Presidente Prudente – SP.
- Informativo da banda Parental Advisory, de São Paulo – SP, distribuído durante um *show* beneficente.
- *Poezine Avesso*, produção individual de Tatu. São Paulo – SP.
- Caderninho poético *Vômitos, Orgasmos, Gritos e Essências*, Centro de Cultura Dona Tina de Campinas – SP.

Encartes de *demo-tape* e CD

- Encarte do *demo-tape* do grupo Estilhaço, de Londrina: *Armas de brinquedo para uma realidade insana.*
- Trechos do encarte do CD das bandas Execradores – São Paulo, capital – e Sin Dios – Espanha: *A luta!*

Matérias de jornal

- O lançamento do livro *Punk: anarquia planetária e a cena brasileira* traz um pouco da história do *punk* (*Jornal do Brasil*).
- Matéria sobre o bar Potiguá dá uma idéia de como o bar é classificado pela sociedade e pelo *punk* (*Folha de Londrina*).

CARTA VI
INTERPRETANDO O INDEFINIDO: IDENTIDADE E TERRITORIALIDADE *PUNK* EM LONDRINA

Londrina, maio de 2001.

Os dias passam,
As horas voam,
O sorriso se cala,
As lágrimas jorram.

Os pés calejados,
A alma cansada
E meu anjo chorando.

Experimentei as derrotas
Das batalhas injustas,
De uma existência sem lógica.

Senti o gosto das lágrimas
O tapa do destino,
E a morte da esperança.

Dei de cara com o fim
E nada mais pude entender
Dessa existência louca,
Dessa vida pouca
E dessa confusão em mim.

(anônimo)

196 NÉCIO TURRA NETO

Caro amigo,

Como tem passado? Refletido muito sobre as cartas anteriores? Espero que sim, pois agora estou aqui para tentar, de certa forma, juntá-las todas, escrevendo uma carta ao mesmo tempo síntese e início de discussão. Assim, reunirei aqui as teorias sobre cidade, identidade, juventude, *punk*, com o que vi/ouvi no campo e nas entrevistas. Por tudo isso, acredito ser a carta mais complicada que lhe escrevo. Espero que a complexidade do tema não se reflita numa mudança de tom do nosso diálogo. Que ele continue possibilitando nosso mútuo entendimento do assunto.

Pois bem... começo afirmando, então, com certa segurança, que as hipóteses que desenvolvi foram confirmadas, a ponto de hoje parecerem óbvias e até ingênuas. Natural, foram concebidas há quase um ano, no começo da pesquisa de campo, quando estava fazendo as primeiras conjecturas, e, naquele momento, elas eram tudo de mais profundo que meu pensamento, minha vivência e minha leitura conseguiram formular.

E, como toda pesquisa tem um começo, um meio e um fim – que não é o fim realmente, mas expressa apenas uma necessidade de conclusão, como diz minha orientadora –, acredito que devo colocar um ponto final a partir do que pensei, do que estabeleci como objetivos, ainda que, hoje, eles se encontrem reformulados.

Retomando meu projeto de pesquisa, percebo que, na verdade, não sabia o que estava propondo quando o fiz – não tinha a dimensão do que era. Tentando definir o que constituiria o "objeto de estudo" e justificar a importância de estudá-lo, estabeleci todo um discurso sobre o *punk*, no qual deposito uma série de esperanças. Em outras palavras, fixei o *punk* num quadro explicativo, a partir de um olhar externo e localizado na academia, com pouco contato com o mundo real, com o movimento do *punk*.

Depositei, sobretudo, duas expectativas no estudo do *punk*: a possibilidade de entendimento do mundo contemporâneo, pelo estudo de um de seus vários fragmentos; e a possibilidade de encontrar uma nova forma de resistência às tendências predominan-

ENTERRADO VIVO **197**

tes no presente – homogeneização cultural, privatização do espaço público, despolitização do social –, um novo movimento utópico.

Diante desse quadro em que inseria um *punk* desconhecido e idealizado, estabeleci como objetivo principal: *identificar a relação entre as práticas político-culturais do* punk *com o espaço urbano de Londrina e perceber se estas, pelas suas características, definem territórios, pela apropriação real e simbólica de frações do espaço urbano; definir também os tipos de territórios estabelecidos pelo grupo – se delimitados ou difusos, se temporários ou fluidos –, e o grau de exclusão que esses territórios provocavam em relação à alteridade.* Não estou querendo dizer que não o realizei, mas que o realizei de outro modo... transcendendo-o e complementando-o.

(Os referenciais sobre a fragmentação socioterritorial da/na cidade, que embasaram tal proposta e que ainda são importantes para este trabalho, estão na Caixa J).

Entendia essas práticas político-culturais como plenamente conscientes, deliberadas e coerentes com uma ideologia anarquista bem fundamentada. Enfim, via o *punk* como um movimento revolucionário ativo. Esquecia que se tratava de um movimento de juventude: que o *punk* é formado por jovens e, portanto, traz as marcas da experiência juvenil no meio urbano da atualidade, com todas as suas ambigüidades e crises... não havia me dado conta do peso da seguinte afirmação de Bivar (1982, p.47-8): "se a política do mundo adulto é confusa, não se deve cobrar coerência política maior do movimento *punk*".

No processo da pesquisa, entretanto, fui mudando o enfoque de práticas político-culturais para uma visão mais desfocada, que fosse capaz de captar o aleatório do movimento da vida das pessoas, no cotidiano. Falo, portanto, aqui, de pessoas vivendo a própria vida, divertindo-se, encontrando-se, exercitando os referenciais culturais que elegeram como seus e, inclusive, atuando politicamente. Nesse movimento, vão estabelecendo permanências em lugares, desenhando trajetos e articulando pontos, construindo, assim, sua territorialidade – estabelecendo seus referenciais espaciais na cidade.

198 NÉCIO TURRA NETO

Foi o campo que, no seu desenrolar, conduziu-me a esses caminhos, inesperados... Hoje percebo que encontrei respostas para perguntas que não havia formulado e que formulei perguntas que não fizeram muito sentido. Assim, se tivesse que organizar meu trabalho em termos de perguntas e respostas, posso dizer que somente ao término dele teria condição de formular as perguntas correspondentes às respostas que encontrei. Somente agora deparo com os objetivos do meu trabalho, não os formulados, mas os atingidos. No final da carta sobre o campo, apontei o objetivo que passei a perseguir: a "reconstituição desse processo histórico no qual as pessoas foram construindo a si e ao grupo, aproximando-se, distanciando-se e vivendo a experiência do *punk*" (p.136), e, nesse processo, estabelecendo uma territorialidade particular pela sua movimentação e permanência em vários lugares da cidade. Não abandonei aquele primeiro objetivo, mas atingi-lo passou a ser uma conseqüência da busca deste último.

Convido-o agora a vermos as hipóteses e como elas me permitiram atingir os objetivos. Vale lembrar, como está na carta sobre metodologia, que as hipóteses foram desenvolvidas ao longo do contato com o movimento *punk*, no campo. Entretanto, ambas estão ligadas à dimensão da identidade *punk*. Discutirei a territorialidade em outro momento, ainda que seja difícil separar a percepção da identidade *punk* e do processo de constituição do grupo dos encontros, dos pontos de encontro, dos lugares públicos de permanência, enfim, dos territórios delimitados e da territorialidade vivenciada pelo *punk* londrinense.

A hipótese 1 fala da passagem da infância à adolescência e a identificação com o *punk*.

Aqui vai um breve resumo para rememorar: considero a passagem da infância à adolescência, a passagem de uma vivência restrita ao universo familiar, escolar e de bairro, para uma circulação mais livre por outros espaços da cidade, sobretudo o centro urbano. Nessa circulação, o adolescente e a adolescente, vivendo também uma fase conturbada de mudanças físicas e psíquicas – a busca da sua identidade individual e coletiva –, vai tomando contato com uma série de possibilidades de ser, colocadas em exposição na "vitrine da cidade".

Há todo um referencial teórico sobre adolescência e juventude que corrobora a afirmação dessa hipótese – também já desenvolvido na carta sobre metodologia –, oferecendo um entendimento da juventude como uma ampliação, tanto dos laços de sociabilidade e dos contatos quanto da circulação; também nessa fase, há, na sociedade moderna, o rompimento com o grupo de origem e a busca de outras identidades, consideradas pelo/a jovem mais autênticas. A juventude seria, assim, uma fase de transição e crise; uma fase ambígua em que se pode experimentar sem se comprometer com nada. A crise vem da busca de saber quem se é, de quem se aproxima e de quem se diferencia, a quais valores se sente filiado/a etc. Esta é uma das imagens que estudiosos/as da juventude atribuem a ela: nômades no espaço urbano, em busca de referenciais com os quais se identificar; experimentadores em processo de construção, antes de se fixarem; aqueles/as que ainda não são, mas que estão em busca...[1] A circulação seria assim uma característica da juventude, e a cidade um campo aberto de identidades possíveis. O *punk* é uma dessas possibilidades de ser, quem a toma para si?

O *punk* é um movimento contracultural que se originou em fins da década de 1970 na Inglaterra e de lá ganhou o mundo. Chega a Londrina em meados da década de 1980. Ou seja uma cultura produzida em outro espaço e em outro tempo inserida entre as opções de redes de sociabilidade presentes no espaço urbano. O processo como isso aconteceu é muito complexo e conduz às seguintes per-

---

1 Diógenes (1998, p.56), tentando apreender a relação entre identidade socio-territorial marginal e violência entre os jovens, argumenta que estes "nomadizam em espaços múltiplos da cidade. 'Essa multiplicidade de experiências e papéis sublinha a precariedade de qualquer tentativa fixista na construção de mapas socioculturais' (Velho, 1994, p.25). Como 'os indivíduos transitam entre domínios e/ou níveis socioculturais' (idem) é necessário se exercitar um olhar descentralizado, em movimento, para fazer também nomadizar o esforço de investigação".

guntas: Como se dá a interconexão entre o global e o local, de modo a transferir identidades, atitudes e comportamentos de um lugar para outro? Qual é a relação entre identidade e território numa situação assim? Questões que vão aparecendo pelo caminho e exigindo respostas... (neste sentido, ver na Caixa K uma discussão sobre a articulação entre território e identidade em condições de globalização).

O fato é que, a partir da década de 1980, os londrinenses começam a ver tipos estranhos circulando pelas ruas. Sujos, com caras fechadas, jaquetas de couro com rebites, cabelos espetados e coloridos, assim são os *punks* dessa década – um período em que o movimento pregava que a violência não estava na agressão física de pessoas, mas no visual, nas músicas; essa deveria ser a forma de chocar a sociedade conservadora e careta.

A MTV, revistas especializadas, lojas de discos também estão divulgando o *punk* (contra a vontade de muitos deles/as). Já não é difícil saber como é a música, o visual e a atitude *punk*, é só ler sobre ele; também já não é difícil saber onde encontrá-los em Londrina, pois eles foram definindo "lugares preferenciais de sociabilidade". A princípio na Boca Maldita, no calçadão; depois, o *punk* londrinense foi migrando, entrando em bares, negociando espaços para *shows*, abandonando-os, partindo para outros. Nesse tempo, estabeleceu algumas referências permanentes, que marcaram meu trabalho como pontos onde se podiam encontrar *punks* reunidos ou mesmo solitários: principalmente, Potiguá, Adega e calçadão.

No momento em que o *punk* ganha visibilidade, aparecendo na imprensa, circulando e permanecendo nos espaços públicos, tendo seu som difundido, os elementos de identificação estão lançados: o estético e o político cultural, tudo isso misturado numa polissemia perturbadora, pois, no visual, estão presentes manifestações de protesto, assim como nas músicas e nas atitudes; e música é atitude, e roupa é música. Um *patch* de uma banda, pregada nas costas de uma camiseta, desencadeia uma aproximação ou um distanciamento de pessoas, pode proporcionar um bom papo ou uma boa briga.

Assim, caminhos variados foram se abrindo para a identificação com o *punk*; cada um ligado a um elemento da cultura: música de protesto, visual agressivo e uma prática política anarquista.

No campo, fui percebendo, pelas conversas, que os elementos da cultura *punk*, colocados em circulação, atraem diferentes pessoas, por diferentes razões, cada qual identificando-se, geralmente, com um ou dois desses elementos e, somente em momento posterior, conhecendo e incorporando os demais. Assim, Cláudia, em seu depoimento, afirma que, no começo, o *punk* era para ela só som e bebedeira, mas com o passar do tempo, com o amadurecimento como pessoa e como *punk*, é que o lado político foi tomando consistência. Outros relatos colocam o visual como o elemento que fez do *punk* algo para se ir atrás: movidos/as por um desejo de decifrar aquele emblema, amortecer aquele choque... e pelo desejo de chocar também.[2]

O lado político do *punk* também é citado por alguns como o principal elemento de identificação. Lembra-se da passagem, na carta sobre o campo, do diálogo entre mim, Patrícia, Paulo e Gustavo?

O Gustavo falou que quando encontrou o *punk* já percebia vários outros grupos juvenis na cidade. Buscou o *punk*, pois tinha uma inquietação interna que lhe informava que algo estava errado com o mundo e que era preciso mudar. O *punk*, para ele, naquele momento da sua vida – de circulação no meio urbano e de busca de uma identificação –, era o grupo que oferecia a imagem do caminho para mudar o mundo.

Nesse ponto, há algumas considerações a fazer. Em primeiro lugar, vivendo a dimensão existencial do que é ser *punk*, a partir

---

2 Aqui, alguns podem dizer que o anonimato que caracteriza a vida na grande cidade leva a uma necessidade, sobretudo de grupos juvenis, de chamar a atenção sobre si. Abramo (1994), conforme citada em outros momentos, argumenta que, numa sociedade na qual o poder da imagem é enorme, construir uma imagem para impactar no espaço público parece ser a saída encontrada por esses jovens para conseguir expressar seu descontentamento, chamando a atenção da sociedade para os problemas que levantam – essa é, segundo a autora, a principal forma de atuação do *punk* nos anos 80.

202 NÉCIO TURRA NETO

dessas pessoas que elaboraram este discurso, fui percebendo que não dá para dissociar a identidade *punk* da identificação juvenil. Assim, o *punk* foi encontrado num momento de busca de respostas e de construção de si, um processo que não se interrompeu com o *punk*, e, por isso, a identificação não foi completa, nem definitiva. Em segundo lugar, a idéia de transgredir a ordem e os valores da sociedade – a imagem de que é possível revolucionar o mundo –, presente no *punk*, é um significativo fator de atração para uma parcela da juventude que tem essa necessidade, sendo comum o radicalismo ou o que muitos chamam de "embalo de *punk* novo". Aqui também, alia-se identificação juvenil com identidade *punk*: indissociáveis...

Complicado? Para mim também... Mas sigamos...

Vamos aos depoimentos,[3] agora, para tentar responder àquela questão lá atrás: quem toma a identidade *punk* para si? À qual acrescento outra: como é esse processo de identificação com o *punk*?

Não citarei os nomes para preservar a identidade dos entrevistados, conforme combinado no momento da entrevista, apesar de já haver indicado, em outros momentos, quem foram meus/minhas entrevistados/as.

Antes do *punk*, várias eram as "trajetórias individuais", vários eram também os territórios de cada um. Freqüentando lugares na cidade, conhecendo pessoas, essas trajetórias individuais foram se articulando num coletivo: a identidade *punk* (para visualizar o conceito de cultura que norteia a discussão que segue, ver a Caixa L).

---

3 Uma ressalva sobre meu entendimento dos relatos que colhi nos depoimentos: acredito que o relato de cada um é aquilo que eles/as estabelecem como discursos sobre si mesmos/as... nem verdadeiros, nem falsos. São narrativas construídas a partir do que são hoje (essa é a referência para olhar o passado), por isso, foi comum dizerem que já nasceram *punks*... que o *punk* já estava neles antes mesmo de conhecerem-no, e que, quando isso ocorreu, souberam que nome dar às suas atitudes e aos estados de espírito. São essas construções discursivas de si que tomo como referência para construir esta análise. O grau de confiança no entrevistador também faz variar os assuntos abordados e a profundidade das abordagens. Se tivesse feito um trabalho de histórias de vida... Entrevistei cinco *punks*: três *punks* e duas *punks* (dessas duas, uma me respondeu por escrito).

ENTERRADO VIVO **203**

Vejamos esse processo de articulação de trajetórias individuais ao *punk*...

Um dos entrevistados disse que sempre foi mais sozinho, com poucos amigos. Na infância, morou numa rua em que não havia outras crianças da sua idade e ia muito à igreja com a mãe.

> A igreja que minha mãe freqüentava era em frente de casa... e eu freqüentava a igreja também, não tinha distinção de nada assim, ia como quando sua mãe leva você quando criança para o centro, fazer alguma coisa, eu ia na igreja; e na igreja passei uma boa parte da minha vida, até uns doze anos.

Nesse período, o entrevistado se muda para um conjunto residencial num bairro afastado do centro, mas provido de toda a infra-estrutura, quase independente. Começou a ter mais contato com as crianças do residencial. Na escola do bairro, sofria muito preconceito, pois era um dos poucos brancos que estudavam lá, por isso não chegou a formar uma turma na escola.

Na adolescência, foi se distanciando da igreja, isolando-se da sua pequena turma do condomínio e começando a andar sozinho pela cidade, pelo bairro, num processo de distanciamento e de busca de novas proximidades. Foi quando conheceu o *skate* – "daí foi quando eu comecei a ter um grupo assim, de pessoas, que eu me relacionava" – e passou a freqüentar um grupo e a usar o visual que o filiava a esse grupo. Contudo, ainda não era o *skate* que iria lhe fornecer a identidade que buscava. Passado um tempo, vendeu seu *skate* e comprou uma bicicleta. Aí começou o seu longo período de "individualismo", como ele mesmo disse: fazia grandes passeios sozinho.

Nessa época, passou a morar no centro com sua avó, para ficar mais perto da escola. Saía pelas noites sozinho para beber, fumar... Sentava-se no Zerão, ficava escrevendo... percebia-se diferente das pessoas do condomínio, das pessoas da escola, dos caras do *skate*. Nas suas palavras:

> O que acontece é que depois de uma certa idade assim, as idéias se diferenciam muito, e foi essa época que eu fiquei sozinho, assim,

204 NÉCIO TURRA NETO

né? Foi a época que minhas idéias já não batiam com as de ninguém que eu conhecia e fui atrás de pessoas que eu pudesse conversar, assim, foi nessa época que eu encontrei o *punk*...
as informações que eu estava atrás, encontrei no *punk* assim, sabe? Claro que essas informações não eram só vinculadas ao movimento *punk*, né?

Nessa circulação pela cidade, em busca de pessoas com quem pudesse conversar, foi tomando contato com *punks* que ficavam parados pelo calçadão. Também foi indo a *shows punks*, acompanhando a irmã que já freqüentava a cena.

Respondendo à questão "por quais meios você ficou conhecendo melhor o *punk*?", ele disse:

através do diálogo, encontrando as pessoas, assim. O primeiro som quem gravou pra mim foi o Paulo e o André, lembro-me disso, o primeiro fanzine foi o *Pelezinho*, o *punk* do subúrbio do Rio de Janeiro, foi quem deu o primeiro fanzine dele. Isso foi o ano passado, assim, né? [1999].

Quando eu escolhi viver o *punk* com mais verdade, assim, né? Achei interessante e quis fazer algo para ajudar, assim, foi quando eu comecei fazer também o trabalho sobre o movimento *punk*, né? [Trabalho que realizou sobre o movimento *punk* para a feira de ciências do colégio]. E isso foi mais contato, né? O pessoal tinha bastante experiência, pois era *punk* muito antigo, né? [Ele está falando de dois *punks* do Rio de Janeiro que passaram um tempo por Londrina]. Então, ele tinha bastante coisa para passar para mim, assim, desde informações básicas, conversas que vão além também do *punk*. Nessa época... eles ficaram aqui uns dois meses, eles caíam sempre na casa do Pablo, né? E o Pablo ia para faculdade... então, eles não tinham para onde ir, então eles sempre ficavam na área central [no calçadão], desde a hora do almoço até a noite e eu sempre colava com eles, ficava com os caras; os caras ficavam sozinhos, a gente ficava lá conversando e bebendo. Quase todo dia a gente fazia uma vaquinha ou um mangueio para comprar uma pinga, assim, e ficava bebendo.

Assim, foi percebendo que "as idéias batiam", e por isso ia todos os dias conversar com os *punks* do Rio de Janeiro. Com o *punk*

ENTERRADO VIVO **205**

encontrou alguém com quem conversar... Sentia que eles expressavam exatamente o que ele pensava em relação ao mundo. Era como se o *punk* desse ordem a uma série de pensamentos confusos e inconclusos.

Uma parte desse diálogo é reveladora desse processo de identificação:

> P – E quando você falou assim: Não, acho que é *punk* que eu quero ser?
>
> R – Então, foi mais ou menos nessa época assim, quando comecei a ter mais acesso à informação, assim, que eu vi o que era realmente o *punk*, assim, né? E decidi que poderia ser bom para minha vida, que eu poderia fazer alguma coisa para ajudar; poderia estar aí também, né, lutando pelo que a gente acredita e fazendo alguma coisa em troca... em prol assim.
>
> [Tinha uns quinze/dezesseis anos] quando me deparei realmente com o que o *punk* era e decidi ser também, né? *Punk*...

Sua identificação com o *punk* teve como principal estímulo o lado político... Mas antes de se assumir, levou um bom tempo apenas convivendo com os *punks*, tanto no calçadão quanto em bares. Nessa

> busca de pessoas para conversar assim, freqüentava lugares como o bar Potiguá, lá que eu ia de vez em quando, que poderia encontrar algumas pessoas para conversar. E sempre passava lá... na busca de alguém para conversar, assim. Isso é o que me chamou atenção lá.

Sentia, finalmente, que não estava mais sozinho e, o mais importante, sabia onde encontrar as pessoas que elegeu como companheiras.

Havia, contudo, mais um pré-requisito que fez questão de cumprir, antes de se assumir...

> preferi obter mais informação, para depois falar que eu era *punk*, porque acredito muito no movimento e acho que o movimento é uma coisa bem séria, assim, que precisa de tempo para você conhecer bem, assim, conhecer várias figuras... tem vários conceitos,

assim, para você ter o seu próprio, né? Porque o *punk* não é uma... ele não forma soldados ideológicos, não tem um padrão, você usa esse visual, você é *punk*, ou você pensa assim, você é *punk*. *Punk* é um ser que tenta se libertar dessa sociedade, né?

Então, você tem sim idéias que batem mas, nenhum *punk* é igual ao outro, ninguém pensa igual, pensa parecido, assim, mas ninguém pensa igual, são todos livres, assim, né? E... sei lá, quando me assumi *punk*, tentei... assumi já para ser um real *punk*, um *punk* verdadeiro, né? Não mais uma figura alienada aí como a gente tem tantos nessa cidade, assim, né?

[Assim] quando eu achei eu que tinha bastante cultura, que eu poderia passar e ajudar o movimento, algo em prol assim do que realmente o movimento é ... então, quando eu falei que era *punk* tinha bastante informação, já conhecia bastante gente, já me comunicava assim, já colava com os caras...

Aqui já se sentia seguro: possuidor de um "acervo" que lhe permitia tanto trocar simbolicamente, dentro de um mesmo universo cultural, quanto falar, com domínio de conteúdo, sobre o *punk* para pessoas não-*punks*. Essa é uma idéia comum entre as pessoas entrevistadas, primeiro não se conhece o *punk*, tem-se o contato, vai se conhecendo pessoas, lendo fanzines, conversando: é o processo de tomar familiaridade com o universo cultural, conhecer as pessoas que escolheu como seus pares. Só depois desse processo, quando já se sente seguro para dar opiniões em conversas polêmicas e para conversar sobre o *punk* com pessoas não-*punks*, é que se começa a usar algum *patch*, alguma camiseta e, por fim, assume-se *punk*. E aí já se é outro/a...

Lembra-se do processo que descrevi sobre minha vivência no *punk* na carta sobre o campo, quando falo que estava já trocando simbolicamente com as pessoas do movimento, a partir de seus próprios referenciais? Pois é, foi como se eu também tivesse vivido esse processo que acabei de descrever.

Uma narrativa de uma garota também é interessante para reforçar esse argumento, não que as outras entrevistas não ofereçam elementos para análise, mas esta que apresentarei e a que apresentei são as mais ilustrativas, por serem as mais detalhadas.

Então vamos à trajetória individual dessa garota: sempre morou no mesmo lugar: um apartamento no centro de Londrina e teve uma infância muito presa: "como um pássaro numa gaiola, e quando você abre, ele vê tudo aquilo, ele quer voar, eu me vejo assim".

Sua mãe era evangélica e freqüentou muito a igreja: "ela me batizou na Igreja Evangélica, me fez... participar disso, me fez crescer nisso e eu nunca me senti bem, eu sempre achava alguma coisa errada assim...".

Também não gostava de estudar. A partir do primeiro ano colegial, não conseguia mais estudar. Apesar disso, desde a quinta série sempre fez parte da militância estudantil no colégio: era representante de sala.

Na escola, era amiga dos bagunceiros do fundão, mas sempre se sentiu atraída pelas pessoas mais tímidas e reservadas: "É como se fossem um mistério e eu estava ali para desvendar. Por que esta pessoa é tímida? O que será que tem dentro dela?".

Assim descreve sua sociabilidade na escola: "Não posso falar que eu sempre fui muito sozinha, mas fui muito Eu. Nunca tive uma amizade muito... firme eu já tive, mas não duradoura, assim".

A escola também foi o local do seu primeiro contato com o *punk*. Foi apresentada a um que estudava no mesmo colégio, com o cabelo moicano colorido, no pátio, na hora do intervalo... Sua reação diante da imagem dele não deixa de ser engraçada: "quando eu vi aquele cabelo aí eu fiquei chocada assim, foi... mas foi uma coisa meio magnética, a gente ficou mais ou menos amigos...". Ela e o dono do cabelo perderam o contato um tempo depois e, por fim, voltaram a se encontrar no calçadão de Londrina e reataram a amizade. Por intermédio desse *punk*, foi conhecendo outros/as que ficavam por ali no calçadão e foi ficando por ali também – era perto de sua casa... Foi fazendo amizades e dando nomes aos seus sentimentos, ordenando-os:

a gente conversava a respeito de tudo assim, sabe: do galhinho de uma árvore até coisa política, umas coisas gigantescas assim, e aí você vai observando a idéia e vai vendo que a sua idéia bate, mais ou menos, aí você vai descobrindo: "nossa, aquela idéia que eu tinha de que o governo tava errado, não sou só eu". Você vê que existem mais pessoas no mundo que pensam assim, só que até então você não sabia que nome era dado a isso, aí que eu fui descobrindo que muitos coisas que eu fazia eram chamadas de anárquicas, né? Que no caso, eu era uma anarquista e não sabia... entendeu?

Depois de um tempo de convivência, percebeu que já não "podia viver sem ter com quem conversar sobre aqueles assuntos..."

O diálogo é, assim, um importante elemento integrador de novos/as *punks*... é por meio dele que se descobrem pessoas que pensam diferente da maioria e com as quais acontece uma identificação. É como se eles/as descobrissem que também pensavam assim, só que não sabiam... A idéia de que já tinha o *punk* dentro de si também é comum em todas as entrevistas: já era anarquista e não sabia; ou ninguém se transforma em *punk*, as pessoas já nascem *punks*...

Outro trecho de sua entrevista pode revelar alguns elementos desse processo de "assimilação" da identidade *punk* e dos conflitos que ele detona.

P – Chegou um momento em que você falou assim: "É isso: eu vou ser *punk* também"?

R – Eu acho que chegou, acho que eu não falei, acho que eu senti, senti que estava na hora assim, sabe?, senti que... mas eu nunca achei que o visual fosse me fazer *punk*... Começou com uma camiseta que o Maurício telou para mim e me deu. É uma moça deitada escrito: "Não vou trabalhar hoje, por tão pouco não vale a pena". E eu lembro que quando eu cheguei com essa camiseta, que minha mãe lavou essa camiseta, ela sentiu uma revolta, assim, tão grande, tão grande, e começou a falar que *punk* adorava o diabo... um monte de coisa, acho que pela própria religião dela, assim. Aí eu ainda tentei levar uma idéia com ela e eu falava: "Mas, mãe, o *punk* é ateísta, *punk* é ateísta". E ela: "Mas, minha filha, você acredita em Deus". E eu: "Mãe, você me forçou a acreditar em uma coisa que eu nunca vi, eu não sei como você tem coragem de acreditar numa coisa que nunca apareceu na sua frente, assim, isso não pode existir, isso não é justo para nós mesmos, para nós seres humanos". Aí minha mãe, coitadinha, deve ter ficado acabada!

Aí começou com uma camiseta, com um *patch* que rolava, caía na minha mão, davam para mim, leituras de fanzine, começar... o fanzine a partir daí, o fanzine, não era só para eu ler, eu comecei a guardar material, fazer pesquisa sobre o assunto, comecei a entrar quando a galera estava discutindo... Eu não me reprimia mais de dar minha opinião, porque eu via que eu estava segura e que se eu desse uma mancada... poxa! se era um movimento, se há uma união, eles estavam ali para me corrigir, para me falar: "não é bem assim".

Aqui também aparece a idéia de que o momento de assumir-se *punk* é precedido por um domínio de um certo conteúdo de informações que fornece o sentimento de segurança para a troca simbólica. Seu processo de identificação com o *punk* começou com o elemento visual e com o político, o sonoro veio depois...

Tudo bem até aqui?

Espero que sim, que tenha dado conta de fornecer-lhe os elementos necessários para entender por que digo que a minha primeira hipótese foi confirmada pelo campo e pelos depoimentos. Os outros depoimentos não fogem muito desse padrão, eram pessoas de poucos amigos, sentindo-se diferentes, ou porque trocaram muito de colégio, e assim não estabeleceram muitos vínculos, ou porque algo fazia que se sentissem alheias às pessoas do universo escolar. Quando há alguma relação de sociabilidade na escola, é com o pessoal do fundão, "os piores da escola". O desinteresse pelos estudos é bastante comum também.

Assim, construí uma imagem do *punk* como um canal de expressão de uma revolta que já estava contida nesses jovens... e um relato de um outro entrevistado é ilustrativo nesse sentido: quando perguntado sobre o que mudou na sua vida depois que se assumiu *punk*, ele respondeu:

A minha vida não mudou nada... Para mim é... uma coisa que quando eu falo todo mundo acha besta: para mim você nasce, tá?

Você nasce sendo um *punk*, tá? Você sente sempre aquela revolta dentro de você, você sente as injustiças, tá?... do que tá rolando. Você simplesmente acopla mais informações. Você se aprimora e começa a ter as atividades, sabe, de negação de política, você começa a ter uma atitude mais social, vai tentando expandir a ideologia, vai passando para as outras pessoas, né? De uma forma ou outra, não necessariamente um catecismo tal. Você vai, você vai modificando dessa forma.

Então, você acaba nascendo um *punk*, você só encontra o caminho... você não tem uma mudança radical na sua vida, você não consegue se transformar do dia para noite, sabe? Não é como você fazer um cursinho expresso de cinco dias ali e você já sai com o diploma. Você vai indo e através do tempo... você já tem tudo aquilo dentro de você, você simplesmente encontra um caminho para se rebelar só.

Assim, trajetórias individuais particulares, mas com um mesmo sentimento de revolta, de indignação ante o mundo ou simplesmente com a mesma necessidade de busca de algo em que se agarrar, vão confluindo para a identidade *punk* e chegam a ela pelas várias portas abertas à identificação juvenil. Contudo, uma vez assumida a identidade, depois de ter passado por esse processo de transformação, o ser *punk* envolve uma série de outros dilemas e conflitos, e é disso que trata a segunda hipótese, também confirmada, acredito, tanto pelo campo quanto pelas entrevistas. Então vejamos...

Na segunda hipótese, desenvolvo um entendimento do *punk* como um contexto cultural em contraste e em conflito com outros contextos...

Novamente um resumo para refrescar a memória: o *punk* é um contexto cultural, ao qual se escolhe pertencer. Contudo, ao adentrar nesse novo contexto, é preciso uma série de transformações internas, pois vem-se de outro contexto. O *punk* e a *punk*, no seu amadurecimento dentro do movimento, estão, continuamente, trabalhando para serem coerentes com o contexto cultural escolhido, tentando, também, romper com o contexto anterior, ao mesmo tempo que vão ampliando seus conhecimentos sobre a cultura e a política *punk*.

Se a primeira hipótese tem relação com o processo de ajuntamento do grupo, a segunda tem relação com o "estar-junto sensível" (para usar uma expressão de Maffesoli (1987). A primeira hipótese tenta dar conta do processo que conduz trajetórias individuais diferentes, vivendo em lugares diferentes, a confluírem para o *punk*. A segunda fala da relação entre essas diferenças individuais dentro de uma mesma identidade, pela convivência em vários momentos da vida e em vários lugares da cidade; procura entender as tensões que esses encontros provocam (uma tentativa de articular as duas hipóteses e os conceitos de cultura a que cada uma remete pode ser encontrada na Caixa M).

Diferente da primeira hipótese, essa não é de fácil confirmação, há que se fazer algumas adequações nela e no próprio conceito de cultura como contexto cultural. Como visto na carta sobre metodologia, trata-se de um contexto que não é o étnico, o religioso, o familiar, contextos nos quais se nasce, mas um contexto construído no fluxo da urbanidade, na dinâmica da vivência juvenil dessa urbanidade, articulando diversão, indústria cultural e rebeldia e ao qual se escolhe pertencer. Assim, tem relação com aquelas identidades culturais que Hall (1999) chama de "pós-modernas".

Como foi visto na carta sobre a história do *punk*, esse contexto cultural – ou essa identidade coletiva, ou, simplesmente, esse movimento – já tem cerca de 25 anos. Nesse período, houve uma transformação radical, com a passagem de um niilismo desmedido – ilustrado pelo "foda-se tudo, queremos o caos" – para uma postura mais conseqüente de ação – manifestada na adoção do anarquismo como filosofia para o movimento e para a vida. Tal transformação alterou os elementos da cultura *punk*, sobretudo som e visual, que se tornaram mais agressivos. Os anos 90 introduzem novas questões, provocando também mudanças nesse contexto cultural: a busca de um maior diálogo com outros setores da sociedade e novas pressões da mídia fizeram que o visual fosse duramente questionado. O som também foi se tornando mais eclético, possuindo hoje muitas tendências, ligadas ou não às várias tendências que foram aparecendo também no campo das propostas que defendem: aqueles que não comem carne, não bebem, nem fumam – *straight edge*; os/ as anarco-*punks*; *punks 77* etc. Opções dentro da própria identidade. É bom lembrar, mais uma vez, que falo a partir de uma vivência com anarco-*punks*.

O que quero dizer com tudo isso é que a identidade *punk* é uma identidade em permanente construção, dinâmica, difícil de ser apreendida, a não ser de forma conjuntural, tamanha é a sua velocidade de mudança. Tal característica denota, entre outras coisas, a existência de enormes tensões no seu interior, em torno da seguinte definição: o que é ser *punk* de verdade? Conforme argumentei no início da carta sobre o campo, essa era a principal questão que afligia algumas pessoas do movimento quando adentrei no grupo. Lembra-se da questão do rótulo *punk*? E da passagem do Pedro dizendo que cobra muito a postura daqueles que se dizem *punks*? E a fala da Cláudia, argumentando que se fala muito que *punk* não é só visual, que *punk* é atitude, mas que ninguém consegue definir o que seria a atitude *punk*? E de uma série de outras falas que argumentam que os *punks* de Curitiba é que são *punks* de verdade; que não existe ex-*punk*, quem diz que já foi *punk* é porque nunca o foi de verdade, pois uma vez *punk*, sempre *punk*? E, ainda, o que é muito importante, lembra-se de quando a Cristina falou que sempre discutem sobre *punk*, gostam desse assunto, pois acreditam ser importante falar dos rumos do movimento?

Entendo essas falas como discursos sobre o que é ser *punk* de verdade, estabelecendo para si quem é, quem não é e como deve ser. Falas que muitas vezes se chocam, tensionando a identidade *punk*, reelaborando-a, fazendo que ela esteja sempre em movimento, ainda que girando em torno de alguns referenciais permanentes: música – geralmente de protesto –; visual; postura política ou ausência de postura política.

Em outro sentido, são comuns relatos de que o *punk* mudou muito a vida das pessoas, a forma de elas verem o mundo, seus preconceitos, suas posturas: se antes eram patriotas, deixaram de sê-lo; se eram machistas, trabalharam isso dentro de si; se eram

ENTERRADO VIVO **213**

preconceituosos/as, lutaram para suprimir esse sentimento; se gostavam de roupas de marca, deixaram de gostar; se comiam no McDonald's, hoje jogam pedra nele; se escutavam MPB, hoje escutam também *hardcore*; se só pensavam em diversão, hoje pensam também no futuro da humanidade – falam de fome, de corrupção, de bomba atômica, de matança de animais, de sem-terra, de índios, de negros, de homossexuais, de mulheres, de presos políticos, de natureza...

Para tentar entender a tensão entre as diferenças individuais no contexto de uma identidade de grupo, são necessárias, no entanto, mais algumas palavras sobre os vários caminhos que conduziram as trajetórias individuais ao *punk*.

Em cada lugar, cada um/a foi participando de "círculos de subjetividade" particulares, que contribuíram para a sua formação. A juventude chegou, o espaço de circulação aumentou, novos contatos aconteceram, círculos estabelecidos em rede se formaram para esses/as jovens, geralmente substituindo antigos círculos estabelecidos com base na proximidade física. A identidade *punk* é um desses círculos... e cada um adere ao *punk* de uma forma particular, alguns/as – ou mesmo a maioria – não totalmente nem definitivamente. Cada um/a estabelece o seu conceito de *punk* e procura viver o *punk* a seu modo – pelo menos aqueles que levam essa identidade mais a sério. E isso é condizente com uma característica importante do *punk* anarquista: o livre pensar. Como disse um entrevistado: "o *punk* não forma soldados ideológicos".

Algumas definições sobre o que é o *punk*, a partir das entrevistas – desculpe a transcrição livre de algumas delas –, ajudam a entender essa confusão de vozes:

- O *punk* tem um monte de vícios sociais como todo mundo, não é um lance fora do mundo. Não é um modo de vida em que existem padrões, apesar de existirem idéias e bandeiras de luta comuns.

- O *punk* não é sair por aí, sem propósito, bebendo, drogando-se, numa postura de indiferença a tudo. *Punk* é atitude de libertação, primeiro de sua mente, depois, é preciso tentar passar essa idéia para outros, para contribuir com a libertação do mundo; é fazer manifestação, é sopão, é correspondência com outros *punks*, é *show*, fanzine; é ter uma atitude verdadeiramente *punk*. *Punk* não é uma rebeldia de adolescente e, como a adolescência, passageira... não existe ex-*punk*; *punk* é uma vida, uma vivência cotidiana.

- *Punk* é anarquismo, porque o anarquismo foge aos padrões da sociedade, assim como o *punk*. Não tem como ser *punk* e não ser anarquista.

Uma citação literal:

> *Punk* para mim é uma vida, cara, eu acho que, assim, é o estilo que eu vivo, com meus pensamentos, não que você... como que eu posso..., ah! cara, não sei como explicar porque é a minha maneira de viver, de entender as coisas, de respeitar, de me defender ou de não respeitar, sabe? Isso sim para mim é *punk*, assim... é o que você tem por dentro, os seus sentimentos, assim, sabe?
>
> Você se expressa, assim, através de um zine, ou trocando idéias mesmo, ou de música, sabe? Para mim, assim, é *punk*, visual também faz parte, só que eu abandonei o visual faz tempo já, porque eu me injuriei de visual.
>
> Mas, para mim, o *punk* é assim, cara, é o seu dia-a-dia, você se expressando, você trocando idéia, conhecendo novas pessoas, sabe? Abrindo seu pensamento, abrindo sua cabeça e... é o dia-a-dia, para mim é o dia-a-dia, *punk*.
>
> Não tem aquele negócio assim: *punk* para mim é botar um visual no meio dos bares de noite, final de semana, que é o que a maioria pensa que é isso, se drogar... tem muita gente que faz isso mesmo aí. É a cabeça deles, né, cara?
>
> Para mim, *punk* é o meu modo de viver a vida que eu levo, não tem nada a ver com classe, classe como é que fala? É classe monetária, né? Tem muito *punk* aí que é *punk* pobre, né? Mas não interessa o que você tem de dinheiro, interessa a sua idéia, né? A sua convivência. Mais ou menos isso.

Há nessas falas semelhanças e diferenças, há doses variadas de idealismo e de radicalismo, há também graus diferentes de maturidade no *punk* e na vida. É no embate entre essas diferenças que a identidade *punk* vai sendo negociada, que o grupo vai se debatendo, unindo-se mais ou fragmentando-se. É nesse embate que se decide quem quer ficar ou quem quer sair, quem passa e quem permanece. Assim é o *punk* como contexto cultural: ou a pessoa busca "aperfeiçoar-se" no uso dos referenciais do discurso e da prática, e no exercício da solidariedade que o grupo de sociabilidade exige — não basta ser legal para estar no *punk* —, ou não é esse o contexto no qual ela vai se fixar.

É bom que se diga que as tensões que envolvem a identidade *punk* não vêm só dela, vêm também de outros contextos culturais, ou círculos de intersubjetividade, ou grupos de sociabilidade, dos quais se participa como *punk*. Não se é apenas *punk*, mas também estudante, filho/a, companheiro/a, empregado/a etc. Viver essa multiplicidade de papéis como *punk* é, certamente, um desafio! E por isso, talvez, o *punk*, como um contexto cultural, esteja contaminado por todos os outros e, ao mesmo tempo, os contamine. E, assim, o *punk* se faz e vive nesse turbilhão, em que o "o que se é" é uma questão puramente conjuntural...

Dessa forma, fecho a argumentação em torno da segunda hipótese... Acredito que devem ter ficado claras as conclusões a que cheguei por intermédio dela. Sinto-me, então, à vontade para passar à discussão da territorialidade *punk* em Londrina, lembrando, mais uma vez, que o processo de identificação com o *punk*, a vivência desse contexto cultural e a constituição de territórios na cidade estão intimamente ligados, e espero que o texto esteja demonstrando isso e que continue assim.

Para entender a territorialidade *punk* hoje, em Londrina, acredito ser importante conhecer o processo histórico do movimento nos últimos anos, processo esse que acompanhei em parte, no campo, e que interferiu tanto na constituição do grupo quanto na sua territorialidade.

É preciso ressaltar também que a compreensão que tive sobre a identidade *punk* é fruto desse processo histórico que vivenciei, com suas rupturas e seus acasos.

Começo essa história em 1998, pois é o ano que se iniciou o sopão – lembra-se? O grupo com que convivi fazia um sopão e entregava em assentamentos urbanos periféricos. Tudo começou com o Pedro, a Cristina, o André, o Maurício, a Kátia, a Joana, a quem foram se agregando o Beto, o Rogério, a Beatriz, o Paulo, a Cláudia e, por fim, a Patrícia, o Marco e o Rui – estes últimos já em 1999.

Nesse período, o grupo foi crescendo e também se transformando. Entraram novas pessoas, mas também saíram outras: o Pedro e a Cristina, o Rogério, a Joana, todos se mudaram de Londrina.

Os relatos que ouvi desse processo convergem para esta afirmativa: no começo, o grupo era superunido, reunia-se todos os dias no calçadão – onde tudo começou –, onde combinava o que iria fazer. As pessoas tinham uma intensa convivência, tanto em momentos de elaboração das estratégias do sopão quanto em momentos de diversão – geralmente Adega e Potiguá.

No final de 1999, uma parte do grupo do sopão, entre eles, os/as *punks* mais novos/as, saiu para uma viagem. Visitaram várias cidades, entre Londrina e Porto Seguro. Nesse percurso, encontraram muitas formas de ser *punk*, diferentes das que conheciam em Londrina. Voltaram mudados/as, querendo fazer muitas coisas, com uma dose de idealismo a mais, criticando os/as *punks* londrinenses, achando-os/as muito acomodados/as. Houve desentendimentos... Isso já em março de 2000.

Nessa viagem, o Rogério decidiu não voltar mais. Também no começo do ano de 2000, o Pablo mudou-se de Londrina, descontente que estava com a movimentação *punk* da cidade.

Esse grupo que fez a viagem, organizou-se como um grupo de teatro, e, em abril, por causa da manifestação contra as comemorações dos quinhentos anos do Brasil, houve uma grande ruptura, que levou a Patrícia a se afastar mais e mais do meio *punk*.

Depois que a Kátia e o Marco sofreram a agressão de carecas no *show* do Ira!, houve um brusco isolamento do casal dos demais do grupo. Encontravam-se apenas durante a semana, no calçadão e no sopão. Deixaram de sair de casa para a diversão aos finais de semana. Uma diversão que já andava em baixa, conforme o relato de decepção quanto à Rua Quintino. Tal enclausuramento contribuiu muito para o estado atual das coisas e indica uma questão territorial importante: a perda de território para o inimigo, ou mesmo, a impossibilidade de estabelecer um território na cidade para se contrapor a essa alteridade violenta.

Um acontecimento positivo que presenciei foi a mudança do Rui com a Kátia e o Marco, o que deu uma nova dinâmica ao movimento, apesar do enclausuramento do casal; formaram uma "comuna *punk*", como dizia o Marco.

Em meados de 2000, migram de Londrina mais dois *punks*, a Tina e o Carlos.

E, por fim, em agosto, as últimas mudanças na dinâmica do movimento, que ainda acompanhei: o fim da comuna, a mudança de ponto da banca do Beto, a mudança de endereço do Potiguá, e o fim do sopão.

Esses fatos estão relatados, com mais detalhes, na carta sobre o campo. Aqui, apenas os elenco em ordem cronológica, para dar uma idéia do processo que foi conduzindo a uma vivência particular da identidade e da territorialidade *punk* em Londrina. Se o movimento tivesse outra dinâmica, eu teria percebido a identidade *punk* como algo mais fixo, e o território, mais delimitado e permanente. Contudo, o esvaziamento do movimento *punk* de Londrina e os desentendimentos do grupo conduziram a um estado de coisas que reduziu o poder de negociação de espaços na cidade, sobretudo em relação a outros grupos juvenis.

A própria territorialidade *punk*, todavia, deve ser inserida no processo de sua constituição, pois envolve também, além da dinâmica do movimento, a dinâmica da cidade como um todo. Para visualizar esse processo, volto ao início do movimento em Londrina...

Retome o final da carta sobre a história do movimento *punk*, na parte da sua chegada a Londrina, lá poderá encontrar uma série de lugares citados como pontos de encontro e diversão do *punk*.

218 NÉCIO TURRA NETO

Alguns dos pontos de encontro iniciais em Londrina eram: uma loja de discos – Footloose Discos – e a Boca Maldita, no calçadão.

A Adega foi o primeiro bar tornado *underground* em Londrina. E, com o tempo desenvolveu-se um circuito de bares freqüentados pelos/as *punks*, que não desfrutou de exclusividade: Dank's; Rock Point, na Paranaguá; Recanto do Aperitivo; RU e DCE – espaços de shows; Difrango, 90 Graus; Clube da Esquina; La Araucana; Bar Brasil; e, na década de 1990, Tatoo Bar; Gran Mausoléu; Potiguá; Nômade; e Chapadão. Desses espaços, a maioria não existe mais hoje; seus antigos locais têm outros usos. O Bar Brasil e o Clube da Esquina ainda estão em funcionamento, mas os/as *punks* os desprezam como referência e como local de encontro, sua freguesia agora é outra. Ao Bar Brasil, chamam de Bar Imbecil, para se ter uma idéia do tipo de relação que se estabelece com as pessoas que hoje o freqüentam. Permanece em funcionamento e como bares de referência apenas a Adega, o Potiguá, o Chapadão – espaço hoje privilegiado para *shows* –, e creio que só (recomendo aqui nova visita à Planta 1).

Hoje, bares como Rock Point, Dank's, La Araucana, Gran Mausoléu, Nômade, entre outros, são lugares que, por terem feito parte da territorialidade *punk* em Londrina, permanecem na memória – de tempos vividos, de festas e acontecimentos, de uma sociabilidade diferente. Alguns *punks* novos/as jamais ouviram falar nesses bares... o mesmo pode ser dito de certos lugares públicos de encontro.

Detenho-me, aqui, em analisar apenas os lugares mais recentes – alguns conhecidos na pesquisa, outros não –, entre os quais estabeleci a seguinte classificação:

- Espaços públicos de encontro e permanência:
  De grande circulação de pessoas: Zerão; calçadão.
  Pouco valorizados pela sociedade: Escadarias do Zerão à noite; Colossinho; Moringão.

- Bares:
  Conhecidos na pesquisa: Adega; Potiguá; Chapadão; Vila Café; Nômade.

ENTERRADO VIVO **219**

- Rua:

De passagem e permanência, pela localização de vários dos bares – de ontem e de hoje – nas suas imediações: Quintino Bocaiúva.

Como esses vários lugares/pontos de uma territorialidade em circuito foram vividos e articulados pela circulação do/as *punks*? Como entendê-los: espaços de exercício da rebeldia? Territórios existenciais? Como foram delimitados e comunicados a outros como territórios *punk*? (Na Caixa O, há uma argumentação mais elaborada sobre o conceito de território, confira.)

O calçadão parece ser uma espécie de berço do *punk* em Londrina. Nele se constituiu o primeiro lugar público de encontro e permanência de *punks* na cidade – a Boca Maldita. Ao longo do tempo, esse ponto de referência no calçadão foi migrando dentro dele mesmo, passando, mais recentemente, para a Praça da Bandeira, ao lado da igreja matriz. Foi no calçadão que muitos/as *punks* tiveram seus primeiros contatos com o movimento. Nele, sempre foi possível encontrar *punks* parados, desfrutando o sol no inverno, bebendo, conversando, apreciando o movimento, ou seja, permanecendo enquanto outros passavam.

Os calçadões das cidades são espaços de grande circulação de pessoas. Há o comércio, bancos, restaurantes, cafés... a diversidade da paisagem social é enorme, são várias pessoas, de diversas procedências, circulando num ritmo intenso. É nesse cenário que os/as *punks* permanecem e estabelecem aí seu território mais duradouro: como referência para o encontro, durante os dias de semana, geralmente, nas tardes, entrando nas noites, quando então partiam em grupo para outros territórios.

No começo do movimento, o Beto relatou que na Boca Maldita o ponto alto dos encontros acontecia aos finais de semana, quando o número de *punks* reunidos ali triplicava. Era o ponto onde toda a diversão começava... para o calçadão confluíam *punks* de vários lugares da cidade, e a partir dali constituíam o grupo, e como tal circulavam pela cidade.

Mais recentemente, pode-se colocar o calçadão como quartel-general do grupo que começou a desenvolver o sopão. Era na Praça da Bandeira que as pessoas se encontravam, discutiam, estabeleciam as estratégias, enfim, viviam o *punk*. Expostos num lugar de grande circulação de pessoas, faziam circular também seus referenciais, sobretudo o visual, pois marcavam presença na paisagem social. Estabeleciam ali no calçadão, pela apropriação de uma parcela ínfima dele, sua alteridade, constituíam território: havia o nós e os outros separados pelos limites do grupo, informados aos outros pelo visual.

O calçadão, entretanto, também é o lugar do perigo: é fácil encontrar o inimigo circulando por ali. Foi no calçadão que a Pati, o Paulo e o Henrique encontram o careca que ficou gritando "Toda vida Oi!". Quando o Rui teve que correr para a banca do Beto (que ficava ali, há meia quadra do calçadão, quase na esquina) porque uns psicos queriam pegá-lo, foi também no calçadão. Quando o Pedro e o André intimaram o Arno – lembra-se do relato da Cristina? – sobre o fato de os psicos estarem gritando "Oi!" numa festa, eles se encontraram ali, no calçadão.

Assim, pode-se dizer que o calçadão, como um dos territórios *punks* de Londrina, não é o lugar da segurança, onde o inimigo não entra, porque os limites não estão colocados como uma muralha... estes se constituem apenas quando o grupo está presente e é o grupo que dá a segurança, não o espaço. É o grupo que informa aos outros, quando se agrupa, apropriando-se de uma parcela do espaço e territorializando-a, onde estão os limites... Confirma-se aqui a imagem do território como uma relação entre as pessoas constituindo um grupo e o grupo, com o que lhe é externo – uma relação mediada pelo espaço...

A agressão que *punks* sofreram no calçadão não veio apenas do grupo juvenil rival. Veio também da polícia. De acordo com um relato:

> Na área central tem muita polícia, por isso que a gente começou sair da área central bem no calçadão mesmo, porque de uns tempos pra cá o policiamento em Londrina dobrou assim, entrou aquele RONI, né? e foi o policiamento do Paraná inteiro que dobrou assim...

ENTERRADO VIVO **221**

É muito foda assim! À *noite*, cara, a gente estava lá e tomava geral. Teve uma vez, a gente marcou de se encontrar lá... daí a gente chegou assim, sentou ... passou uns três minutos, todo mundo estava levantando que sabia que era queimado, cara, já chegou duas viaturas assim, deu geral na gente... mó geral errada assim... não tinha nada assim. Daí ficava muito foda, toda vez que ia para lá ficar levando geral assim, né, meu. A gente tava muito queimado naquela área.

Ainda sobre os territórios *punks* estabelecidos em espaços públicos, alguns foram mencionados na pesquisa porque sempre estiveram na memória de quem os freqüentou, mas eu particularmente não cheguei a conhecê-los como tais. Portanto, faço aqui apenas algumas conjecturas... trata-se do Moringão, do Zerão e do Colossinho. Foram territórios temporários e, hoje, não são mais referências. Eram espaços de encontro freqüente, nos quais aconteciam discussões políticas ou, simplesmente, ficava-se por ali, conversando, bebendo...

Uma descrição de cada um deles se faz necessária – ver as fotos também. O Moringão é o ginásio de esportes oficial da cidade. Usado muito para eventos como shows de grande porte e para jogos de vários tipos, é claro. Durante a semana fica fechado, sendo usado mais para treinos. À tarde, é praticamente vazio, e pode-se encontrar alguma privacidade em seus "pátios" externos. Fica próximo ao Zerão, num terreno elevado, cujo acesso se dá por rampa ou escada. Quem passa pela rua a pé ou de carro não pode ver quem se encosta nas suas paredes do lado de fora, por isso é um bom lugar para permanecer sem ser incomodado. Era o lugar em que o grupo se reunia, em 1997, para discutir anarquismo, conforme relato do Gustavo e do Paulo.

O Colossinho é um antigo ginásio de esportes em ruínas, formado por um grande terreno cercado por um muro alto. Num canto, havia a sua antiga quadra com as arquibancadas. Também um lugar escondido, longe da visibilidade dos transeuntes. Era lugar de encontro nos dias de semana à tarde, adentrando a noite.

Os/as *punks* ficavam por ali. É na Rua Quintino Bocaiúva, perto dos bares, estava tudo certo! Por vezes, pernoitavam numa casa abandonada em frente ao Colossinho, conforme disse o André.

O Zerão, de acordo com o Paulo, era lugar de encontro também. Ele não sabe ao certo se do Moringão o grupo desceu para o Zerão, ou vice-versa, só sabe que esses territórios se sucederam. O Zerão, diferente dos outros dois, à tarde, é bastante movimentado, ocupado por pessoas que vão lá caminhar, paquerar, andar de bicicleta, fazer uma série de outros exercícios. Há verde... Nesse território, a alteridade estava presente, e havia uma negociação de espaço e a necessidade de delimitar a diferença. Já no Moringão e no Colossinho, havia quase a exclusividade, os espaços eram e são públicos, mas pouco valorizados pela sociedade... abandonados (pelo menos no tempo ocupado pelos/as *punks*). Diante disso, não poderia deixar de perguntar: chegavam a formar território? Levando em consideração que território é uma relação entre grupos diferentes mediada pelo espaço, onde há o limite como separação entre os de dentro e os de fora, talvez não; mas considerando que ali, em meio ao tecido urbano que o rodeia, reunia-se um grupo e, pela reunião, pela sociabilidade, exercitava-se uma identidade cultural singular, pode-se dizer que sim – como argumenta Guattari (1985): o território é o lugar da construção de subjetividades singulares. Havia o grupo de dentro e sabia-se quem era de fora, os limites é que não eram informados...

As escadarias do Zerão eram outro território *punk* estabelecido em local público. Este já experimentado no campo. Era um lugar de convergência do grupo – todos juntos, rumo a ele –, geralmente buscado depois de uma noite de circulação pelos bares. É tranqüilo e relativamente isolado. Nele se encontram, nas madrugadas, pequenas rodas que descem do bar Valentino ou de outros cantos, buscando um pouco mais de sossego, ou mesmo querendo privacidade para cometer seus pequenos delitos morais. Existe a alteridade, mas ela não é ostensiva... os grupos ficam a uma certa distância uns dos outros.

ENTERRADO VIVO **223**

Esses são os espaços públicos nos quais o grupo estabeleceu, em certos períodos, seus territórios temporários, cada qual dentro das suas características ofereceu formas diferentes de apropriação e de vivência da identidade *punk* em relação à alteridade. Vale falar agora desses elementos no que se refere aos bares.

Há como que um circuito de bares em Londrina, não exclusivamente *punks*, mas muito condizentes com seu imaginário e suas necessidades, portanto cheios de possibilidades de se constituírem territórios. Há um tempo, esse circuito era maior, hoje pode-se dizer que ele se reduz a três bares: Adega, Potiguá, Chapadão. Havia, no começo do ano, também o Vila Café, onde os/as *punks* se encontravam domingo à tarde.

Posso dizer que os três primeiros bares possuem o mesmo clima – submundo –, a mesma luminosidade – claridade intensa que contrasta com a escuridão das ruas – e uma freguesia com características similares – *undergrounds*, boêmios, uma certa marginalidade... São bares fora do circuito da moda de Londrina, uma espécie de circuito alternativo.

O Chapadão é o principal espaço para eventos do circuito *underground*. As vezes que o freqüentei foram em *shows*. Nesses momentos, o número de pessoas é enorme; *punks* de várias tendências, simpatizantes e aqueles que só apreciam o som. Há algumas alteridades perceptíveis na festa, mas elas vão se diluindo com o tempo, pela intensa movimentação das pessoas de roda em roda, do bar à roda, da roda ao pogo etc. A alteridade mais evidente, realmente, é a que se estabelece entre os de dentro e os de fora do bar.

Trata-se do bar do circuito *punk* mais afastado da área central de Londrina, localizado numa região meio barra-pesada. Para chegar até ele, é preciso passar por uma avenida de pouco movimento à noite, muito escura e margeada, numa certa altura, por uma mata.

A Adega, por sua vez, fica numa região do centro não muito valorizada. À noite, essa rua, praticamente, só tem o bar como foco de luz, já que todos os outros estabelecimentos estão apagados – isso antes de construírem um superprédio próximo ao bar, o que certamente vai alterar essa dinâmica. Tem um vinho barato, mesas de sinuca e aquele clima... Como afirmei na carta do campo, os/as *punks* constituíam um território dentro do bar – em frente ao banheiro masculino, num canto onde dava para aproveitar a quina da mureta como banco. É o canto extremo do bar, o mais isolado e o menos claro. Nesse canto, estabeleciam sua alteridade, bem definida em relação aos/as outros/as freqüentadores/as do bar, comunicavam os limites – por vezes transpostos por algum bêbado ou curioso –, que eram ampliados pela circulação em torno das mesas de sinuca e nas idas e vindas até o balcão.

Quanto ao Potiguá, posso dizer que, na minha leitura, é o bar mais importante na territorialidade *punk* de Londrina. Falo isso, pois foi o principal bar freqüentado no período do campo, foi o ponto de encontro em vários momentos – marcavam-se encontros no Potiguá, e também se ia sem marcar nada e se encontrava. Muita coisa pode ser dita sobre ele.

Lembra-se do relato do dono do Potiguá que nem sabia o que era *punk* quando abriu o bar? Então, ao permitir a freqüentação desse grupo que lhe era estranho, tratando-o bem, ganhando sua simpatia, seu bar acabou sendo identificado como o bar *punk* de Londrina – uma identidade dada, sobretudo, por quem é de fora do movimento, quem é de dentro não lhe atribui o rótulo de "o bar *punk*", pois reconhecem que, em Londrina, não há um bar exclusivamente *punk*... Mas quem passa pela Quintino e vê os fregueses do Potiguá logo classifica o lugar, atribui-lhe uma identidade...

Vale lembrar que o Potiguá, desde quando surgiu, mudou três vezes de lugar, permanecendo na mesma área. A primeira localização foi numa rua entre a Quintino Bocaiúva e a Avenida Leste-Oeste, em frente ao Gran Mausoléu, localização que ligou o bar à história do *punk* londrinense...

O segundo Potiguá já foi na Rua Quintino Bocaiúva, época em que o conheci. É a essa fase que o Beto se refere quando diz que, depois do Mausoléu, só ficou o Potiguá como bar freqüentado por *punks* em Londrina.

Quando comecei minha pesquisa de campo, no início de 2000, percebi o Potiguá esvaziado de *punks*, sem aquela efervescência que havia notado em outros momentos. Contudo, ainda era uma referência para o grupo com o qual convivi...

Atualmente, o Potiguá está em outro lugar, agora numa rua que cruza a Quintino, mas para o lado da Avenida Juscelino Kubitschek, e, ainda, é uma referência. Acompanhei esse processo de mudança de endereço do bar e percebi que a freguesia foi junto.

Algumas questões da relação entre este bar e o território/territorialidade *punk*.

Foi um ponto importante para alguns/mas entrevistados/as no seu processo de identificação com o *punk*. Na busca de alguém para conversar, que tinha "idéias que batiam", o Potiguá era uma referência.

A identificação com o *punk*, completada pelo sentimento de segurança para expressar opiniões no grupo, também acontece em relação ao lugar e ao grupo reunido no lugar. Apenas quando se conhece um certo número de pessoas, é que se sente segurança de chegar sozinho no Potiguá: "se eu fosse [ao Potiguá] antes de conhecer estas pessoas eu ia ter medo de entrar lá e levar uma facada, né? (risos)". Uma identificação que envolve assim, também, uma necessidade de familiaridade com o lugar e com as pessoas do lugar.

O bar, que apenas se transforma em território *punk* quando há *punks* reunidos, não é, assim como os outros, um espaço exclusivo. Nele, o contato com o inimigo, inclusive, é bastante comum. Tanto que há alguns relatos na carta do campo sobre a tensão que permeava esses contatos. O território *punk*, que tem o Potiguá como referência, forma-se mesmo é nas calçadas... no outro lado da rua, em frente ao bar: o *script* é sentar-se em grupo na calçada... Recorda-se? Assim, apenas quando o grupo se fechava num círculo na calçada é que o território aparecia, este tinha no bar sua referência – não se formava nele, mas a partir dele.

O *script* de sentar-se na calçada do outro lado da rua, em frente ao bar, pode ser lido como resultado de uma necessidade, por um lado, e de um acontecimento, por outro: necessidade de fugir do contato com a alteridade rival, que não tem o hábito de ficar fora do bar, mas dentro dele; e como reflexo do esvaziamento do bar de *punks* e da constituição de uma alteridade rival, pelo aumento das tretas entre *punks* e *psicobillys*, que antes não tinham problemas em compartilhar os mesmos espaços.

Nos territórios formados na calçada em frente ao bar, há o estabelecimento da alteridade em relação aos outros grupos juvenis que circulam pelas imediações da Quintino – como metaleiros, *rappers*... – e em relação a toda diversidade social daquela rua, à noite – profissionais do sexo e seus clientes, bêbados, pessoas sem rumo etc. Os limites são visíveis na calçada pelo ajuntamento do grupo e estão materializados nos corpos das pessoas. É perceptível a alteridade para qualquer um que passa pela rua, contudo os sinais que os identificam como *punks* apenas são mais facilmente reconhecidos por quem entende o que eles querem dizer, ou seja, outros grupos juvenis, sobretudo os grupos rivais. Em outros termos: os sinais que identificam o *punk* como tal e o seu território são mais facilmente reconhecidos por outros grupos juvenis que também circulam e permanecem nesses espaços à noite, negociando-os com os/as *punks*, ou seja, por aqueles que também se colocam como pertencentes a este ou aquele grupo, a este ou aquele território...

Por fim, não poderia deixar de falar do Vila Café, o bar do Zerão, para fechar a *categoria bares*. Diferente dos bares anteriores, o Vila Café, além de não ser exclusivo do *punk*, é superlotado de uma enorme diversidade juvenil. É um bar da moda entre uma parcela da juventude londrinense. Acredito que os/as *punks* iam a esse bar porque era uma possibilidade de diversão sem compromisso, no domingo à tarde... Contudo, nele, marcavam bem sua alteridade: juntavam-se nas margens do grande movimento e ficavam ali, reunidos. Os limites estavam comunicados pela visibilidade que o grupo dava a uma alteridade em meio àquela diversidade toda: era visível que formavam um grupo à parte, seu visual comunicava isso. Nos últimos tempos da pesquisa de campo, os/as *punks* foram deixando de ir a esse bar, sobretudo porque era freqüente a presença de carecas... marcando também com seu visual a alteridade rival, tornando-a identificável na multidão.

Se der uma olhada no mapa, irá perceber que esses territórios estão espalhados pelo centro de Londrina. A articulação desses vários pontos se dá pelos trajetos, e os pontos, com os trajetos, constituem o que chamo de territorialidade *punk* em Londrina.

A circulação entre os pontos é bastante comum. Às vezes, encontram-se em um ponto, depois vão para outro, ficam ali um tempo e migram novamente. Foram várias as noites começadas em um bar e terminadas nas escadarias do Zerão, por exemplo... uma circulação que dissolve "os limites das coisas, criando articulações mais vastas e heterogêneas" (Sawaia, 1995, p.21).

Os trajetos passam por uma "terra de ninguém..." (Magnani, 1996, p.44). Transpor esses espaços o mais rápido possível seria a atitude esperada. Contudo, é preciso fazer algumas ressalvas: não são os espaços como estruturas fixas que constituem os "territórios de segurança", articulados em trajetos por "espaços de perigo"; o que constitui o território e, conseqüentemente, a segurança é o grupo, o estar em grupo. Assim, pode-se circular sozinho até o Potiguá, chegar lá e não encontrar ninguém... não se formou território.

O circular em grupo constitui território?

Desenvolvo uma resposta a essa questão na carta do campo, quando argumento que circular pelas ruas de madrugada não formava território, pois não havia a necessidade de marcar uma alteridade em relação a nada: as ruas estavam vazias de gente, apenas passavam carros em alta velocidade e o caminhar era descontraído... talvez aqui a resposta pudesse ser a mesma dada para territórios como o Colossinho e o Moringão, onde a alteridade não existia; a diferença é que se trata aqui de mobilidade e não de permanência ou referência para o encontro.

No caso do caminhar em meio à multidão – quando a noitada terminava na feira do cemitério –, a alteridade, contudo, estava presente e o grupo se fechava... todos andavam mais juntos. O território, então, deslocava-se acompanhando o percurso!

Esses trajetos não chegavam a estabelecer regularidades, vários foram os caminhos percorridos. Contudo, é necessário frisar que a Quintino Bocaiúva foi "percorrida ao extremo"... rua intimamente ligada à história do *punk* e àquilo a que chamam cena.

228 NÉCIO TURRA NETO

Numa palavra, posso dizer que cena é a forma como o *punk* nomeia seus espaços de diversão e de encontro, seus encontros e o movimento em si – ao que nomeamos alteridade, sociabilidade, identidade e território... Como se todos esses elementos fossem indissociáveis e indispensáveis para a existência de uma cena *punk*.

Para finalizar essa questão, cabe ainda uma última palavra sobre a territorialidade *punk*: esta não tem relação com sentimento de pertença ou afetividade aos lugares, mas se articula a partir de uma prática/comportamento que permite a vivência da sua identidade cultural de forma coletiva – o que exige encontro, sociabilidade, festa, reuniões. A afetividade não está investida no lugar, mas no encontro que acontece nele: vai-se àquele lugar, porque é ali que se encontram o papo e as pessoas que se buscam, o clima no qual se sente bem... um clima que acaba aderindo ao lugar, diferenciando-o e identificando-o: nas palavras de Sawaia (1995, p.21), um clima que advém do "encontro de identidades em processo – identidades de homens (*sic*) e de espaços".

Tais imagens construídas denotam a multidimensionalidade da territorialidade *punk*: a dimensão dos símbolos aderidos aos lugares e que instigam e possibilitam o permanecer; a dimensão da praticidade – é mais fácil para todos, vindos de diversos pontos, encontrar-se ali; a dimensão da recepção no lugar – o dono do bar é gente fina, a cerveja é barata etc.; além da dimensão da afetividade – o lugar de referência para o encontro, intensamente freqüentado, adquire a familiaridade necessária para o desenvolvimento de alguns sentimentos como desejo de estar lá, segurança de estar lá, e saudades quando não é mais possível freqüentá-lo.

Todas essas dimensões, atuando, juntando-se ou separando-se em pontos específicos da cidade, definiram os trajetos e territórios que constituíram a territorialidade *punk* em Londrina.

É necessário, ainda, fazer algumas conjecturas a mais para tentar articular a territorialidade, com a identidade e a história, por acreditar que essas "dimensões" do *punk* somente foram percebidas da forma que estão aqui por estarem articuladas de uma maneira muito particular em Londrina.

O *punk* de Londrina viveu uma história de esvaziamento nos últimos tempos, vários foram os personagens dessa cena que deixaram a cidade. Paralelo a isso, outros fatos contribuíram para as coisas chegarem ao estado em que se encontravam no final da pesquisa, sobretudo as tretas entre as pessoas que deveriam, na verdade, estar unidas em torno de uma mesma identidade – anarco-*punk*: fragmentou-se o grupo. Também começou a ser freqüente a agressão do grupo rival que, tendo o território *punk* do Potiguá esvaziado, não encontrou resistência em tomar conta do bar. Esvaziamento, fragmentação, investida dos carecas e *psicobillys* ocupando antigos espaços de referência, foram deixando os/as *punks* desterritorializados/as, enclausurados/as em casa, decepcionados/as com o movimento, buscando outros espaços, outros grupos... alguns/mas se desidentificando.

A diversão já não era como antes, as ações coletivas também não. O que restou? *Punks* dispersos, cada qual procurando seu caminho como *punk* ou como qualquer pessoa comum. Nesse processo, os que permanecem estão tentando definir outros espaços de encontro, sociabilidade... tentando construir uma nova territorialidade, na qual, talvez, apenas o calçadão, dentre as referências antigas, permaneça...

E, assim, o *punk* continua se construindo, tanto na sua identidade quanto no seu território.

O que está neste trabalho é como um retrato: fixa as imagens, mas não interrompe o movimento... e um dia, certamente, descolorirá...

Adeus.

Referências bibliográficas

ABRAMO, H. W. *Cenas juvenis: punks e darks no espetáculo urbano.* São Paulo: Scritta, 1994. 172p.

ARANTES, O. B. F. O envelhecimento do novo. In:_____. *Urbanismo em fim de linha e outros estudos sobre o colapso da modernização arquitetônica.* São Paulo: Edusp, 1998.

ARAÚJO, I. L. O espaço em Foucault. In: V CONGRESSO BRASILEIRO DE GEÓGRAFOS, 1994, Curitiba. *Anais...* Curitiba: AGB, 1994. p.259-77.

AVANCINI, C., ITO, C. Fanzines *punks*: uma análise do panorama em Londrina. Londrina, 1994. 61p. (Monografia de Conclusão do Curso de Comunicação Social – Jornalismo – apresentada à Universidade Estadual de Londrina).

BECKER, H. S. *Métodos de pesquisa em ciências sociais.* 4.ed. Trad. M. Estevão e R. Aguiar. São Paulo: Hucitec, 1999. 178p.

BIVAR, A. *O que é punk?* São Paulo: Brasiliense, 1982. (Coleção Primeiros passos).

BORGES, P., COVRE, R. Tribos urbanas. *Libertárias (Revista Trimestral de Cultura Libertária) (São Paulo)*, n.4, p.30-2, 1998.

BRANCO, G. C. Foucault e a estética da existência. *Crítica (Londrina)*, v.2, n.8, p.413-28, jul./set. 1997.

CAIAFA, J. *Movimento punk na cidade*: a invasão dos bandos sub. 2.ed. Rio de Janeiro: Jorge Zahar, 1989. 148p.

CAMACHO, A., LOPES, I. T. A "cidade dos endereços" ou como, na prática, o espaço total passa a ser vivido pontualmente. *Revista de Geografia – UFMS (Campo Grande)*, n.7, p.19-22, jan./jun. 1998.

234 NÉCIO TURRA NETO

CARDOSO, R. C. L. As aventuras de antropólogos em campo ou como escapar das armadilhas do método. In: _____. (Org.) *A aventura antropológica*. Rio de Janeiro: Paz e Terra, 1986. p.95-105.

CARLOS, A. F. A. A natureza do espaço fragmentado. In: SANTOS, M., SOUZA, M. A. de, SILVEIRA, M. L. (Org.) *Território globalização e fragmentação*. São Paulo: Hucitec, Anpur, 1994. p.191-7.

_____. *O lugar no/do mundo*. São Paulo: Hucitec, 1996. 150p.

CICOUREL, A. Teoria e método em pesquisa de campo. Trad. A. Z. Guimarães. In: GUIMARÃES, A. Z. (Org.) *Desvendando máscaras sociais*. Rio de Janeiro: Francisco Alves, 1980. p.87-121.

CLAVAL, P. A geografia cultural: o estado da arte. In: CORRÊA, R. L., ROSENDHAL, Z. (Org.) *Manifestações da cultura no espaço*. Rio de Janeiro: Editora da UERJ, Nepec, 1999. p.59-97.

COHEN, A. K. A delinquência como subcultura. Trad. E. L. de Franco Netto. In: BRITTO, S. (Org.) *Sociologia da juventude – III*: a vida coletiva juvenil. Rio de Janeiro: Zahar Editores, 1968. p.133-46.

COSGROVE, D. A geografia está em toda parte: cultura e simbolismo nas paisagens humanas. In: CORRÊA, R. L., ROSENDAHL, Z. (Orgs.) *Paisagem, tempo e cultura*. Rio de Janeiro: Editora da UERJ, 1998. p.92-123. (Coleção Geografia Cultural).

_____. Geografia cultural do milênio. In: CORRÊA, R. L., ROSENDAHL, Z. (Org.) *Manifestações culturais no espaço*. Rio de Janeiro: Editora da UERJ, 1999. p.17-46. (Coleção Geografia Cultural).

COSTA, M. R. *Os "carecas do subúrbio"*: caminhos de um nomadismo moderno. Petrópolis: Vozes, 1993. 232p.

DA MATTA, R. O ofício de etnólogo, ou como ter *anthropological blues*. In: NUNES, E. de O. (Org.) *A aventura sociológica*: objetividade, paixão, improviso e método na pesquisa social. Rio de Janeiro: Jorge Zahar, 1978. p.23-35.

DIÓGENES, G. *Cartografias da cultura e da violência*: gangues, galeras e movimento *hip hop*. São Paulo: Annablume, Fortaleza: Secretaria da Cultura e do Desporto, 1998. 247p.

DREYFUS, H., RABINOW, P. *Michel Foucault, uma trajetória filosófica*: para além do estruturalismo e da hermenêutica. Trad. V. P. Carrero. Rio de Janeiro: Forense Universitária, 1995. 299p.

ENTERRADO VIVO **235**

DURHAN, E. A pesquisa antropológica com populações urbanas: problemas e perspectivas. In: CARDOSO, R. C. L. (Org.) *A aventura antropológica*. Rio de Janeiro: Paz e Terra, 1986. p.17-37.

ERIKSON, E. H. *Identidade – juventude e crise*. Trad. A. Cabral. Rio de Janeiro: Jorge Zahar Editores, 1972. 323 p.

ESCOSTEGUY, A. C. Estudos culturais: uma introdução. In: SILVA, T. T. da. (Org. e trad.) *O que são, afinal, estudos culturais?* Belo Horizonte: Autêntica, 1999. p.133-66.

FEATHERSTONE, M. *O desmanche da cultura*: globalização, pós-modernismo e identidade. Trad. C. E. M. de Moura. São Paulo: Studio Nobel, 1997. 239p.

FLITNER, A. Os problemas sociológicos nas primeiras pesquisas sobre a juventude. Trad. B. Schurman. In: BRITTO, S. de. (Org.) *Sociologia da juventude – I*: da Europa de Marx à América Latina de hoje. Rio de Janeiro: Zahar Editores, 1968. p.37-67.

FOOTE-WHYTE, W. Treinando a observação participante. Trad. C Menezes. In: GUIMARÃES, A. Z. (Org.) *Desvendando máscaras sociais*. Rio de Janeiro: Francisco Alves, 1980. p.77-86.

FOUCAULT, M. *Microfísica do poder*. Org., trad. e introdução de R. Machado. Rio de Janeiro: Graal, 1985. 295 p.

_____. O sujeito e o poder. In: DREYFUS, H., RABINOW, P. *Michel Foucault, uma trajetória filosófica*: para além do estruturalismo e da hermenêutica. Trad. V. P. Carrero. Rio de Janeiro: Forense Universitária, 1995. 299p.

GEERTZ, C. Uma descrição densa: por uma teoria interpretativa da cultura. In: _____. *A interpretação das culturas*. Trad. F. Wrobel. Rio de Janeiro: Jorge Zahar, 1978. p.13-41.

GILBERT, R. Cidadania, educação e pós-modernidade. In: SILVA, T. T. da, MOREIRA, A. F. (Org.) *Territórios contestados*: o currículo e os novos mapas políticos e culturais. Petrópolis: Vozes, 1995. p.21-48.

GOMES, P. C. da C. Identidade e exílio: fundamentos para a compreensão da cultura. *Espaço e Cultura (Rio de Janeiro)*, n.3, p.31-42, dez. 1996.

GUATTARI, F. Espaço e poder: a criação de territórios na cidade. *Espaço e Debates (São Paulo)*, n.16, p.109-20, 1985.

HAESBAERT, R. Territórios e identidades: raízes do gauchismo e da nordestinidade. In: _____. *Des-territorialização e identidade*: a rede gaúcha no Nordeste. Niterói: Editora da Universidade Federal Fluminense, 1997. p.31-91.

HAESBAERT, R. Identidades territoriais. In: CORRÊA, Roberto L., ROSENDHAL, Z. (Org.) *Manifestações da cultura no espaço*. Rio de Janeiro: Editora da UERJ, Nepc, 1999. p. 169-90. (Coleção Geografia Cultural).

HALL, S. *Identidade cultural na pós-modernidade*. Trad. T. T. da Silva e G. L. Louro. Rio de Janeiro: DP&A, 1999. 102p.

HARVEY, D. *Condição pós-moderna*: uma pesquisa sobre as origens da mudança cultural. Trad. A. U. Sobral e M. S. Gonçalves. São Paulo: Loyola, 1992.

HOLZER, W. Uma discussão fenomenológica sobre os conceitos de paisagem e lugar, território e meio ambiente. *Território (Rio de Janeiro)*, ano III, n.3, p.77-85, jul./dez. 1997.

HUNT, L. História, cultura e texto (apresentação). In: _____. (Org.) *A nova história cultural*. Trad. J. L. Camargo. São Paulo: Martins Fontes, 1995. p.1-29.

JAIDE, W. As ambigüidades do conceito de "geração". Trad. B. Schuman. In: BRITTO, S. de (Org.) *Sociologia da juventude II*: para uma sociologia diferencial. Rio de Janeiro: Zahar Editores, 1968. p.15-27.

JAMES, M. Governamentalidade e educação liberal. In: SILVA, T. T. da. (Org. e trad.) *O sujeito da educação*: estudos foucaultianos. Petrópolis: Vozes, 1995. p.21-34.

JOHNSON, R. O que são, afinal, estudos culturais? In: SILVA, T. T. da. (Org. e trad.) *O que são, afinal, estudos culturais?* Belo Horizonte: Autêntica, 1999. p.7-131.

MCDOWEL, L. A transformação da geografia cultural. In: GERGORY, D., MARTIN, R., SMITH, G. (Org.) *Geografia humana*: sociedade, espaço e ciência social. Trad. M. Isaack. Rio de Janeiro: Jorge Zahar, 1996. p.159-88.

MCNEILL, L., MCGAIN, G. *Mate-me por favor*: uma história sem censura do *punk*. Trad. L. Brito. Porto Alegre: L&PM, 1997. 444 p.

MAFFESOLI, M. *O tempo das tribos*: o declínio do individualismo nas sociedades de massa. Trad. M. de L. Menezes. Rio de Janeiro: Forense-Universitária, 1987. 244p. (Coleção Ensaio e Teoria).

MAGNANI, J. G. C. Discurso e representação, ou de como os Baloa de Kiriwina podem reencarnar-se nas atuais pesquisas. In: CARDOSO, R. C. L. (Org.) *A aventura antropológica*: teoria e pesquisa. Rio de Janeiro: Paz e Terra, 1986. p.127-40.

ENTERRADO VIVO **237**

MAGNANI, J. G. C. Tribos urbanas: metáfora ou categoria? *Cadernos de Campo, Rev. dos alunos de Pós-Graduação em Antropologia da USP (São Paulo)*, ano II, n.2, p.48-51, 1992.

_____. Quando o campo é a cidade: fazendo antropologia na metrópole. In: MAGNANI, J. G. C., TORRES, L. de L. (Org.) *Na metrópole*: fazendo antropologia urbana. São Paulo: Edusp, Fapesp, 1996. p.12-53.

MANNHEIM, K. O problema da juventude na sociedade moderna. Trad. O. A. Velho. In: BRITTO, S. de. (Org.) *Sociologia da juventude – I*: da Europa de Marx à América Latina de hoje. Rio de Janeiro: Zahar Editores, 1968. p.69-94.

MATZA, D. As tradições ocultas da juventude. Trad. E. L. de Franco Netto. In: BRITTO, S. de. (Org.) *Sociologia da juventude III*: a vida coletiva juvenil. Rio de Janeiro: Zahar Editores, 1968. p.81-106.

MESQUITA, Z. Espaço, território e lugar: estas palavras ciganas. *Educação, Subjetividade e Poder (Porto Alegre)*, Núcleo de Estudos sobre Subjetividade, Poder e Educação, Programa de Pós-Graduação em Psicologia Social e Institucional – UFGRS, v.5, p.64-75, jul. 1998.

MILLS, C. W. Do artesanato intelectual (apêndice). In: _____. *A imaginação sociológica*. Trad. W. Dutra. Rio de Janeiro: Zahar Editores, 1969. p.211-43.

MORAES, A. C. R. *Ideologias geográficas*. São Paulo: Hucitec, 1996. p.11-35.

O'BRIEN, P. A história da cultura de Michel Foucault. In: HUNT, L. (Org.) *A nova história cultural*. Trad. J. L. Camargo. São Paulo: Martins Fontes, 1995. p.33-62.

ORTIZ, R. *A moderna tradição brasileira*: cultura brasileira e indústria cultura. São Paulo: Brasiliense, 1995. 222p.

PEIRANO, M. G. S. Etnocentrismo às avessas: o conceito de "sociedade complexa". In: _____. *Uma antropologia no plural*: três experiências contemporâneas. Brasília: Editora da UnB, 1992. p.107-29.

_____. O encontro etnográfico e o diálogo teórico. In: _____. *Uma antropologia no plural*: três experiências contemporâneas. Brasília: Editora da UnB, 1992. p.131-46.

POPKEWITZ, T. S. História do currículo, regulação social e poder. In: SILVA, T. T. da. (Org. e trad.) *O sujeito da educação*: estudos foucaultianos. Petrópolis: Vozes, 1995. p.173-210.

238 NÉCIO TURRA NETO

QUEIRÓZ, M. I. P. de. Relatos orais: do "indizível" ao "dizível". In: _____. *Variações sobre a técnica de gravador no registro da informação viva*. São Paulo: T. A. Queiróz, 1991. p.1-26.

RAFFESTIN, C. *Por uma geografia do poder*. Trad. M. C. França. São Paulo: Ática, 1993. 269p.

ROSENMAYR, L. A situação sócio-econômica da juventude de hoje. Trad. M. Teixeira e L. C. Figueiredo. In: BRITTO, S. de. (Org.) *Sociologia da juventude – I*: da Europa de Marx à América Latina de hoje. Rio de Janeiro: Zahar Editores, 1968. p.133-73.

SALGUEIRO, T. B. Cidade pós-moderna: espaço fragmentado. *Território (Rio de Janeiro)*, ano III, n.4, p.39-53, jan./jun. 1998.

SANTOS, M. *Técnica espaço tempo*: globalização e meio técnico-científico-informacional. São Paulo: Hucitec, 1996. 189p.

SAWAIA, B. B. O calor do lugar: segregação urbana e identidade. *São Paulo em Perspectiva (São Paulo)*, v.9, n.2, p.20-4, 1995.

SILVA, A. C. *Geografia e cultura* (aportes a uma geografia cultural). São Paulo, 1993. (Apostila do curso Epistemologia e Ontologia da Geografia Humana, ministrado no curso de Pós-graduação em Geografia da Universidade Estadual Paulista – Presidente Prudente). (Mimeogr.).

_____. *Geografia, modernidade e pós-modernidade*. Presidente Prudente, 1996. 131p. (Apostila do curso Epistemologia e Ontologia da Geografia Humana, ministrado no curso de Pós-graduação em Geografia da Universidade Estadual Paulista – Presidente Prudente). (Mimeogr.).

_____. *Geografia e mudança cultural*. Florianópolis, 2000. 17p. (Apostila do curso: Geografia e Mudança Cultural, ministrado no XII ENG). (Mimeogr.).

SILVA, L. E. F. da. *A marginalidade da cultura* underground. Londrina, 1995. 65p. (Monografia apresentada ao curso de graduação em Ciências Sociais da Universidade Estadual de Londrina).

SILVA, T. T. da. Adeus às metanarrativas educacionais. In: _____. (Org.) *O sujeito da educação*: estudos foucaultianos. Petrópolis: Vozes, 1995. p.247-58.

SOUZA, C. de. Punk e modismo: *visões em Londrina*. Londrina, 1998. 38p. (Monografia apresentada ao curso de graduação em Ciências Sociais da Universidade Estadual de Londrina).

SOUZA, M. J. L. de. O território: sobre espaço e poder, autonomia e desenvolvimento. In: CASTRO, I. E., CORRÊA, R. L., GOMES, P. C. C. (Org.) *Geografia*: conceitos e temas. Rio de Janeiro: Bertrand Brasil, 1995. p.77-116.

SPOSITO, M. E. B. Reflexões sobre a natureza da segregação espacial nas cidades contemporâneas. *Revista de Geografia (Dourados)*, n.4, p.71-85, set./out./nov./dez. 1996.

_____. Espaços urbanos: territorialidades e representações. In: SPOSITO, E. S. (Org.) *Dinâmica econômica, poder e novas territorialidades*. Presidente Prudente: UNESP, FCT, GAsPERR, 1999. p.13-29.

SPÓSITO, M. P. A sociabilidade juvenil e a rua: novos conflitos e ação coletiva na cidade. *Tempo Social, Rev. Soc. da USP (São Paulo)*, v.5, n.1-2, p.161-78, 1993.

TELLES, V. da S. Espaço público e espaço privado na constituição do social: notas sobre o pensamento de Hannah Arendt. *Tempo Social, Rev. Soc. USP (São Paulo)*, v.2, n.1, p.23-48, 1990.

TURRA NETO, N. Do território aos territórios. In: SOUZA, A. J. de, SOUZA, E. B. C. de, MAGNOMI JÚNIOR., L. (Org.) *Paisagem território e região*: em busca da identidade. Cascavel: Edunioeste, 2000. p.87-101.

VELHO, G. Observando o familiar. In: NUNES, E. de O. (Org.) *A aventura sociológica*: objetividade, paixão, improviso e método na pesquisa social. Rio de Janeiro: Zahar, 1978. p.36-46.

ANEXO

Caixa A – A observação participante

Uma definição de observação participante...
Aquela com que mais me identifico é a desenvolvida
por Schuartz & Schuartz (apud Cicourel, 1980, p.89):

> definimos observação participante como um processo
> pelo qual mantém-se a presença do observador numa
> situação social com a finalidade de realizar uma inves-
> tigação científica. O observador está em relação face-
> a-face com os observados e, ao participar da vida deles,
> no seu cenário natural, colhe dados. Assim, o obser-
> vador é parte do contexto sob observação, ao mesmo
> tempo modificando e sendo modificado por este
> contexto.

Caixa B – Entrada do pesquisador no grupo

Como argumenta Becker (1999, p.35-7), conseguir a
permissão do grupo para realizar seu trabalho é o problema
número um a ser enfrentado pelo pesquisador de campo.
Sobre isso, Foote-Whyte (1980, p.79) afirma que a
aceitação do pesquisador no grupo depende mais da pessoa
que ele revela ser aos olhos dos outros do que das bases lógicas de sua pesquisa. Se o pesquisador se revelar uma boa
pessoa, alguém em quem é possível confiar, sua pesquisa
será boa, do contrário, não haverá argumentação que possa
fazer as pessoas verem sua pesquisa como algo bom. Assim,
a relação pessoal é a dimensão mais relevante para a aceitação
no grupo; o pesquisador deve mostrar-se como pessoa, disposta ao diálogo e à convivência. Nesse sentido, vai também
a argumentação de Cicourel (1980, p.90).

Caixa C – Da infância à adolescência: transição e crise

Ao levantar a primeira hipótese, assumo uma concepção de juventude como um período de transição, de passagem de uma sociabilidade familiar para um círculo social mais amplo e, também, de uma negação dos referenciais culturais recebidos até a adolescência e a busca de novos referentes, novos modos de ser. Tal negação envolve também um desejo de romper com a ordem social na qual se encontra inserida: uma negação do mundo tal como ele está construído.

É claro que esse não é um processo que acontece com toda a juventude em todos os momentos históricos, mas cada época teve seus "rebeldes"... São determinadas facções dentro do quadro mais geral da juventude de um período. Acredito que aqueles segmentos mais sensíveis às contradições do sistema – sejam eles os mais preparados intelectualmente para negar a ordem, sejam aqueles que sentem na pele, nas carências do dia-a-dia, essas contradições (aqui, uma contradição entre uma estimulação dos desejos e uma impossibilidade real de realizá-los, como argumenta Cohen (1968), acerca da "delinqüência juvenil") – são os mais predispostos a romper com a ordem e a buscar formas alternativas.

Seguindo as argumentações de Abramo (1994, p.8-20), essa posição filia-me a algumas teorias sobre a juventude, sobretudo aquelas que tematizam esse período da vida a partir das noções de transição e crise.

Até a puberdade, a criança se desenvolve quase que exclusivamente no seio da família. Na adolescência, começa a ampliar seu mundo, freqüentando a vizinhança e certos espaços da vida pública.

Assim, o adolescente não está apenas biologicamente num estado de fermentação, mas sociologicamente penetra num mundo em que os hábitos, costumes e sistemas de valores são diferentes dos que até aí conhecera. O que para ele é uma novidade desafiadora, para o adulto é algo a que já está habituado e aceita com naturalidade. Por isso, esta *penetração vinda de fora* torna a juventude especialmente apta a solidarizar-se com movimentos sociais dinâmicos que, por razões bem diferentes das suas, estão insatisfeitos com o estados de coisas existentes. A mocidade ainda não tem interesses adquiridos, quer no senso econômico, quer em função de hábitos e valorizações, ao passo que a maioria dos adultos sérios já os tem. (Mannheim, 1968, p.75-6 – grifo do autor)

Essa situação desenvolve-se naqueles/as jovens que, ao depararem com o mundo, percebem-no como algo que eles não construíram e não desejaram e que poderia ser diferente. Contudo, é forçado/a a adentrar nesse conjunto social que lhe coloca restrições, normatizações, racionalização da vida, especialização, fragmentação. Mas o desejo do/a jovem é

relações comunitárias intensivas, liberdade de movimento, plenitude de vida e naturalidade espontânea. [Assim], de acordo com toda sua estrutura psíquica, ele é estranho a essa configuração racional, que invade sua vida com exigências e intervenções. Essa tensão será tanto maior, quanto mais intensiva for a juvenilidade e quanto mais a sério for levado o estado psíquico próprio. (Flitner, 1968, p.54)

De acordo com Abramo (1994, p.12), essa idéia de juventude como transição envolve também uma situação de "moratória": "um tempo para ensaio e erro, para experimentações...", para o qual há uma certa tolerância da sociedade [baseando-se na tese de Erikson, 1972].

> Nessa transição, um dos processos mais marcantes é o das progressivas, embora relativas, independência e diferenciação em relação à família de origem. A psicologia identifica o processo de elaboração de uma identidade própria como processo básico da adolescência ... Daí decorrerem todas as atividades e atitudes que ganham relevância nesse período: a necessidade de circulação e experimentação e a importância dos grupos de pares como meio de realizar as descobertas, de estruturar novas atitudes e elaborar a nova identidade, que se constituem meios fundamentais para uma vivência tipicamente juvenil ... Daí também decorrerem os conflitos com a família e com outras instituições encarregadas da socialização dos adolescentes, a partir dos contrastes entre as orientações, apelos e referências distintos e às vezes opostos. (p.12-3)

Daí que essa linha da psicologia identifica uma crise normativa de identidade na adolescência, que envolve tanto a busca de uma identidade individual quanto a sua localização numa identidade coletiva (Erikson, 1972). A juventude seria, assim, uma fase conturbada de maturidade psíquica e social. Um processo que pode causar profundas rupturas de grupos juvenis ou movimentos de juventude com a ordem social (Abramo, 1994, p.13).

Há uma grande discussão sobre a temática da juventude, sobretudo na psicologia e na sociologia. Uma discussão que produziu uma enorme ambiguidade conceitual é expressa da seguinte forma por Diógenes (1998, p.93-4):

> [A juventude] se tece no turbilhão do tráfego das grandes cidades, na necessidade de mutação permanente, no impulso "criativamente destrutivo" (Harvey, 1992) do desenvolvimentismo moderno. O movimen-

to é a sua marca e a inovação, seu signo. Com a expansão do industrialismo, em que o consumismo e a cultura de massas tornaram-se a tônica da nova era, a juventude se expressa como agente catalisador e propagador de um estilo moderno e cosmopolita. Nesse sentido, a juventude é recortada por referentes simbólicos condensadores de uma marca estilizada do "ser moderno". Talvez seja por tais características que se tornam sempre tão complexas as tentativas de conceituação do termo juventude.

Por isso, também os estudos sobre juventude são marcados por uma imprecisão conceitual. A juventude é encarada como período de transição, que indica o que foi e o que será, o vir-a-ser.

Talvez seja por se tornar um signo da modernidade é que a juventude passa cada vez mais a ser abordada como uma fase crítica, vulnerável, marcada pela fluidez quanto à dimensão do tempo, e pelo deslocamento quanto à noção de espaço. (ibidem, p.94)

Diante disso, não pretendo esgotar aqui a questão, mas apenas extrair da discussão realizada aqueles elementos que possam dar sustentação à minha análise.

Assim, sigo com a reflexão que quero construir sobre juventude. E o próximo ponto a destacar é a sociabilidade juvenil, marcada pela existência de grupos juvenis como sua forma principal e constante no tempo, pelo menos desde o advento da sociedade moderna.

São vários os autores que atribuem como característica da juventude a formação de "grupos de idade" ou agrupamentos juvenis. Rosenmayr (1968, p.158-9) argumenta que a formação de grupos juvenis exerce grande papel na sociabilidade do/a jovem. E atribui isso a dois fatores básicos: a necessidade de relações mais estreitas em meio a uma sociedade marcada pela impotência do indivíduo ante as grandes instituições e a necessidade de firmar a personalidade, o sentimento de independência e de reconhecimento e aceitação por um grupo de pessoas que não seja os próprios pais, daí o grande empenho do/a jovem em fazer amizades. Para Erikson (1972, p.234), os/as jovens precisam sentir-se membros de um gênero especial, cujos símbolos serão ostentados com vaidade e defendidos contra aqueles que são inimigos. Nessa fase de construção da identidade individual e de busca pela identificação com um coletivo, o/a jovem faz escolhas, selecionando pessoas e grupos por aquilo que eles representam: "É pois uma nova realidade para a qual o indivíduo deseja renascer, com e por aqueles a quem escolheu como novos ancestrais e seus verdadeiros contemporâneos" (ibidem, p.247-8).

Nesse sentido, Abramo (1994, p.19-20) argumenta que a juventude é particularmente sensível à diferença visível, na sociedade moderna, entre as normas ensinadas e a prática real na vida pública. Ela cobra, assim, da sociedade uma fidelidade aos valores professados, e, por isso, há conflitos, rupturas e desilusões. É por isso também que o/a jovem prefere romper com o grupo de origem e identificar-se com outras referências e estilos de vida de grupos considerados mais autênticos.

As manifestações dessa ruptura têm vários exemplos ao longo da história, envolvendo a construção de modos de vida excêntricos ligados a movimentos artístico-intelectuais, movimentos estudantis ou à construção de um novo modo de vida. Tais manifestações têm como ponto em comum a recusa e a crítica à sociedade urbano-industrial (ibidem, p.20).

Aqui entra outra característica dessa parcela da juventude que se rebela ou entra em crise: a necessidade de se identificar a valores, personalidades, ideologias, enfim, encontrar algo que seja considerado autêntico e digno de receber dedicação.

Segundo Rosenmayr (1968, p.135-6):

> Os jovens não são apenas relativamente abertos para os valores, eles têm necessidade de certa identificação com os ideais, de uma ligação a esses ideais a fim de superar sua agitação e satisfazê-la. Eles têm necessidade de força e estão prontos a obtê-la nas imagens, nos símbolos, nos modelos, ou nos ídolos, para os quais se voltam ou para os quais são dirigidos.
>
> Na maior parte das sociedades industriais é apenas num grau limite que os adolescentes podem realizar, traduzir em atos seu desejo de uma vida sexual completa, de poder social de crítica etc. Impedidos pela idade, pela educação inacabada, pela falta de maturidade social e de independência econômica de alcançar uma satisfação inteira e real, eles tendem a procurar sua segurança e seu equilíbrio na identificação a ideais.

Assim, identifico como "componentes" da juventude: um período de transição da vida infantil para a vida adulta, no qual se amplia progressivamente o círculo de sociabilidade do jovem – uma passagem da família para o mundo; um período em que há uma crise, por parte de um segmento "mais sensível" da juventude, em relação a um mundo que não se quer entrar, manifestada numa negação e na busca de alternativas ou numa contraposição radical; uma sociabilidade exercida, sobretudo, em meio a grupos de idade; uma identificação com ideais como necessidade de encontrar respostas para as questões que colocam sobre si e sobre o mundo.

Segue-se agora uma tentativa de aproximar essas características – que levaram a variadas manifestações juvenis ao longo da história –, do momento presente, aliando a sua localização temporal com a sua inserção no meio urbano, para tentar justificar a hipótese de que é circulando pelo espaço da cidade que os/as jovens se reconhecem e se agrupam. A partir do final da década de 1970 e início da de 1980, há uma grande fragmentação no cenário juvenil, marcado pelo aparecimento de grupos juvenis, como "tribos", ligadas ao lazer/diversão, articulando e fazendo circular símbolos retirados da indústria cultural, construindo estilos espetaculares de aparecimento e aglutinados em torno de estilos musicais, conforme argumenta Abramo (1994): grupos articulados em torno do estilo.

Esta é a leitura que Abramo (1994, p.82-3) faz destes grupos:

> São fenômenos que se desenrolam justamente no cruzamento dos campos do lazer, do consumo, da mídia, da criação cultural e lidam com uma série de questões relativas às necessidades juvenis desse momento. Entre elas, a necessidade de construir uma identidade em meio à intensa complexidade e fragmentação do meio urbano, e que se reflete no peso sinalizador e na velocidade das modas; a necessidade de equacionar os desejos estimulados pelos crescentes apelos de consumo e as possibilidades de realizá-los; a necessidade de situar-se frente à enxurrada de informações veiculadas pelos meios de comunicação; a necessidade de encontrar espaços de vivência num meio urbano modernizado mas ainda pobre de opções e segregacionista, adverso aos jovens com baixo poder aquisitivo; e a necessidade de elaborar a experiência da crise [da década de 1980], com as dificuldades de

articular perspectivas de futuro para si e para a sociedade. Buscando lidar com essas questões, alguns grupos de jovens vão construir um estilo próprio, com espaços específicos de diversão e atuação, elegendo e criando seus próprios bens culturais, sua música, sua roupa, buscando escapar da mediocridade, do tédio da massificação e da própria imposição da indústria cultural.

Num mundo onde a principal forma de comunicação é a imagem, e as identidades sociais são expressas pelo que se consome, marcar posição pela construção alegórica da própria imagem foi a saída encontrada pelos/as jovens para tornar visíveis suas questões para o mundo e elaborá-las para si mesmos.

Esses grupos são muito diferentes entre si, sobretudo no que se refere à ideologia e à sua origem socioterritorial. Contudo,

é possível vê-los todos como formas de elaboração e expressão de questões relativas à vivência da condição juvenil na atual conjuntura, como formas de negociar espaços de vivência nesse novo meio urbano, de processar a elaboração de identidades coletivas, de forjar respostas que os posicionem frente aos valores correntes na sociedade e de prover uma intervenção no espaço social. (ibidem, p.84)

Spósito (1993, p.162), ao analisar a sociabilidade juvenil na atualidade, argumenta que movimentos populares ou partidos políticos pouco têm sensibilizado os jovens urbanos, enquanto isso:

Ruas e praças da cidade são ocupadas pela presença de incontáveis agrupamentos coletivos juvenis,

> estruturados a partir de galeras, bandos, gangues, grupos de orientação étnica, racista, musical, religiosa ou as agressivas torcidas de futebol. Muitas vezes a violência sem significação aparente surge como parceira inseparável dessas manifestações, que ora se exprimem nos bairros periféricos, ora se deslocam para o centro da cidade. Percebe-se uma nova apropriação do espaço urbano, que desafia o entendimento e exige uma aproximação mais sistemática para sua compreensão.

A autora também vê nesses "bandos juvenis" (*sic*) uma resposta à atomização provocada pela desagregação das referências nas grandes cidades.

> Os bandos juvenis levam até a exasperação os enfrentamentos interculturais, as disputas pelos territórios e seu controle sócio-político; eles atestam a multiplicidade irredutível de linguagens e estilos de vida, de estratégias de sobrevivência e de comunicação nas grandes cidades. (ibidem, p.172)

Nesse sentido, pergunto: como se formam os grupos? Como jovens, circulando pelo espaço da cidade, identificam-se com este ou aquele grupo? A hipótese que desenvolvo busca responder a essas questões. Assim, argumento que, circulando pela cidade, o/a jovem toma contato com os símbolos colocados em movimento pelos grupos juvenis que circulam ou permanecem pelos espaços públicos, identifica-se, afasta-se ou simplesmente não reconhece esses símbolos e esses grupos. Adere ou os repudia, buscando colocar-se no cenário urbano como participante de um dos grupos juvenis que o constituem.

No caso do *punk*, a identificação coloca em movimento as características juvenis elencadas anteriormente, pois trata-se de jovens que, querendo referências, buscam também compreender o mundo em que vivem para poder melhor expressar seu sentimento de insatisfação com ele. Assim, o *punk*, além de uma identidade, oferece também uma ideologia, no sentido que Erikson (1972, p.188) dá ao termo, como um sistema de idéias apresentadas aos/às jovens e que lhes oferecem:

(1) uma perspectiva simplificada do futuro que abrange todo o tempo previsível e, assim, compensa a "confusão temporal" do indivíduo; (2) alguma correspondência fortemente sentida entre o mundo íntimo de ideais e perversidades e o mundo social com suas metas e perigos; (3) uma oportunidade para exibir alguma uniformidade de aparência e comportamento, neutralizando a aparência de neutralidade individual; (4) incentivos para uma experimentação coletiva com papéis e técnicas que ajudam a superar um sentimento de inibição e culpa pessoal; (5) introdução nos valores éticos da tecnologia predominante e, portanto, na competição sancionada e regulamentada; (6) uma imagem do mundo geográfico-histórico como quadro de referência para a identidade nascente do indivíduo jovem; (7) um fundamento lógico para um modo de vida sexual compatível com um sistema convincente de princípios; (8) submissão a líderes que, como figuras super-humanas ou "big brother", estão acima da ambivalência da relação parental-filial. Sem tal vinculação ideológica, por mais implícita que esteja num "modo de vida", o jovem sofre uma confusão de valores ... que pode ser especificamente perigosa para alguns mas que, numa grande escala, é certamente perigosa para a própria tessitura da sociedade.

E, mais adiante:

> Assim, identidade e ideologia são dois aspectos do mesmo processo. Ambas proporcionam a condição necessária para mais amadurecimento individual e, com ele, a forma seguinte e mais elevada de identificação, a saber, a solidariedade que vincula identidades comuns numa vivência, ação e criação conjuntas. (ibidem, p.189)
>
> Dessa forma, o *punk*, quando reconhecido e eleito como grupo de referência, responde às necessidades que surgem nessa faixa de idade: fornece um grupo de sociabilidade ao qual se filiar; dispõe de uma proposta ideológica de ação, posição e vida no mundo; oferece uma forma original de diversão que foge dos padrões da indústria cultural; e uma imagem que é, ao mesmo tempo, forma de expressão e de chamar a atenção. É atrativo para uma parcela sensível da juventude que, circulando pelo turbilhão da cidade, busca algo em que se agarrar...

Caixa D – A juventude como categoria social histórica

> Vale dizer que toda essa história tem relação com uma concepção particular de juventude e dos movimentos levados a cabo por ela. Cada momento histórico apresenta um quadro social, econômico, político e cultural, no qual o jovem e a jovem devem se inserir. Por isso, os movimentos juvenis de contestação da ordem levam as marcas de seu tempo, têm relação com os elementos colocados à sua disposição em cada momento e ao quadro histórico que quer denunciar e questionar; às vezes, deseja também transformar, às vezes apenas colocar-se à margem, ou ainda acabar com tudo, sem uma proposta definida. Essa perspectiva está respaldada em alguns autores que discutem juventude. Em cada período,

ante as modificações socioeconômicas, a juventude responde a elas diversamente da juventude do período anterior (Flitner, 1968, p.66).

Jaide (1968, p.19), questionando a generalização do conceito de geração, assim estabelece sua opinião sobre a relação da juventude com o tempo:

> As mencionadas mudanças das circunstâncias de vida contribuem adicionalmente para tornar as comparações [entre as gerações] duvidosas e "injustas". A rigor, será preciso medir cada geração consigo mesma, ou seja, segundo a extensão em que alcançou, assimilou e utilizou as possibilidades latentes de seu tempo. Mas não se deveria exigir-lhes demais nem exagerar seu valor. É verdade que, ao contrário do que fazem alguns, não se pode pôr as circunstâncias da época no lugar da mentalidade de uma geração. Uma juventude é marcada por seu tempo. Mas a série divergente e ambígua de possibilidades de seu tempo constitui-se mais em ambiente, adversidade, chance, estímulo para o desenvolvimento da geração jovem, que lhe está subordinada, do que em força motriz única ou mais urgente. O curso rápido, pretensamente evidente, das transformações exteriores de nossa vida conduz-nos à tentação de procurar tendências semelhantes no comportamento íntimo da juventude. A juventude, contudo, transforma-se provavelmente com maior hesitação e superficialidade, permanecendo mais independente e constante, no cerne, do que julgamos e as novas orientações civilizatórias insinuam. A maneira pela qual a juventude deseja explicar o seu tempo não pode ser deduzida desse tempo como tal. Mesmo os adultos não vivem simplesmente sincronizados e conformes com seu tempo.

Abramo (1994, p.xiv), por sua vez, argumenta que a categoria juventude é histórica no sentido de que cada movimento de juventude coloca-se como resposta ao contexto em que se produziu, e, assim, é preciso entender as manifestações juvenis dentro de suas conjunturas específicas.

Ampliando o sentido de conjuntura, concordo com Jaide (1968) que vê as condições presentes permeadas por muitos tempos (o passado, o presente e o futuro), portanto as condições de uma época não são suficientes para entender a juventude dessa época. Há resquícios de épocas passadas, diferentes resquícios para diferentes grupos, e há também um investimento no futuro, que também varia com o grupo. Assim, o conceito de geração não abrangeria todo o contingente juvenil de um período, porque múltiplo e sem contornos nítidos no tempo. Além disso, como geógrafo, acredito que o sentido de conjuntura deve abrigar também o lugar em que tais movimentos ocorrem, sobretudo se estamos falando do meio urbano, local privilegiado dos movimentos de juventude. No entanto, há autores que negam a possibilidade de existência de juventude no campo (Bode apud Flitner, 1968, p.59), apesar de essa concepção ser duvidosa hoje em dia, com a expansão do modo de vida urbano por todos os cantos.

É preciso considerar que a cidade, sua escala e sua dinâmica, oferece possibilidades ou limitações a tais movimentos de juventude: espaços de encontro, troca e diversão, onde a sociabilidade acontece... ou a falta desses espaços, e aí a sociabilidade se dá por outras vias, em outros lugares, talvez até no privado.

Os movimentos de juventude dos anos 60 são considerados modelo ideal do comportamento juvenil: uma postura revolucionária, a proposição de um novo modo de vida e o investimento de um desejo de mudança social. A partir dos anos 60, foi cobrada de todos os movimentos de juventude uma postura similar, caso contrário seriam movimentos alienados... (Abramo, 1994, p.xiii). Mas aqui vale lembrar a concepção de juventude como categoria histórica e espacial, o que nos permite afirmar que não há modelos... há circunstâncias específicas que permitem ou não tais e quais posturas e ações dos movimentos de juventude.

Caixa E – O movimento Carecas do Brasil

Uma explicação sobre o que é o movimento Carecas do Brasil (ou Carecas do Subúrbio, como surgiram, em São Paulo, no início da década de 1980) está em Costa (1993). Segundo a autora, os Carecas do Subúrbio eram uma das várias gangues *punks* que havia em São Paulo no começo da década de 1980.

As transformações por que passou o *punk*, nesse período, como a tentativa de formação de um movimento, a definição mais precisa do que era o anarquismo e a identificação com causas populares, levaram alguns grupos *punks* do subúrbio a não reconhecerem essas mudanças como as mais desejadas para "os rumos do movimento", preferindo continuar no exercício da violência e aderindo a uma ideologia mais à direita, com filiação nazi-fascista. Esse foi o principal ponto de ruptura que, gradativamente, foi distanciando *punks* e carecas, e ambos foram construindo movimentos autônomos, independentes entre si, e rivais, pois passaram a defender propostas opostas.

Agressões entre *punks* e carecas são freqüentes, é como se um ódio movesse a atitude dos carecas em relação aos/as *punks*.

Ser "careca do subúrbio" é, portanto, colocar-se pela violência, uma violência que é vivida como aquilo

> que faz com que sejam respeitados e temidos pelos ou-
> tros. Além disso, é por seu intermédio que o "careca"
> age e relaciona-se com outros grupos, criando uma ilu-
> são de poder, força e potência. (Costa, 1993, p.18)

No livro, onde aparecem vários depoimentos de integrantes desse movimento, há um que chama bastante a atenção. Trata-se de um jovem que afirma que sempre respeitou
os pais e trabalhou, nunca usou drogas, mas que, quando
está com o grupo de carecas, quer extravasar a violência: "alguma coisa dentro da gente que a gente não conhece, uma
outra face da gente... o que eu procurava era um pouco mais
de rebeldia, violência" (ibidem, p.139). Esse depoimento
choca pela frieza com que a violência é encarada, como um
instinto selvagem a ser liberado, não importa se tal liberação
causar dor, morte, sofrimento...

No ano de 2000, o movimento Carecas do Brasil esteve muito presente na mídia. E toda vez que apareceu, era em
decorrência de atentados terroristas (como envio de bombas
para pessoas ligadas à defesa dos direitos humanos) e mortes
de negros e homossexuais.

Caixa F – Alteridade dentro da festa

Caiafa (1989, p.49) descreve a inusitada presença do
grupo *punk*, com o qual conviveu, numa festa junina num
subúrbio do Rio de Janeiro. Segundo ela, o "grupo de negro" se contrastava em meio às outras pessoas e suas fantasias
juninas: "Os *punks* fizeram um *point* e ficaram reunidos".

Isso também pude perceber em Londrina: o grupo de
punks causa contraste em meio aos *rappers*, que também possuem seu estilo particular de vestir. Formam território dentro da festa e ficam num grupo à parte.

> No bar Vila Café do Zerão, que durante um certo período do ano de 2000, foi ponto de encontro do grupo *punk* que chegava de viagem, também pude perceber a construção de uma alteridade em meio a toda diversidade que compunha o bar. Os/as *punks* ficavam nas margem, reunidos... constituindo ali seu efêmero território.

Caixa G – Cenário, atores e *script*

> As noções de cenário, atores e *script* me vêm de Magnani (1996), num artigo em que desenvolve uma proposta metodológica para estudos antropológicos no meio urbano.
> Primeiro se delimita o cenário que se vai estudar, que "significa identificar marcos, reconhecer divisas, anotar pontos de intersecção..." (p.37), e isso deve ser feito não apenas com base nos equipamentos e estrutura física, mas sobretudo em relação à prática dos atores que usam esse espaço. Em relação aos atores, trata-se de "detectar tipos"... Por fim, estabelece-se o *script* ou conjunto de regras que os atores seguem nesse cenário: "São estas regras que dão significado ao comportamento e através delas é possível determinar as regularidades, descobrir as lógicas, perceber as transgressões, os novos significados" (p.38).

Caixa H – O visual: impacto como forma de atuação política

> Sobre o visual *punk*, há uma discussão interessante desenvolvida tanto por Abramo (1994) quanto por Caiafa (1989). Para ambas, o visual constitui a principal forma de atuação *punk*, já que é por meio dele que o/a *punk* exprime o que pensa para o mundo, chama a atenção sobre si e sobre as

questões que coloca, causa estranhamento, confusão (pela falta de referenciais para ser classificado pela sociedade), colocando-se no espaço público como enigma, pedindo deciframento.

Caiafa (1989, p.26), acompanhando os/as *punks* do Rio de Janeiro, num *show*, constata que eles/elas vão se vestindo pelo caminho ou se vestem no local mesmo do *show*, com o objetivo de evitar hostilidades em casa e na rua.

> Os *punks* aprendem a subtrair a esses ataques (no ônibus, pela rua), e a deflagrar toda a estranheza em momentos em que ela possa ter um papel ativo de interferência. É no bando, juntos, que se consegue isso.

Essa é sua idéia de que o *punk*, em bando, circulando pela cidade ou permanecendo nos *points*, causa uma intervenção local, sem finalidades de ampliá-la ou direcioná-la para uma realização futura... funcionam na base do aqui e agora. Essa atuação vem muito do visual, pois causa confusão. Os/as *punks* embaralham os símbolos reconhecidos pela sociedade numa mistura nova para nada dizer, apenas desreferencializar, como usar uma suástica nazista e dizer embaixo: "destrua o nazismo". Isso seria uma situação de "caos ideológico", usada como "tática ... para que nada se transforme na simbologia das bandeiras e no texto da doutrina" (ibidem, p.82).

E, mais adiante, reconhece essa tática como uma das principais formas de atuação *punk*:

> A confusão aqui é positividade enquanto pura atuação, o discurso é mais uma possibilidade, como a simbologia, o som, o visual. Trabalham as palavras, desfilam os emblemas, fazem-nos circular. (p.83)

ENTERRADO VIVO **261**

> o visual se articulava com toda uma posição política e
> com ela produzia efeitos de interferência – exercício
> de resistência, desobediência, contra-ataque. (p.116)

Por fim, mais uma citação de Caiafa, que, ligando a
discussão do visual com a teoria foucaultiana do poder
exercido pelo olhar julgador, disciplinador, normalizador,
nos fornece um interessante ponto de vista para pensar a
questão.

Começa indagando: com seu visual, esses *punks* estão
querendo aparecer? E responde:

> Quando os *punks* caminham pela rua, a ousadia
> desse aparato não é simplesmente vista, ela provoca
> freqüentemente a pergunta "o que é isso?". Ao ser
> inevitavelmente apontado, o *punk* exaspera no des-
> concerto: o que é isso, onde alocá-lo, como avaliar e
> classificar essa diferença ... Ao contrário, os que não
> transgridem a moda, usam a roupa adequada ao clima
> geográfico e político (sua classe, seu sexo, sua posi-
> ção), esses não são apontados na rua. E se não ofere-
> cem nenhum problema, é por não se subtraírem à
> avaliação meticulosa que identifica cada um e o clas-
> sifica numa categoria em prol do funcionamento nor-
> mal dos papéis e das funções da sociedade. Na rua, é
> a homogeneidade que garante isso, a diferença mais
> aguçada desequilibra esse "sistema". Assim, os que
> passam sem serem molestados é por não oporem re-
> sistência a essa dominação do olhar que avalia e neu-
> traliza, é por serem extremamente visíveis, esses sim,
> estão querendo aparecer. (p.138)

Assim, o *punk*, com seu visual representaria uma "revolta contra o olhar", tornando-se invisível à classificação e
ao julgamento... sendo opaco, imperceptível... uma estraté-

gia para produzir "certos efeitos de interferência" (p.140).

Abramo (1994) também segue nesse sentido, de ver o visual como uma forma de atuação *punk*, contudo a partir de outros referenciais.

> A construção da própria imagem com sinais negativos não tem caráter autocompungente nem de auto-aniquilação. Pelo contrário, tem o intuito de produzir uma acusação, por meio do espelhamento: a realidade é que é indigente, a sociedade é que está podre, é ela que engendra os sinais e os conteúdos da miséria e da violência, da impossibilidade de futuro. É essa ordem que os lança nessa condição e é por isso que eles querem "destruí-la". (p.101-2)

> A atuação consiste, então, em invadir e conquistar espaços para sua diversão e manifestação, e em arrancar atenção, à força, sobre suas figuras. Através das imagens, é retratada toda uma combinação que emerge como protesto. Ao causar estranheza, ao provocar choque, induzem à interrogação sobre sua presença, suas questões e intenções. Afirmando sua presença, sua identidade *punk*, obriga a sociedade a vê-los e ouvi-los. (p.106)

É preciso, contudo, reconhecer, como fez Abramo, que a postura de causar impacto no espaço público, pela construção de uma imagem que choque e cause confusão, já não é tão possível como foi na década de 1980, visto que se popularizou, virou moda.

Como foi apontado por um dos entrevistados, o visual nos anos 90 muda muito, deixando de ser um elemento importante da identidade *punk*. Atualmente, fala-se mais que *punk* não é só visual, é o que pensa e faz. Nessa argumentação, há muito do ressentimento de que o choque com o visual virou mesmo moda e qualquer um pode fazer. Mas ainda se vê, em Londrina, *punks* que, mesmo com um visual não tão construído para impactar, usando elementos em suas roupas, como *patches* discretos, camisetas teladas com nomes de bandas ou mensagens do movimento, denunciam sua filiação identitária, seu gosto musical e suas convicções políticas. Portanto, o elemento visual, mesmo perdendo a força que tinha nos anos 80, permanece ativado pelos/as *punks* tanto para o reconhecimento mútuo quanto para chamar a atenção – pois causam ainda um certo estranhamento ao circularem com frases e desenhos nas camisetas, que não se filiam a nenhuma marca reconhecida pelo consumo padronizado.

Caixa I – O rigor *punk*: barreiras para entrada no grupo

Segundo Caiafa (1989, p.43):

> a idéia de que o movimento se amplie, de que entrem mais pessoas, é atravessada por outros desejos porque, pelo próprio funcionamento do grupo, não é fácil estar entre eles. A situação não é portanto favorável a qualquer atitude, existe um rigor *punk* que faz exigências.

Acredito que a situação vivenciada pelo Rui tem muito desse rigor *punk* que é preciso saber compartilhar para poder estar entre eles/as. Também enfrentei isso com algumas pessoas... até poderia ficar ao lado delas, mas, se não vencesse algumas barreiras para atingir uma fluidez no diálogo, não estaria com elas.

Talvez isso também tenha relação com o ódio que alguns jovens que hoje são carecas sentem de *punks*, pois ten-

> taram entrar no grupo e não conseguiram transpor seu rigor... participar da sua "lógica de funcionamento", como a discute Caiafa (1989). Enfim... são conjecturas...

Caixa J – A fragmentação socioterritorial no meio urbano e a questão das identidades

> É necessário desenvolver o referencial teórico que norteia meu discurso sobre a fragmentação territorial da cidade e a fragmentação social na cidade, pois considero esses aspectos/tendências importantes para o deciframento do *punk* – como uma identidade cultural inserida na cidade e (re)produzida pela circulação juvenil nesse meio.
>
> Assim, começo com Carlos (1994, p.191-4) que, falando da fragmentação espacial que ocorre na metrópole contemporânea, oferece alguns elementos que são gerais para o entendimento da produção e apropriação do espaço urbano de praticamente todas as cidades.
>
> O capitalismo tornou-se mundial, unificou mercados e hierarquizou espaços, tal processo dá um novo sentido ao urbano: estende-se para além da cidade, tomando conta de tudo que é colocado em relação pela lógica do mercado. Os espaços urbanos são hierarquizados, tendo a metrópole como centro. Nesse processo, tais espaços vão se tornando muito iguais, vão sendo homogeneizados. Paisagens urbanas reproduzidas em série. Mas, ao mesmo tempo, há uma fragmentação desse espaço na sua dimensão local. Em outras palavras: enquanto o espaço urbano local é igualado a padrões globais, em termos de paisagem urbana, no plano dessa mesma paisagem, sua unidade local – sua contigüidade espacial – é rompida. O McDonald's, ao instalar uma filial numa avenida de Londrina, dá a esta um toque de globalidade... uma imagem que é comum a muitas outras cidades

em todo o mundo; contudo, essa estrutura, fincada nesse cenário, provoca uma ruptura com o tecido urbano que a cerca e é, nesse sentido, que, no plano local, o espaço se fragmenta. Homogeneização em relação à "urbanidade-mundo"; fragmentação em relação ao tecido urbano local, onde está o sentido de lugar.

Nesses processos, é preciso que se diga, há a predominância da dimensão econômica em detrimento de outras dimensões como a social, a política e a cultural; é a lógica do espaço-mercadoria, parcelado e vendido aos pedaços no jogo desregulado do mercado imobiliário; daí o caráter aleatório, sem planejamento global, desses novos acontecimentos.

Mundializados e fragmentados, os lugares da cidade (no sentido de identificação das pessoas com os espaços em que habitam, trabalham, têm seu lazer) vão se transformando, e os referenciais identitários vão se dissolvendo em novas formas de viver e de se relacionar com esses lugares.

Salgueiro (1998, p.40-4) argumenta que à cidade industrial – com suas áreas especializadas, homogêneas do ponto de vista social, com relações de complementaridade entre elas – sobrepõe-se a cidade fragmentada, fruto de uma nova forma de apropriação e produção do espaço da cidade, cujas raízes estão nas novas tecnologias do transporte e da comunicação e na internacionalização crescente do capital. A principal característica dessa cidade fragmentada é o que a autora chama de "enclaves": implantações pontuais "que introduzem uma ruptura brusca em relação ao tecido que as cerca". A contigüidade espacial da cidade industrial, com seus espaços especializados, é substituída pela descontinuidade, pela ruptura e ausência de relações. Nessa cidade fragmentada, a continuidade centro-periferia é substituída pela multiplicação de centralidades que não dialogam.

> Tendo a cidade assim organizada como meio e condição do desenvolvimento do "emaranhado da vida humana" – para usar uma expressão de Sawaia (1995) –, como essa vida acontece?
>
> Sem pender para argumentações deterministas do tipo "o meio influencia o comportamento", acredito que, no processo de construção de si, de construção de grupos de sociabilidade e de desenvolvimento de identidades coletivas e territoriais, o lugar, da forma como está organizado socialmente, oferece desafios, possibilidades, interfere no desenrolar da vida. E aqui lembro-me da argumentação de Sawaia (1995, p.20-1), quando afirma que:
>
>> a cidade não é humana só porque é uma construção do homem ou porque engendra subjetividades, mas porque os processos vitais de ambos se entrelaçam: espaço e homem (*sic*) compartilham a mesma materialidade e a mesma subjetividade.
>
> Mais adiante:
>
>> Cada cidade, bairro, rua, até mesmo cada casa, tem um clima que não advém, exclusivamente, do planejamento urbano e da geografia, mas do encontro de identidades em processo – identidades de homens e de espaços ... Desta forma, espaços construídos formam discursos e manipulam impulsos cognitivos e afetivos próprios.
>
> Esses são alguns pressupostos para o desenvolvimento deste texto: a identidade de lugares e de grupos acontecem paralelamente, e, no mais das vezes, é difícil estabelecer uma distinção entre elas. Mesmo falando de uma identidade surgida em outro lugar – como o *punk* –, quando um

grupo estabelece um lugar de encontro na cidade, localiza um processo de construção de identidades: individuais, coletivas e do lugar. Mesmo que o grupo se dissolva, que deixe de freqüentar aquele lugar na cidade, toda vez que alguém que viveu aquele processo passar por aquele lugar, um certo clima de nostalgia vai invadi-lo, sua memória será ativada, e o lugar vai ter um sentido para ele/a. Em outro sentido, falando daqueles/as que estiveram excluídas do mesmo lugar, todo território inclui a identidade e exclui a diferença, pois passavam por ele e viam que ali estava situada uma alteridade que não lhes agradava, estes/as criam uma outra imagem do lugar, talvez negativa.

Continuando: como se desenvolve a vida nessa cidade fragmentada?

Começo com uma citação de Salgueiro (1998, p.43): "A horizontalidade tradicional pré-industrial era constituída por pessoas diferentes mas interdependentes e solidárias. Na cidade de enclaves, 'diferentes' significa 'estranhos'".

A fragmentação da cidade, com um tecido urbano que não dialoga, tem seu correspondente no social, como fragmentações construídas simultaneamente, determinando e sendo determinadas uma pela outra.

Segundo Sposito (1999, p.14 ss.), o que coloca os habitantes de uma cidade em relação, mais que laços de interdependência, é o fato de compartilharem um mesmo território. A partir desse compartilhar um mesmo espaço, os moradores da cidade constroem uma representação de si, do outro e da cidade, capaz de fazê-los sentirem-se pertencentes a uma mesma cidade. A preocupação da autora é que numa cidade fragmentada, com múltiplos territórios, muitas vezes justapostos, mas, apesar disso, desconexos, não há um compartilhar. Interagem aqueles que compartilham um mesmo território entre os muitos que existem. Rompe-se, progressivamente, o contato entre as diferenças, produzindo várias cidades, tantas quantas são os territórios contidos nela. Territórios estabelecidos pela circulação e vivência de certos espaços da cidade e não de outros.

Numa linha de argumentação que privilegia os aspectos culturais desse processo, Salgueiro (1998, p.43-4) enfatiza que na sociedade urbana contemporânea, por uma série de fatores, encontra-se uma pluralidade de estilos de vida, ligada aos novos padrões de consumo. Dessa forma, o social pulveriza-se numa série de grupos diferentes.

A quantidade de informação recebida, o aumento da mobilidade e a diversidade de contatos abertos aos indivíduos permitem-lhes não apenas desmultiplicar-se por diversos papéis e identidades, mas também pertencer a diversas redes, algumas quase virtuais, mas na maior parte com consistência territorial fragmentada, isto é, partilhada por diversos lugares afastados.

Mais adiante:

Para muitos indivíduos o espaço de ação não é mais definido pela continuidade territorial; freqüentam uma série de lugares, pontos que apenas as práticas de cada um unificam e dão sentido como conjunto. Efetivamente cada vez mais os espaços de ação dos indivíduos são formados por pontos distantes uns dos outros ligados por processos sociais, pelos padrões de vida social organizada em e por meio de determinados locais...

É importante ligar esses espaços em circuito, articulados pelas práticas sociais dos grupos, com o processo de construção de identidades no meio urbano. Para isso, começo com a argumentação de Sawaia (1995, p.22-3) (e assim construindo este texto-colagem). Segundo a autora, é comum uma argumentação saudosista da cidade, que lamenta a perda de identidade de bairros, visto que estes eram espaços de sociabilidade e solidariedade. Mas tal argumentação é equivocada, no sentido de que a cidade não sobreviveria sem espaços de sociabilidade e solidariedade. O que está havendo é uma mudança nas redes que as constituem.

Às imagens do homem e da mulher solitários em meio as multidões, vagando no anonimato da vida urbana, presos a si mesmos e à sobrecarga de estímulos sensoriais da cidade, a autora contrapõe a imagem de outros espaços, não mais os públicos de grande circulação da massa urbana, mas os espaços de intimidade, onde aquele/a anônimo/a é amigo/a, vizinho/a, filha/o, pai/mãe, espaços compartilhados onde se briga, ama, odeia: "lugares onde a exposição do eu se dá sem a perda do sentido; lugares que se tornam cada vez mais necessários como contrapartida aos processos de fragmentação e individualização postos pela modernidade...". Lugares de difícil demarcação no cenário urbano, visto que são móveis, ambíguos, "rizomáticos".

Não são esses lugares de intimidade que estou perseguindo, ou não é bem assim que os vejo, portanto é preciso ir além, reconhecendo, entretanto, que, na cidade, existem tanto "múltiplos territórios" quanto diversos "tipos de territorialidades": há o território que cada grupo freqüenta em momentos de tempo livre, os territórios que fazem parte da rotina de cada pessoa, o território da intimidade, o território público, onde as relações são mais impessoais, e, ainda, aqueles territórios onde as identidades não são baseadas no parentesco e/ou na proximidade física, e/ou nas relações de trabalho, mas em outros referenciais, formadores de identidades de outro tipo, territórios de sociabilidade formados em rede, pela circulação no espaço urbano e pela eleição de identidades dentre as múltiplas possibilidades de escolha, relacionados – identidades e territórios – com diversão, atuação política, som, visual etc. É este último tipo de território que me interessa. Para chegar a ele, é preciso me deter mais um pouco na abordagem da sociedade fragmentada – visto que já falei da cidade fragmentada –, passar pela questão da identidade individual e coletiva no mundo urbano contemporâneo e pelo processo de ajuntamento dos grupos nesse espaço fragmentado, para, por fim, falar desses territórios, sem os quais a constituição das identidades – que os originam e às quais eles dão suporte – não seria possível.

São vários os fatores que contribuem para o esfacelamento de referenciais coletivos e para a emergência de uma série de identificações possíveis. Destacamos até aqui o fator da fragmentação do espaço urbano. É preciso falar agora de outros fatores.

Harvey (1992, p.258-9), em sua análise sobre a compressão espaço-tempo na sociedade contemporânea, argumenta que o capitalismo, acelerando o tempo de giro do capital, após a crise de 1973, acentuou a efemeridade já presente na sociedade moderna. Praticamente tudo se volatiliza, da moda a bens domésticos, de valores a estruturas espaciais. Emerge o que ele chama de "sociedade do descarte", que é capaz de jogar fora não só bens, mas também "valores, estilos de vida, relacionamentos estáveis, apego à coisas, edifícios, lugares, pessoas e modos adquiridos de agir e ser", pois

> as pessoas foram forçadas a lidar com a descartabilidade, a novidade e as perspectivas de obsolescência instantânea. Em comparação com a vida numa sociedade que se transforma com menos rapidez, hoje fluem mais situações em qualquer intervalo de tempo dado – e isso com profundas mudanças na psicologia humana. Essa efemeridade, sugere Toffer [1970], cria

"uma temporalidade na estrutura dos sistemas de valores públicos e pessoais", que favorece um contexto para a "quebra do consenso" e para a diversificação de valores numa sociedade em vias de fragmentação.

Há aqui a dimensão do tempo, um ritmo acelerado é introduzido, assume-se um valor hoje, amanhã outro mais tentador é oferecido como possibilidade, troca-se. Assim, o consenso é difícil...

Essa aceleração contemporânea é também comentada por Carlos (1994, p.192 e 196), enfatizando o ritmo alucinante da metrópole e seu impacto na psique. Nas palavras da autora, todas as energias

> têm que concentrar-se na consciência imediata, para interceptar os choques da vida cotidiana, o que envolve um empobrecimento de outras instâncias como a memória e, com isso, o herói moderno [descrito por Rouanet, citando Benjamim – para se ter uma idéia de superposição de textos] perde todo o contato com a tradição, transformando-se numa vítima da amnésia.

A ausência de memória tem relação com a perda de referenciais num passado que é comum e que ligava as pessoas a um coletivo. Hoje é como se cada qual vivesse seu presente e buscasse se garantir num mundo múltiplo, onde a auto-referência é a chave da sobrevivência física e emocional. É preciso tomar cuidado, entretanto, com essas afirmações fatalistas e se perguntar se esse mundo coletivo, que ligava a todos numa mesma identidade, como a identidade nacional, regional, étnica, religiosa, não seriam prisões que esconderiam uma enorme diversidade, e, sendo assim, essa propalada diversificação seria apenas o reconhecimento, pela ampliação da liberdade de manifestação, de algo que sempre existiu de forma latente?

É claro que essa idéia do consenso sempre foi um exercício de poder sobre as diferenças, mas a diferenciação social, entendida como um processo, no mundo de hoje, é extremamente mais complexa e envolve, como venho expondo, muitos elementos – tempo, espaço, mídia, mercado de consumo, circulação, transporte etc. – e adquire, no meio urbano, as mais variadas formas identitárias e as mais diversas territorialidades, fazendo da vivência do urbano, na atualidade, um desafio constante de manter a sanidade mental, ou como diz Harvey (1992, p.18): "As próprias qualidades plásticas que fazem da grande cidade o liberador da identidade humana, também a tornam especialmente vulnerável à psicose e ao pesadelo".

Gilbert (1995, p.22-9) argumenta que as tendências do mundo contemporâneo, ligadas à fragmentação do social, têm como conseqüência política a impossibilidade de construção de qualquer projeto coletivo, pois não há valores e interesses que sejam reconhecidos como comuns. As respostas a tal tendência de fragmentação social, por parte dos analistas, têm sido basicamente de dois tipos: uma mais pessimista que aponta como fim um narcisismo, no qual valores, sistemas simbólicos, redes de informação "fundamentam um consumo centrado no próprio indivíduo..."; outra mais positiva, que vê na diversificação dos mundos sociais a abertura de possibilidades de identificação, baseadas na escolha.

Escolher identidades em meio à multiplicidade no meio urbano é também escolher espaços de sociabilidade, é instituir uma territorialidade em rede que articula aqueles espaços em que se manifesta a identidade eleita, é, portanto, inserir-se no processo múltiplo de construção de identidades individuais, coletivas e de lugares.

Caixa K – "Identidades pós-modernas" e territorialidade

Tomando como referência as identidades nacionais modernas e seus sinais de declínio diante dos processos de globalização, Hall (1999, p.69) examina três conseqüências possíveis dos efeitos desses processos sobre as identidades culturais:

- desintegração das identidades nacionais, como fruto da homogeneização cultural, rumo a uma "aldeia global";

- as identidades nacionais e as identidades locais reforçam-se, como resistência à globalização;

- emergem novas identidades, organizadas a partir de um "hibridismo" entre o local e o global.

É este último caso que me interessa aqui...

O mundo, tornado menor e mais próximo, paralelamente ao encurtamento do tempo – fazendo que somente o presente possa existir como referência, numa imagem da compressão do espaço-tempo de Harvey –, adentra o local, perpassando-o por uma série de fluxos de diversas naturezas, sobretudo de imagens-padrão de modos de vida consumistas. Como conseqüência, há uma "fragmentação de códigos culturais, aquela multiplicidade de estilos, aquela ênfase no efêmero, no flutuante, no impermanente e na diferença e no pluralismo cultural" (ibidem, p.73-4).

Tal conjuntura torna possível o que o autor chama de "identidades partilhadas"... aquelas com as quais pessoas situadas em diferentes lugares e em diferentes tempos podem se identificar.

Haesbaert (1999, p.182-4), discutindo também essas "identidades pós-modernas", como foram definidas pelo próprio Hall, salienta seu caráter transterritorial, ou seja, o fato de não se organizarem com base em interações próximas, mas "mediante a produção industrial de cultura, sua comunicação tecnológica e pelo consumo diferido e segmentado de bens" (Cancline apud Haesbaert, 1994, p.184).

Vale, contudo, lembrar, com base em McDowell (1996, p.173), que, apesar de essas "comunidades" – que ela chama de "comunidades imaginadas" – não serem específicas de lugar, elas acabam acontecendo em algum lugar. E esses lugares são eleitos pelas imagens que fazem circular e acabam desempenhando um papel importante que "reforça os rituais culturais".

Assim, entendo o *punk* como uma identidade cultural surgida nessa articulação do global com o local... uma identidade transterritorial, mas que acaba se inserindo na paisagem social urbana e se territorializando na cidade fragmentada, a ponto de ser possível identificar seus locais preferenciais de manifestação – eleitos pela articulação das possibilidades de apropriação com as imagens e o clima.

Caixa L – Trajetórias individuais e identidades coletivas

Tomo aqui como referência o texto de Claval (1999, p.64), sobretudo sua discussão sobre o conceito de cultura, com base no que ele chama de "crítica pós-moderna".

> a cultura designa um conjunto de *savoir-faire*, de práticas, de conhecimentos, de atitudes e de idéias que cada indivíduo recebe, interioriza, modifica ou elabora no decorrer de sua existência. De uma geração a outra os conteúdos mudam, uma vez que o meio físico se modifica e é aprendido, explorado, organizado ou examinado com novos meios. A atmosfera social também se transforma: as normas aceitas sem estranheza por aqueles que eram adultos em 1968

foram criticadas e substituídas. De uma família a outra, as tradições e os centros de interesse diferem. Cada um evolui em uma esfera que lhe é particular, feita de parentes, vizinhos, amigos encontrados na escola ou freqüentados posteriormente. A cultura não é uma realidade global: é um conjunto diversificado ao infinito e em constante evolução.

Esse conceito traz a cultura para o âmbito do indivíduo na sua dimensão espaço-temporal. Pelo fato de uma pessoa estar num determinado lugar e num determinado tempo, participa de redes de sociabilidade que lhe permitirão construir seus referenciais e lhe ordenarão o mundo. Estes podem vir a se transformar quando a pessoa muda de lugar e já está mais madura, participando assim de um outro contexto e recebendo deste suas influências. Assim, as pessoas se constroem, constroem grupos de referência e sociabilidade, seus lugares de encontro e constroem também o mundo para si.

Sobre os conjuntos de conhecimento, técnicas, atitudes e representações que cada um recebe e, a partir dos quais, se constrói, Claval identifica três tipos, e suas respectivas funções para a vida dos indivíduos:

1 Os conhecimentos e técnicas ambientais que permitem às pessoas se situarem no mundo em que vivem, reconhecer nele zonas de perigo ou de abrigo, possibilidades de deslocamento e circulação pelo espaço, enfim, reconhecerem-se como pertencentes a certos espaços privilegiados, do ponto de vista de suas referências e representações.

2 Os conhecimentos e técnicas sociais permitem, por sua vez, que cada pessoa se situe no universo social que a rodeia, inserindo-se em redes de sociabilidade e possuindo os códigos de comunicação e ação inerentes à rede a qual pertence.

3 E, por fim, uma esfera de valores que possibilita objetivar as ações. É por meio dessa esfera que as pessoas podem julgar o mundo em que vivem e estabelecer comparação com o mundo em que gostariam de viver. Esta também é "uma construção individual informada pelo plano histórico e espacial subjacente no qual a pessoa ... se insere" (ibidem, p.68).

Claval vai discutir em seguida a questão da comunicação (elemento central da cultura nessa concepção), diferenciando comunicação analítica de comunicação simbólica. Para falar sobre isso, poderia colocar a seguinte pergunta: como se formam as redes de sociabilidade?

Na comunicação simbólica, os indivíduos trocam códigos que permitem colocar em movimento uma cadeia de significados; nessa comunicação, ou se sentem próximos, por compartilharem os mesmo referentes, as mesmas atitudes e idéias, ou se sentem distantes.

A comunicação simbólica tem uma dupla função geográfica: ela permite aos indivíduos instalados em lugares distantes sentirem-se solidários a partir do momento em que experimentam o sentimento de ter em comum as mesmas crenças (Gottmann, 1952); ao contrário, ela distancia aqueles que, mesmo geograficamente próximos, aderem a religiões ou a ideologias diferentes. A geografia cultural mostra, portanto, que os grupos humanos participam de um duplo sistema de distâncias: as do espaço físico, que as técnicas permitem controlar mais ou menos bem; as dos espaços psicológicos, que cavam fossos entre os sistemas culturais, ou os preenchem, independentemente das distâncias físicas. (p.71)

Nesse particular, substituiria, para aproximá-lo da hipótese que desenvolvi, alguns termos desse enunciado:

colocaria no lugar de espaço físico, o espaço do bairro, da vizinhança, e no lugar de espaços psicológicos, os espaços mais amplos da cidade. Faria isso por acreditar que a passagem da infância para a adolescência também é a passagem do bairro à cidade, construída na e pela circulação do adolescente por espaços mais amplos.

Nessa circulação, a comunicação simbólica é importante... é por meio dela que os grupos são distinguidos: pelos códigos que colocam em circulação. Ao conseguir identificar o grupo, desencadeiam-se processos de aproximação ou distanciamento. A parcela da juventude pesquisada busca, sobretudo, aquele grupo que lhe oferece os valores que considera mais autênticos, mais radicais, mais revolucionários... identifica-se com esse grupo por ele traduzir tudo o que sentia, por dar ordem aos seus pensamentos desconexos.

> É graças ao jogo de valores, aos procedimentos sociais de institucionalização e aos ritos de passagem que as culturas individuais se acham integradas nos sistemas simbólicos que dão sentido à vida de cada um e à existência do grupo, permitindo que se definam ao mesmo tempo como diferentes e semelhantes – e, portanto, possuindo uma identidade. (p.73)

Assim, trajetórias individuais vão convergindo para uma mesma identidade, tal como a define Haesbaert (1999, p.174-5): identidade não é algo dado, definida claramente, mas é sempre processo – uma "identificação em curso", por isso também "nunca é una, mas múltipla", e sempre se dá numa relação com outras identidades – que podem ser de diálogo ou de conflito.

Caixa M – Entre dois conceitos de cultura

Tento articular, neste ponto do trabalho, dois conceitos diferentes de cultura, vindos de diferentes filiações.

O conceito de cultura defendido por Claval (1999) e já citado aqui: cultura não como algo abstrato que o indivíduo recebe como um conjunto pronto e acabado, mas, numa perspectiva mais relacional, como uma construção permanente do indivíduo por meio de sua participação em esferas de intercomunicação.

E o conceito de cultura defendido por Geertz (1978, p.24), também já expresso, na carta sobre metodologia:

> Como sistemas entrelaçados de signos interpretáveis (o que eu chamaria símbolos, ignorando as utilizações provinciais), a cultura não é um poder, algo ao qual podem ser atribuídos casualmente os acontecimentos sociais, os comportamentos, as instituições ou os processos; ela é um contexto, algo dentro do qual eles podem ser descritos de forma inteligível – isto é, descritos com densidade.

Com base nesse conceito, Geertz defende que a tarefa da antropologia, como ciência que estuda a cultura, é buscar os significados dos comportamentos e atitudes dos grupos, que só podem ser lidos dentro do contexto cultural em que estão inseridos. O comportamento é visto assim como uma ação simbólica, que tem um significado. Para ilustrar, um exemplo dado pelo próprio autor.

O que nos impede de entendermos o que os marroquinos, em Marrocos, fazem não é o fato de sermos pouco familiarizados com as formas de atuação da cognição (que seriam as mesmas para todos os seres humanos), mas sim a falta de familiaridade com o universo imaginativo no qual seus atos têm significado.

Meu interesse pelo conceito de cultura de Geertz, contudo, não tem relação com uma intenção de buscar os significados do comportamento dos/as *punks* dentro do universo cultural *punk*. Interesso-me pelo conceito de cultura como contexto, pois me permite entender o *punk* como um conjunto de referenciais, oferecidos como uma das múltiplas possibilidades de identificação.

Acredito que é possível fazer essa imbricação conceitual sem cometer uma violência metodológica muito grave, pois cada conceito é chamado para falar de uma escala particular: o primeiro do indivíduo e seu movimento de identificação com o grupo, o segundo do grupo em si e da vivência dos indivíduos no grupo – no contexto cultural.

Com base na articulação entre esses dois conceitos de cultura, construí uma fundamentação teórica que acredito ser a que mais se aproxima da realidade vivenciada no campo.

Claval (1999) argumenta que cada indivíduo "evolui" em uma esfera de intercomunicação que lhe é particular: família, escola, amigos etc. Na verdade, conforme vai amadurecendo, o indivíduo vai ampliando seus contatos, participando de esferas diferentes daquelas que participou quando criança, na escola, na família, no bairro, e assim, vai escolhendo as esferas que quer participar. Cada esfera de intersubjetividade possui seus próprios referentes culturais, e o *punk* é um tipo de esfera de intersubjetividade, e, como tal, entendo-o como um contexto cultural, seguindo o conceito de cultura como contexto. As pessoas ao adentrarem no movimento *punk* sentem a necessidade de conhecer os referenciais da cultura que adotam: conhecer os sons, as idéias, as posições, as roupas, as atitudes, para que possam ser coerentes com o universo cultural do qual escolheram participar. Uma coerência, aliás, bastante cobrada pelas pessoas que fazem parte desse mesmo círculo.

Ao adentrar nesse novo contexto cultural, contudo, não se rompe com o contexto anterior de imediato e sempre se leva algo dele... é preciso desenvolver um trabalho interno de desidentificação e identificação.

> É preciso dizer, ainda, que numa cidade como Londrina, a cultura *punk* pode possuir vários círculos de intersubjetividade (entendido como o grupo de amigos que tem maior afinidade e identidade de idéias, dentro de um mesmo universo cultural).

Caixa N – Território e territorialidade

> Neste espaço, faz-se necessário desenvolver meu entendimento do termo território e do seu correlato territorialidade. Vale dizer que muito do que apresentarei aqui sobre esses dois conceitos está presente num artigo que escrevi, intitulado "Do território aos territórios" (Turra Neto, 2000).
>
> O território diferencia-se de espaço, pois envolve uma apropriação deste. É mais que uma relação de um grupo com seu espaço, é uma relação do grupo com o que lhe é externo, como alteridade, mediada pelo espaço. Existe uma negociação entre os grupos por espaços na cidade; ao apropriar-se de uma parcela, o grupo comunica a outro "de quem é o pedaço" (cf. Raffestin, 1993).
>
> Território envolveria assim, necessariamente, um espaço apropriado por um grupo, como forma de se constituir e de se manter como grupo em relação a outros grupos. Envolveria o estabelecimento de uma relação de inclusão e de exclusão e de comunicação dos limites por meio de algum sinal reconhecível pelos grupos que se colocam no jogo de negociação por espaço.
>
> Os territórios que defino aqui têm íntima relação com o que Souza (1995, p.86-7) chama de "territórios flexíveis": aqueles que são antes temporários que permanentes, que podem construir-se e dissipar-se em escalas micros e em espaços de tempo relativamente rápidos. Portanto, não falo de

ENTERRADO VIVO **281**

território no sentido de área jurídica de um Estado-nação, o que já deve ter ficado claro desde o início; falo de microterritórios, formados pelo processo de apropriação do espaço urbano, em determinados momentos do dia, ou em certos períodos de tempo, com certa regularidade, por grupos urbanos que estabelecem nesses espaços apropriados – para o encontro, a diversão, reuniões etc. – seus territórios.

Nesse processo de apropriação do espaço urbano, tornando-o território, há uma série de questões relacionadas: esses espaços são apropriados não só porque oferecem as possibilidades de sê-lo, mas porque se oferecem como símbolo na constituição das identidades que o apropriam (Haesbaert, 1997, p.42-4); como fazem-se e desfazem-se com enorme flexibilidade, não interferem sobre a materialidade do espaço, usam-na – um espaço que é sem sentido, geralmente público, para a grande maioria da sociedade, usado apenas para passagem, é apropriado, ressignificado e tornado território para aquela alteridade que o elege como ponto de encontro, como referência no espaço urbano, como *locus* de sociabilidade.

Guattari (1985, p.110) distingue espaço de território – de maneira talvez mais próxima de uma abordagem humanística – da seguinte forma:

> Os territórios estariam ligados a uma ordem de subjetivação individual e coletiva e o espaço estando ligado mais às relações funcionais de toda espécie. O espaço funciona como uma referência extrínseca em relação aos objetos que contém. Ao passo que o território funciona em uma relação intrínseca com a subjetividade que o delimita.

Na cidade contemporânea, seria avassalador o processo de desterritorialização para padronizar espaços pelas intervenções urbanísticas de toda ordem. Contudo, mesmo nas situações de maior padronização, como condomínios residenciais para pobres ou mesmo para a classe média, é possível o investimento em "territórios existenciais" – na terminologia do autor em foco –, nos quais se instalariam processos de singularização, como resistência a tudo que provoca a perda de referentes.

Uma linha de questionamentos, dentro dessa teorização de Guattari (1985, p.114), que ele mesmo levanta é "encontrar quais são os condensadores de subjetividade ... que, em cada lugar que se for pensar, permitem superar os espaços para constituir territórios existenciais".

Tal questionamento abre espaço para o seguinte raciocínio: o *punk*, circulando pelos espaços da cidade, encontra lugares que lhe permitem permanecer e construir aí referências, como local de encontro. São frestas, gretas nos espaços padronizados da cidade que oferecem possibilidades – e estas estão intimamente ligadas tanto ao imaginário *punk* quanto à dinâmica da cidade e da sociedade de valorização/desvalorização de certos espaços – de investimentos em territórios existenciais. Território existencial, em Guattari, tem o sentido de espaço de sociabilidade, indispensável à elaboração de identidades singulares, que escapam dos processos de padronização da mídia... Contudo, é interessante ir além desse entendimento do território – como condição para a produção de uma subjetividade singular – e vê-lo também na sua relação com processos de negociação de espaços, de estabelecimento de limites entre os de dentro e os de fora, na relação com a alteridade mediada pelo espaço. Uma dimensão não exclui a outra, estão ambas juntas no processo de definição de territórios e de construção de identidades, pois como diz Haesbaert (1999, p.185-6):

> Produto e produtor de identidade, o território não é apenas um "ter", mediador de relações de poder (político-econômico) onde o domínio sobre parcelas concretas do espaço é uma dimensão mais visível. O território compõe também o "ser" de cada grupo social, por mais que a sua cartografia seja reticulada, sobreposta e/ou descontínua. Ao mesmo tempo prisão e liberdade, lugar e rede, fronteira e "coração", o território de identidade pode ser uma prisão que esconde e oprime ou uma rede que abre e conecta e um "coração" que emana poesia e novos significados.

Há também uma outra forma de entendimento do termo que acredito poder contribuir para a construção de uma imagem do território do *punk* londrinense. Trata-se do território como espaço de exercício de liberdade para o grupo que o elegeu, onde as pessoas do grupo têm uma liberdade que não encontram em outros lugares. Esta imagem é desenvolvida por Diógenes (1998, p.103), que, citando Heller (1988), afirma que:

> A rebeldia da "geração pós-moderna", signatária da "cultura de massa" e personagem central da difusão ilimitada de "estilos", aparentemente se reduz ... a "nada rebelar-se". Pode-se identificar microespaços de expressão de comportamentos, de estilos em que "todo tipo de rebelião é permitida", sem que nenhuma causa específica tenha que ser claramente acordada e revelada. Há uma fragmentação de "rebeliões", territorializadas, limitadas a espaços restritos de reconhecimento e identificação.

Não pretendo entrar no mérito da questão das rebeliões sem direção. O que é interessante nessa passagem, que se refere à juventude dos anos 90, é a constituição de microespaços em que é possível desenvolver manifestações de rebeldia contra alguma coisa. São territórios que, pelo fato de se estar em um grupo, compartilhando da segurança que a presença de amigos proporciona, permitem o desenvolvimento de atitudes de enfrentamento, de liberação e de pequenos gestos que são considerados ruptura com o sistema de valores da sociedade. E apenas nesses territórios, dentro do grupo, tais atitudes são possíveis...

Também acredito que, como se trata de territórios estabelecidos no meio urbano e considerando que o movimento *punk* de Londrina não tem apenas um, mas vários territórios, é mais pertinente falar de *territorialidade*. Esse termo permitiria entender a relação do *punk* com uma série de territórios flexíveis, espalhados pela cidade, mas articulados pela mesma identidade cultural – lugares sem continuidade, abertos à mobilidade do grupo organizado em rede, que apenas as práticas de cada grupo articulam e dão sentido, conforme argumenta Salgueiro (1998, p.43-4).

Aqui, adentro um pouco na linha da geografia humanística e incorporo a imagem de Holzer (1997, p.83), ainda que tirada de seu contexto original, sobre territorialidade: "engloba ao mesmo tempo o que é fixação e o que é mobilidade ou, falando de outra forma, os itinerários e os lugares".

Essa idéia se aproxima também da imagem de "circuito", desenvolvida por Magnani (1996, p.43-5): espaços "não contíguos na paisagem urbana, sendo reconhecidos em sua totalidade apenas pelos usuários...". O que liga esses pontos para formar os circuitos seriam os trajetos que, segundo o autor, aplicam-se aos fluxos mais amplos da cidade, abrindo os territórios, que ele chama de "pedaços", para fora. Nos trajetos, o que se vê é local de passagem, que escapa ao sistema de classificação: uma "terra de ninguém, lugar do perigo...".

SOBRE O LIVRO

Formato: 14 x 21 cm
Mancha: 23,7 x 42,5 paicas
Tipologia: Horley Old Style 10,5/14
Papel: Offset 75g/m^2 (miolo)
Cartão Supremo 250 g/m^2 (capa)
1ª edição: 2004

EQUIPE DE REALIZAÇÃO

Coordenação Geral
Sidnei Simonelli

Produção Gráfica
Anderson Nobara

Edição de Texto
Nelson Luís Barbosa (Assistente Editorial)
Carlos Villarruel (Preparação de Original)
Fábio Gonçalves (Revisão)

Editoração Eletrônica
Lourdes Guacira da Silva Simonelli (Supervisão)
Isabel Xavier da Silveira e
Diogo Kaupatez (Diagramação)

Ilustrações
(p.8, 15, 25, 45, 59, 95, 139, 162, 193, 231)
Mauro Montezuma

Av. Papaiz, 581 - J. das Nações - Diadema / SP